熊十力　著

唯识学概论　因明大疏删注

十力丛书

01

上海古籍出版社

图书在版编目(CIP)数据

十力丛书 / 熊十力著. —上海:上海古籍出版社,
2023.5
ISBN 978-7-5325-9951-6

Ⅰ. ①十… Ⅱ. ①熊… Ⅲ. ①熊十力(1885-1968)
-哲学思想-文集 Ⅳ.①B261.5-53

中国版本图书馆 CIP 数据核字(2021)第 066913 号

十力丛书

熊十力 著

上海古籍出版社出版发行

(上海市闵行区号景路 159 弄 1-5 号 A 座 5F 邮政编码 201101)

(1)网址:www.guji.com.cn

(2)E-mail:guji1@guji.com.cn

(3)易文网网址:www.ewen.co

上海中华印刷有限公司印刷

开本 635×965 1/16 印张 272.25 插页 74 字数 3,033,000
2023 年 5 月第 1 版 2023 年 5 月第 1 次印刷
印数:1—1,050
ISBN 978-7-5325-9951-6
B·1204 定价:1198.00 元

如有质量问题,请与承印公司联系

熊十力先生像

熊十力先生像

与董必武（1962 年于北京）

与岳父傅晓榛（中）、夫人傅既光（左）及长女幼光（1917年于武昌）

与家人。中排右二为熊夫人，右四、右五为连襟王孟荪及夫人，后排右起为长女幼光、子世菩、媳万玉娇（1958年于上海）

与友人，后排右二为熊十力（1930 年于杭州西湖广化寺）

主持黄海化学社附设哲学研究部时与朋友及学生，后排右三为熊十力（1946 年于四川五通桥）

与复性书院同人等。前排右三为熊十力、右四为马一浮、右五为叶左文，后排右三为吴敬生、右四为寿毅成、右六为张立民（1948年于杭州葛荫山庄）

为义女仲光所题扇面

熊十力手迹

熊十力手迹

熊十力手迹

"十力丛书"出版缘起

大约在 2006 年,我动念想出版熊十力先生的书,遂与熊先生后人联系。其时我不过是初入出版界的资浅编辑,没想到万承厚女士欣然慨允,给予我极大的信任。万女士为此事咨询王元化先生,元化先生又委托时任上海书店出版社社长的王为松先生主持出版事宜,事情很快落实,由当时我所在的世纪文景公司与上海书店出版社联合出版。

熊十力先生的曾孙女熊明心博士参与了丛书的编校工作,现代新儒家的传人罗义俊先生担任丛书的学术顾问。罗先生不顾久病体弱,亲自参与审稿或复校。王元化先生则将旧文中有关熊先生的片段连缀成《读熊十力札记》以代丛书序,并在前面写了一段引言,据说这是王先生亲撰的最后文字。丛书自 2007 年 8 月起陆续出版,历时两年,而王先生于 2008 年 5 月去世,未及见到丛书出齐。

转眼间十多年过去了,万女士也于今年仙逝。今由上海古籍出版社联合上海书店出版社再版"十力丛书",因记其始末。新版"十力丛书"改正了不少初版未校出的错讹和不当的标点,将初版遗漏的《论六经》与《中国历史讲话》《中国哲学与西洋科学》等合为一册,《熊十力论学书札》增补了若干新发现的书信,"十力丛书"庶几完备焉。

当时为初版所撰"出版说明",仍录于下:

1947 年门人刘虎生、周通旦等于熊先生家乡谋印先生著作,名

1

之曰"十力丛书"。盖先生亲定名焉。丛书原拟印先生前期主要著作，因赀力不继，仅印出《新唯识论》语体本及《十力语要》各千部。先生晚年自筹付印《与友人论张江陵》《原儒》《体用论》《乾坤衍》诸书，亦以十力丛书为名，显见先生续成之意。然亦止成数百部以便保存而已。今汇集出版先生前后期主要著作，成为一完整系列，仍决定沿用"十力丛书"之名，亦为完成先生夙愿云。

本丛书编辑体例如下：

一、采用简体横排，以广流传。

二、以原始或原校较精之版本为底本，并参考其他版本点校。

三、依熊先生原文之句读，重施标点。通假字保留；异体字酌改为通行字；凡显系手民误植者，径改不出校记。

四、引文约引、节引或文字与出典稍有出入处，一般保持原貌；与出典差异较大者，予以说明。引文或正文少数缺略的内容有必要补出者，补入文字加〔 〕。原版个别无法辨识的文字以□示之。

补记：《新唯识论》立"翕闢成变"之义，系熊十力哲学的重要概念，为尊重故，丛书中与此相关的"闢"字不简化成"辟"，而写作"闢"。另外适当照顾作者的用字习惯，如"执著"之"著"熊先生习惯写成"着"，古印度论师世亲之兄，熊先生也写作"无着"，今亦仍其旧。

刘海滨

2018 年 12 月 5 日

目录

唯识学概论

题　记

　　此系熊先生在北京大学讲授唯识学的第一部讲义，1923 年由北大印制。本书依据佛家本义概括唯识学体系，忠实于著者此前在南京支那内学院所学。因讲义本难以觅获，此据湖北教育出版社《熊十力全集》本（全集本依熊氏自存北大讲义本整理）重行点校。原本错讹颇不少。此次点校，凡显系排校错误者，均据上下文及原文所依经典，并参考熊先生其他著作，径予改正；不能确证及有必要说明者，则出校记。

此书区为二部：部甲，《境论》。法相相者相用。法性，性者体性。目之为境，是所知故。部乙，《量论》。量者量度，知之异名。虽谈所知，知义未详，故《量论》次焉。量论者，犹云认识论。以其名从东译，又本自哲学家，此不合用，故创立斯名。又《境论》虽自所知以言，据实而云，乃为《量论》发端，则此书通作《量论》观可也。子真识。

绪　言

唯识学者，昔人以为即法相学，于内学佛教、佛学诸名词，不如内学为谛。内学者，内证之学也。诸宗最为晚出。宜黄欧阳先生作《瑜伽师地论序》，始别出此学于法相之中。余杭章氏谓其识足以独步千祀，见所作《内学院缘起》。可谓知言。在昔释迦崛兴天竺，兴感夫生死，吾友梁漱溟先生所著《东西文化及其哲学》，引《佛本行经》云云，可资参考。而归趣于菩提。觉义。既豁然澈悟，以其悲愿，化导群伦，遂为内学开山。此学与世间宗教及哲学特异之处，吾他日别为详论，此姑不述。**迹厥声教，本无殊趣，**由佛本愿，欲令众生皆得证大菩提，故其为教，未有殊趣。**闻者机感不齐，斯有大小乘异。**如《阿含》等唯被小机，《般若》等唯被大机。**小乘之学，发展先于大乘。言其流别，则自大天判为二：一大众部，二上座部。**大天之世约当佛灭后百余年间。**大众部复分为九，上座部析为十一，合二十部。**诸部繁衍，约当佛灭后四百年间。参考《异部宗轮论》。**其间持论虽纷，而通执法有。**有者，有其遍计所执。**后龙猛**或译龙树。**菩萨兴于南天竺，**约当佛灭后六百年顷。**造《大智度》等论，宣说法空，**空者，空其遍计所执。**是为大乘。**其弟子提婆菩萨造《百论》等，宏阐旨要，然末流沉空，将资矫正。北天竺有无着菩萨者，**当佛灭后九百年间出世。**旁治小教，**《瑜伽·本地分》详小乘义。**董理大乘。以其对治空见，世遂目其学为有宗，即法相宗，而区龙猛提婆之学为空宗，即法性。自是大乘乃分为二。附识一。无着弟世亲**或译天亲。**有部出家，广造小论。闻《十地经》，悔小悟大，涕泣谢过。无着因造《摄大乘》授之。《摄大乘》者，于法相中独提一品以谈，即唯识学也。世亲既为作释，更造《唯识二十论》《唯识三十颂》。**《三十颂》乃世亲晚年所作，释文未竟而卒。**十大论师继起，法海波澜，至为壮阔。**十师者，亲胜、火辨、难陀、德慧、安慧、净月、护法、胜友、胜子、智月是也。亲胜、火辨当佛灭后九百年间，盖与世亲同时。余八论师，约当佛灭千一百年后。**其间护法、**南印度达罗毗荼国王之子。**安慧，**南印度罗罗国人，护法同时先德。学穷大小，妙解因明。**声德尤振。安慧原本空宗，树义多偏。**安慧于空宗撰述，有《大乘中观释论》等。其治唯识，说相见二分为遍计所执，犹著空见。**护法吸纳众流，**护法之思想于安慧诸师既有取舍，于空宗清辨尤多借鉴。**折衷至允。校其名实，则护法宜称今学，安慧厥号古师。**《述记》于安慧往往被以古师之名,可证。**逮我玄奘大师西度,研治此学,独宗护法,**护法释《唯识颂》成,以授玄鉴居士曰:"我灭之后凡有来观即取金一两,脱逢神颖当可传通。"及奘师西度,居士遂以授之。**授意弟子窥基错综群言,译成《成唯识论》。**基序云:"斯本汇聚,十释群分,今总详译,揉为一部。商榷华梵,征诠轻重,陶甄诸义之差,有叶一师之制。"奘师尚有"真唯识量"、《会宗论》《制恶见论》等,多不传。**基师更辅以《述记》,网罗宏富。自是此学东被,蔚为大观。奘门诸贤既逝,亦鲜有从事者焉。**

附识一:无着制作甚富。其著者有:《瑜伽师地论》《十地经论》《摄大乘论》《辨中边颂》《集论》《显扬论》《金刚经论》《庄严经论》。《瑜伽论》亦云《大论》,称为慈氏菩萨说,乃法相、唯识二家之所本也。日人橘惠胜《支那佛教思想史》云:《大论》一书依西藏传说,则为西元四、五世纪之狮子尊者所作。见原书四三五页。按此事既无确证,未足征信。唯据所说狮子尊者之时代,虽未决定为第四世纪,亦相差未多,其人必无着弟子师子觉也。无着之世,当佛灭后九百年间,即西元第四世纪。师子觉本传法相学,窥基《杂集论述记》一"无着集《阿毗达磨经》所有宗要,括《瑜伽师地论》一切法门,而造《集论》,觉师子禀承先训"云云,即其传法相之证。藏人遂误为彼作耳。奘师致疑旧译,亲冒万险,西走天竺。其学精博谨严,必不以伪托之书,归之无着也。《辨中边论》本颂,旧本讹为世亲说,奘师新译始正之。见基《记》一第五页。则奘师严于考订可知。

甲部

论境

识相篇

唯 识 章

唯识一名，略有三义，世或不解，以为唯有一识名唯识，即大误。故应疏决，以发论端。附识一。一者不离义。法无孤起，诸心、心数，心数者，心所之异名。俱有相依，此有二义：一者心与心俱有相依，谓一身有八识，其前七识则通以第八识为根本依。二者心数与心，俱有相依，谓八识各各有相应心数。说识此云识者，通心、心数言，余准知。不离识。由识此言识者，谓一切心、心数自体分。变异，似所缘相，名为色此言色者具三义：一有对，二变坏，三有方分。等，第六所缘独影境，第八所缘种子，非色法故，遂置等言。说色举色，隐赅种子等。不离识。玄奘"唯识量"以色不离识楷定，如眼识起时，挟色相起，耳识起时，挟声相起，故说不离，不离

6

即非外也。后《境识章》，更详斯义。**色心分位**，色上分位，如长短方圆轻重等。心上分位，如世识、处识、数识、因果识等。**假假法有三**，分位假居一，详见《大论》。**依实**色法心法，于俗谛中说名实有。**故**，说分位假法不离识。问："色上分位，应说不离色。"答：色不离识故，色上分位不离识。**识**此言识者，亦摄色等相分。四分合名一识，如后别说。**之实性**，性者体也。**字曰真如**，说真如不离识。《三十论》二"不同余宗，离色心等，有实常法，名曰真如"云云，余宗谓化地部。参考《述记》卷十一。**总略五法**，一心，二心数，三色，四分位，五真如。**皆不离识**。不离义复有三：一者不一故不离，如八识等行相各别，何可言一？余准可知。二者不异故不离，谓即用显体。三者无外故不离，谓摄境从心。妙义纷纶，智者详焉。**显识最胜**，故说名唯。**二者交遍义**。唯识之言，有深意趣。识言总显一切有情，各有八识。此中八识，但约人言，其他有情前六或不悉起。**彼识**如某甲八识。**此识**，如某乙八识。**不杂**此识不入于彼识之内，彼识不入于此识之内，云不杂。**而相网**，网者遍义。相网者，此识周遍法界，彼识亦周遍法界，如众灯光，同处各遍，而不相障也。**是为交遍**。难曰："识外有识，应不名唯。"曰：唯言**遮**遮者遮拨。**境**，此言境者，谓外道小乘所执离识实境。**而不遮识**。识谓他身识。**自识**具云自身识。**许有**，他识具云他身识。**宁无？**义不孤建，于后《本识章》内。**方详**。夫不言交遍，则众生将共本，章太炎《建立宗教论》"一切众生同此阿赖耶识，是故此识非局自体，普遍众生，唯一不二"云云。若尔，唯识之谈，与言梵天神我者真无有异。俟于《本识章》辨之。章氏《齐物论释》其谬尤多，盖涉猎法相唯识，以缘饰蒙庄，终于两失。**宇宙为异同**，夫众生共本，即同一宇宙矣。然据实言之，则人各一宇宙，不可同也。如顷者吾在北京，其与吾并在北京者，奚翅千万人？吾与此千万人固人人心中各一北京，而各人之北京，同处各遍，实不相杂。如吾之北京，寂旷虚寥，当涂者之不可入也；当涂者之北京，喧恼逼热，吾亦不可入也。若是，而谓人同一宇宙，可乎？说人各有八识者，斯谛论已。**悬的投矢**，言理者之患，莫大乎强不齐以为齐，内典喻之为悬的投矢。射者方谓众矢出于一的，而不知其私悬一的以投之，非众矢有通由之的。戏论何益？**三者破执义。法性离言**，心行路绝。**识唯**唯字倒用。**宁立？以对破众生迷执，假说唯识。原夫凡外计有实我**，小宗如犊子部等，亦计有我，此唯叙凡外者，凡外通故。**为说五蕴假名**，谓依色心五蕴集聚，假名曰我。**小乘之徒，又计有实法**，一说部于诸蕴法，说为但有假名，颇接近大乘空教。今此据多分以言，略而不简。**说法无自性**，无自性者，犹云无实自体，诸有为法，缘生如幻，大乘以此破小。**不了义大乘，复蹈恶取空**，清辨之徒，言性相皆无，以所执空为真理，故以恶取呵之。**以是摄法归识**，色心诸有为法，真如无为法，总说不离识。详前。**遣空有有者**，有我法。**执。**唯有识故，说我法如实是无。亦唯有识故，但空依识所起我法执，而识性相非空。故唯识之言，空有双遣。**若使诸执尽除，唯识亦自不立。诸闻唯识教者**，教者言教。**以为实有建立，有识可唯，则亦成法执，同于所破。**参考《论本》二、《述记》十一。**上来三义，略释唯识虽未尽理，然执大象、秉枢要，庶几来学，研讨有资。**

　　附识一：识能缘。者对境有为、无为法，为所缘缘，即通名境。受称，而有多名。略举之则曰心、曰意、曰了别、曰分别、曰现行，现有三义：一现在，非过、未故。二现有，非无体故。三显现，非沉隐故。行者相状义、迁流义。皆其异名也。现行二字有时虚用，或目色法者，不在此例。唯心意二名虽通八识，谓八个识通名心或意。而约偏胜义。第八独名心，集起胜故；《论》说集起名心，集诸种子,起现行故。第七独名意,思量胜故。此义深详,请咨《摄论》《所知依分》。

诸 识 章

有情各有八识,略如前说。八识云何? 一眼识,二耳识,三鼻识,四舌识,五身识,六意识,七末那识,八阿赖耶识。第八复有多名,此姑不述。此八各有相应,相应者,亦心所之异名。心所与心王叶合如一,故云尔也。义详《转识章》。举识摄所,如举眼识,即摄眼识相应触等法。余识准知。参考《三十论》一第二页、《述记》二第十八页。故不别言。诸识行相,眼识以了别色境为行相,耳识以了别声境为行相,乃至第八以受持为行相,历然差别。具如后述,别见《转识章》《本识章》。今独详其义界。此言界者,类也。明诸识同具之义,曰义界。夫言识义界者,当上本之天亲。天亲《三十颂》,则以为识者能变之谓,色法是所变,真如不变,皆此所遮。亦复区为三种。初能变识,谓阿赖耶;第二能变,谓末那识;第三能变,谓眼识乃至意识。释见《成唯识论》。然此土古师此土言唯识者,有古学、今学之分。古学大成于真谛。真谛优禅尼国人也,梁、陈间来华,从事翻译,盛弘《摄论》,世称真谛及其前所出诸译为旧译,所谈诸义为古学。唐玄奘法师游学印度,承护法菩萨而弘唯识法相,译书极富,世称新译。其弟子窥基盛事著述,号百部疏主,是为今学开山。犹存歧义,不可不辨。尽古师唯以第八识为能变。真谛译《显识论》现存。"三界但唯有识。何者是耶? 三界有二种识:一者显识,谓第八。二者分别识"谓前七。云云。此则以前七为能缘,缘者,缘虑义。余准知。能变仅属第八。第八名显识者，即谓其能变现色心等法。又基师《中边述记》言："真谛法师似朋一意识师此师执诸识用别体同，故云。参考《三十论》一第一页，《述记》二第三页，《摄论·所知相分》。意。"见《辨相品》。既朋一意识师，则余七唯除第八。非能变益明。若然，前七识不变相分，即心外取境，同于小宗之见，唯识云何成立？一切心、心所，皆不外取，方成唯识故。故校以天亲之说，则短长可识已。

《颂》中略说识为能变，《三十论》复释言："能变有二种：一因能变，二果能变。"详见《论本》二第七页，《述记》十二第十至十五页。基师解第一，因通现具云现行，余准知。种，具云种子，余准知。转变名变。转者生义、起义。次解，谓有缘法识生必有所缘，大乘缘无不生心也。能变现者，名果能变，果谓识。识生必有种子为其亲因，故识望种，得果名。即自证分识体。现起相见二分也。按基解多分违《论》。《论》云："一、因能变，谓第八识中，等流异熟二因习气。"习气者种子异名。义详《功能章》。下文逐释习气来源，由前七现行熏生，无关本文主旨。俟《四缘章》因缘中详之。又云："二、果能变，谓前二种习气力故，有八识生，现种种相。"下文逐释二果得名，由前二因别异。即《论》文自"等流习气为因缘故"至"名异熟果，果异因故"为止。细按《论》文，实分因果二种能变。因变中但有种生现义，基解转变无失，云通现行即非。果变中有现种种相能所缘相，各各无量，故云种种。如眼识相分，刹那众色俱转，见分亦尔。余识准知。一语，基解自证分变现相见，亦合。《论本》建立种子为识举识即摄色法，是识相分故。因，此第一种能变；因变。识自体亦名自证分。上有现起似能所缘所缘名相，能缘名见，遮执实有，故置似言。用，自证是体，相见是用，体用俱时，非次言起。此第二种能变。果变。本唯一事，一识说为相见自证三分,体用同时显现,是为一事。义说二变,相见依自证起,说果变;三分同种或别种生,说因变。则疏于审事者所不悟也。难曰:"据因变义,应成唯种,宁名唯识?"答言:一切法不离识,方成唯识。非唯识言,便谓识无种子,同无因论。然复异彼自性神我等外因邪计,何谓外因?俟《功能章》解之。种离本识,本识者,第八识之异名。无别体故,种子依止第八识自体分,非离识有。故名唯识。《颂》以能变释识,《论》更析能变以因果,义无乖反,兴难唐劳。变复云何?则如下云。

能 变 章

诠实性曰不变,性者体也。显大用曰能变。能变依于不变,而有其变。略显变义为三:一者,非动义。常俗之言变也以动,动必有所至,由此之彼,曰动。此实无至。吾将于后文,更谈顿起、顿灭义,则计动之邪,不攻自破。二者,活义。俗计不动者便是死物,然此虽不动,却非枯死。顽石不转,焦土不生,云何而有帝网重重?又此活言,但遮死物,亦非表是活物。说是一物,即不中。故取象鸢鱼,便乖至理。汉儒《中庸》,以鸢飞鱼跃,形容道妙,与柏格森言流转,同一邪计。盖略言之,无作者义是活义。若有作者,当分染净。若是其净,不可作染;若是其染,不可作净。染净不俱,云何世间有二法可说?又有作者,为常、无常?若是无常,不名作者;若是其常,常即无作。又若立作者成就诸法,即此作者还待成就,展转相待,过便无穷。又凡作者,更须作具,倘有常模,便无妙用。反复推征，作者义不得成。由此，变无适主，故活义成。缘起义是活义。附识一。虽无作用，而有功能。功能者，体是虚幻，犹如云气；缘合能招，亦如风轮。云峰幻似，刹那移形，唯活能尔，顿灭顿起。风力广大，荡海排山，唯活能尔，有大势力。圆满义是活义。于一字中持一切义，于一名中表一切义。摄亿劫于刹那，涵无量于微点。都无亏欠，焉可沟分？了此活机，善息分别。交遍义是活义。法万不齐，而各如其所如，故说万法皆如。彼此俱足，封畛奚施？非同多马，一处不容；乃若众灯，交光相网。故水火既济而不侵，六根相依而互用，唯活则然。幻有义是活义。法若定实，即成不变。诸有为法，色法心法，通名有为。犹如光影、阳焰、水月、谷响，而莫不成其条然宛然之幻相，浮虚不实，转易斯神。无尽义是活义。无始漏无漏诸杂染法，皆谓之漏，取喻漏器，不能容纯善也。无漏，有漏之反。功能，即种子。一一周遍法界。若异生位，有漏起现，具云现行。无漏隐伏。登地以去，至金刚心，有漏种现尽断，无漏流行，尽未来际，一类相续。犹复刹那四道，谓无间等四，见《大论》。胜用不测，功德无边，难可钻仰，岂有断灭，漫同死道？如上略说活义粗尽。三者，不可思议义。此不可之云，既非不能，又异不必。道上人行，窗前蝶舞，此为不必思议，非有不可思议。又依俗谛，劫初生人，其状何若？设当其际，自能目击，此在今日特为不能思议，亦非不可思议。思者，心行相。心所游履曰行。议者，言说相。此是意识虚妄分别，不能如实证知境相。故不可思议之云，直须超出虚妄分别范围云尔。严又陵译《天演论》解不可思议四字，未妥。诸有不了变义是不可思议者，或计运转若机械，或规大用有目的。机械往复，目的预定，并非是变。

亦有唯许冲动胜能，则难悟转依，沉沦曷极！转依者，依谓所知依。第八识为杂染、清净两种种子所依，故说为依；所应可知，名所知依。此本《摄论》。转舍杂染，转得清净，谓之转依。诸言冲动者，不知有清净种。"人之生也，固若是芒乎？"斯则庄生所以发叹。世有欲本生物学或其他科学之见地以说明变义者，长夜漫漫，何时旦也。

上来三义，略释变义。今次说识所变。此在唯识，本为今古师兴诤之义。诸师皆以说明二执所依，便于除遣。参考《论本》一、《述记》卷二。本指不二，立论乃殊。比析异同，有三师义：第一，古大乘多说唯有识自证分，无相见分。见《述记》十五第十页。彼解《三十颂》云：变，谓识体即自证分。转似二分，二分体无，遍计周遍计度，曰遍计。所执。如依手巾，变生于兔，幻生二耳。二耳体无，依手巾起。按此喻与其本计不合：彼计二分是所执，则等空华之实无；巾兔二耳，亦依巾起，乃是依他幻有。此安慧等计。第二师者，依《摄论》说唯二义，但立相见以为依他，不说自证分也。相分体性，言体性者，取复词便称耳。他言体相或境相者，准此可知。虽依他有，由见变为，故名唯识。此难陀等计。第三师者，说识自证，是依他性。转似相见二分非无，亦是依他。此护法计。亲光《佛地论》与护法同。三义虽别，基师独取护法为正义。谓一识体，即自证分，亦云自体分。现起二用，即见有能缘用，相有质碍用等。实根尘相分，即有质碍，自余不尔，故致等言。俟《境识章》详之。用不离体，体必有用。安慧源出空宗，故计二分是所执，则用空而体亦顽空。难陀相见依他，此义非妄。然二分无所依体，亦不应理。别详《四分章》。故护法言，实为正义。附识二。然复应知，如是相见自证三分，外有第四，摄入自证，故不别开。又二分义，本诸师集矢之的。体相有无，虽

13

经难陀、护法先后论定，而功能同异，亦复各家有殊。今此不详，俟于《功能章》论之。

复次变义，为渐为顿？应知变者，顿起顿灭，无有渐义。云："何一切行迁流不息曰行，言一切行者，犹云诸有为法。才生即灭耶？"如《庄严论》，有十五义，成立其相；有九因，成内十四相；有十四因，成外十相。此云内外者，随俗说心内色外故。今此总略述之：一者，诸行相续流名起，若非才生无间即灭者，才生即灭，非从生至灭中间有少微间隙也，故云无间。应无诸行相续流。若汝言"物有暂时住，次时先者灭、后者起，可名相续"者，此亦不然。由暂住时，后起无故。二者，凡物前灭后起，必藉因缘，若离因缘，则无体故。若汝言"彼物初因，能生后时多果"者，不然。初因作业，即便灭尽，岂得与后诸果作因？若汝言"初因起已，更不起"者，建立此因，复何所用？若汝言"起已未灭，后时方灭"者，彼至后时，谁为灭因？三者，若汝复执"是能起因，复为灭因"者，不然。起灭相违，同共一因，无此理故。譬如光暗不并，冷热不俱，此亦如是。是故起因非即灭因。四者，若汝言"诸行起已，得有住"者，为行自住，为因他住？若行自住，何故不能恒住？若因他住，彼住无体，何所可因？二俱不尔，是故才生即灭义成。五者，若汝执"住因虽无，坏因未至，是故得住。坏因若至，后时即灭，有如火变黑铁"者，不然。坏因毕竟无有体故。火变铁譬，我无此理。铁与火合，黑相似灭，赤相似起；能牵赤相似起，是火功能，实非以火变于黑铁。又如煎水至极少位，后水不生，亦非火合水方无体。水得火缘，另生其相。六者，佛说有为法色心诸法，有起灭故，名有为。有为相，一向决定，所谓无常。若汝执"诸行起已，非即灭"者，是有为法，则有少时而非无常，便堕非一向相。难曰："才生即灭者，得非总是灭耶？"答：应知顿灭，实是顿生。七者，若汝言："若物刹那刹那新生者，云何于中作旧物解耶？"应说由相似随转，得作是知。譬如灯焰，相似起故，起旧灯知，而实差别，前体无故。八者，若汝言："云何得知后物非前耶？"应说由灭尽故。若住不灭，则后刹那与初刹那住无差别。由有差别故，知后物而非前物。九者，若汝言"物之初起，非即变异"者，不然。内外法体，后边不可得故。内心才起若不即灭者，即此心法应有后边可得。今我此心，念念生灭，了无此彼边际。外法亦然。析物至极微，若更析之，便心相变似虚空现，不作色相现，谁为后边？又如此方名家亦云："一尺之棰，日取其半，千古不竭。"若有后边，则应可竭也。由初起即变，渐至明了。譬如乳至酪位，酪相方显，而变体微细，难可了知，相似随转，谓是前物。如初刹那乳才生即灭，第二刹那有似前乳续生，名相似随转。然第二刹那亦才生即灭，第三刹那复相似随转。余准可知。至前后相似之程度，恒视所遇之缘以为差。故初刹那乳灭已，经多刹那随转，遂至酪位。酪于乳相，则相似几等于零，缘为之也。又酪位以往，若不遇异缘，则续生多似前相。脱遇异缘，如被人啖，则是酪前刹那灭已，后刹那续生者，非似前酪相。推此而言，则宇宙者，变动不居，亦非若纵线直往。强为拟之，乃若曲线然，步步改观也。科学家有谓物质不灭，则视宇宙为重复，便是大过。以故才生即灭义得成。十者，若汝许心是才生即灭，彼心起之因，谓眼根也。色尘也。等等者，谓余根尘。诸行，彼果谓心。才生即灭故，其因眼色等诸行。亦尔。由不可以常因起无常果故。十一者，彼眼等诸行，亦是心果，故才生即灭义得成。由不可以无常因起常果故。此中言心与根尘互为因果，乃依俱有因言，非因缘义。如是十一义，略明梗概。观者会通，知其趣也。此土深了生灭者庄周、郭象其选也。《庄子·大宗师》云："夫藏舟于壑，藏山于泽，谓之固

15

矣。然而夜半有力者负之而走，昧者不知也。"郭子玄释之曰："夫无力之力，莫大于变化者也。故乃揭天地以趋新，负山岳以舍故。故不暂停，忽已涉新，则天地万物无时而不移也。世皆新矣，而目以为故。舟日易矣，而视之若旧。山日更矣，而视之若前。今交一臂而失之，皆在冥中去矣。故向者之我，非复今我也。我与今俱往，岂常守故哉？而世莫之觉，谓今之所遇，可系而在，岂不昧哉！"子玄斯解，渺达神旨，故不暂停一语，正吾宗所谓才生即灭也。晚世独有王船山颇窥及此，其书具在，学者可取观之。恐繁不述。

夫异生僻执，有计诸法是常，有计诸法是断，斯二皆过，故说才生即灭。念念尽，故非常；新新生，故非断。一刹那顷，大地平沉，即此刹那，山河尽异。此理平常，非同语怪。又即依据是理，诸法无实动义。一刹那才生即灭，前不待后，此不至彼，各住本位。虽复幻相迁流，实则自性湛寂。《肇论·物不迁》一篇，虽宗三论，读者亦可参考。由此，遮遣动见，离断常边。是诸圣者内证正智所行境界，非世人寻思戏论所及也。

附识一： 诸法无作者，无作用，无实自性，唯依托众缘而起，故名缘起。缘者，由义，藉义。凡法此由彼有，此即藉彼，亦或彼此互为由藉。或言缘生者，义同。更有异门，说缘起是因义，缘生是果义。详见《大论》五十六。缘复有四，一因缘，二等无间缘，三所缘缘，四增上缘。如别章说。此中意取功能为因缘耳。

附识二： 谓一识体，现起二用者。无性《摄论释》"《解深密经》佛告慈氏：'无有少法能取少法。'谓一切法作用、作者，皆不成故。但法生时，缘起诸法威力大故。即一体上有二影生，更互相望，不即不离。见带相起，相仗见生。诸心、心

所，由缘起力，其性法尔如是而生"法尔，犹言自然。问："诸行如
何生？"答：众缘和合故生。复问："何故缘合便生？"答：法尔如是而生。
过此有问，不须置答。云云，可资参考。

四 分 章

一切心、此言心者，不摄心所。余准知。心所，各各有相见等四
分。前谈几义，略及未详。今明缘义，缘者缘虑也。应更确陈。昔
世尊于《十地经》中总说三界唯心，此言心者，亦摄心所。余准知。本
未剖析。佛灭度后，小乘始炽，大乘继兴，势成水火。小宗至谓
大乘经非佛语。故大乘之徒，意欲摧小，不得不从事量论，以相
制胜。当无着时，小大之诤已剧，因天亲悔小，特为造《摄论》成
立大乘，始建相见二分。难陀据此，未有发明。陈那创立三分，
护法承之，遂使小乘量论根本动摇。三分义者，改小乘行相义，
立相分，为所量；又即以彼行相名见分，为能量。小乘所谓行相者，
即能缘上所缘之相，而是能缘摄。大乘既改小宗行相义，而立相分，又即以小
宗行相名见分，故大乘行相之名，通于相见也。复因彼所谓事者立自证，
事者体也。即为量果。《三十论》云："执有离识所缘境者，彼说外境
是所缘，相分名行相，见分名事，是心、心所自体相故。此中相见云
云，非是小乘许有见相分名也，乃大乘从旁质定。若曰：我之相分是所缘，彼乃
名为行相，以为非是所缘，乃是能缘上所缘之相，即能缘摄也。我之能缘见分，
彼乃名事，以为是心、心所自体相也。达无离识所缘境者，则说相分是
所缘，见分名行相，相见所依自体名事，即自证分。"详此，则大乘

三分义，与小乘关系，可以概见。然以何义成立三分？今次当说。

初成相分义者。自识谓见分，后随文准知。亲所缘，唯是自识所变。所变，谓相分。《述记》载有多量：一云，如缘青时，若心、心所上无所缘相貌，应不能缘当正起时自心所缘之境，宗也。许无所缘相故，因也。如余所不缘境或如余人境。喻也。次云，我余时缘声等心，亦应缘今色，宗。许无所缘相故，因。如今缘自青等之心。由彼之说，即缘青之心上不变似青相，故以为喻。三云，除所缘色外诸余法，亦应为此缘色心缘，宗。无所缘相故，因。如现自所缘色。喻。略举三量，已足见义。皆以反证相分定有。心谓见分，下准知。亲所缘，定是不离自心之境，谓相分是心之所变，故不离心。故唯识义成。当时大乘建立相分，实为破小乘心外取境之利器。吾将于《境识章》更详论焉。

次成见分义者。古师安慧等相见俱无。清辨亦云："若约胜义，诸法皆空，唯有虚伪，如幻化等。"即亦不许有能缘相。即见分。果尔，见分不成，云何唯识？故今师破之。量云：若心、心所，无能缘相，应不能缘，宗。无能缘相故，因。如虚空等。喻。又量：汝虚空等应是能缘，宗。无能缘相故，因。如心、心所。喻。此翻覆为量，以反证见分定有也。又诸外道小乘，虽皆许有能缘，然计有实作用。此亦不尔，可勘《论》文。《三十论》七第十五页"谓识生时，无实作用，非如手等亲执外物，日等舒光亲照外境"云云，此所以破外小也。疏见《述记》四十三第十四页。复有说镜亦能缘，犹如识者。今人罗素言照相器能见物，意乃类此。斯不应理，非能虑故。俟谈所缘缘时详之。见《四缘章》。

又次成自证分义者。上述相见本非截然两物，截然者，相离义。相托见生，见带相起故。带有二义，解见《四缘章》所缘缘中。然二分功用殊，即应别有一所依体，故立自证分。又在大乘，以心得自忆，证有自证。若无自证者，应不自忆心、心所法。何以故？心昔现在，曾不自缘，既过去已，如何能忆此已灭心？以不曾被缘故。见分不得同时自缘。若立自证者，则自证缘见，即是自心缘自心；若无自证者，则唯持一念分别心，即不曾被缘也。如不曾更境，必不能忆故。唯曾时心自证分曾时缘故，如曾所更境，今能忆之。有量云：今所思念过去不曾更心等，应不能忆，宗。不曾更故，因。如不曾更色等。色声等境，心曾更历者，方乃得忆。不尔，便无从忆，此世所共许，故得为喻。反证必已曾缘，成自证分定有也。

如上三分义，陈那《集量论》方始显发。陈那已前，则有二分名。见《摄论》，如前已说。然安慧出陈那后，唯成自证，不立相见。及至护法始依陈那决定三分，又别立第四，即于自体分上有自缘用，名证自证分。至奘师创明挟带义，正智缘如，亦有体相。俟《量论》五[1]详之。自此四分义立，大乘量论，根据乃成。

复次，四分缺一，便不成量。所以者何？《三十论》言：所量、能量、量果别故。如以尺量物时，物为所量，尺为能量，解数之智，名为量果。心、心所量境，类亦应然。相分为所量，见分为能量，自证为量果。具能、所量及量果故，始得成量也。然量须具能所，此犹易知，云何须立自证为量果耶？若无自证，但具见相，如尺量物，无解数智，空移尺度，不辨短长，云何成量？问："见分

———————————————

[1] 五，疑衍或误。

何不自为果耶?"曰:见分同时不自知故。必须自证缘见,证知是见,缘如是相,即为量果。若尔,即立三分已足,何须第四?为成第四,故立量云:第三分心,应有能缘之心,宗。心分摄故,因。犹如见分。喻。又量:第三为能量,应有量果,宗。能量摄故,因。犹如见分为能量。喻。故须第四。问:"见分不为第三果,何耶?"曰:诸体内二分是体。自缘,皆证自相。果唯现量,见缘相分,或量非量,故不应立见分为果。《述记》有多伏破,此姑不述。由此,第四理应建立。然第四第三,互为量果,不须增立,无无穷过。又四分中,初唯所缘:相分之心,无能缘用。后三通[1]能、所缘:见唯缘相;第三能缘第二第四;证自证唯缘第三,不通第二,以其为自证分所缘也。略如左表:

相	所 量	见	所 量
见	能 量	自证	能 量
自证	量 果	证自证	量 果
自证	所 量	证自证	所 量
证自证	能 量	自证	能 量
自证	量 果	证自证	量 果

又此四分,前二名外。相分似外故,名外;理实无心外境,但心变似外境现。见分缘外,即以用外故,亦名为外。后二名内。自证是体,故名内;证自证从体摄,亦名内。然见分外缘,故通三量;现、比、非。三四内缘,问:"见分名外,第三缘见,应名缘外。"答:见分是能

---

[1] "通"字原脱。此据《佛家名相通释·四分》(上海书店出版社2007年版)第149页补。

缘摄故,亦说为内。故自证缘见,是内缘。**由亲挟所缘,故皆现量摄。有难:"佛果位及因位五八识,见分唯是现量,即得为第三果,不须第四。"此不应理。外内定故,用不可淆杂故。见分缘外,用外也**,《述记》十五第二十一页:"若缘真如非外缘,以见分用外故,亦不得缘。"**不得复为缘内果。又天竺古师,有说佛位三分谓见分及内二分。互缘一切法,名遍缘者。**见《述记》四十六第二十页。**若尔,相分或无。然以理准,根本智缘真如,自有体相。后得见分反缘自证,有说作影像缘,**谓见分托自证分为本质,变一影像而缘之。**则仍是相分。自证缘相,证自证缘前二,**相、见。**例此应知。故此四分,佛位亦然。倘肆奇谈,便当谢绝。**

随一心起,具有四分。每一个心所起,亦尔。**即此四分,定不异时。普光《百法疏》云:"此四分中,有前后相缘,故得有所缘缘。"此非正义。普光与陈那同随经部因果异时,故许五识后念见分,缘前念相分。既非现境生五识,即是前念相分所熏之种,生今现行色识。后念识带彼前相生,故前相是所缘也。**经部计五识后念见,缘前念相,致由五见了境,刹那已入过去,独散意识相应念数,继起极速,彼乃不辨,以为犹是五识现量境也。此在今心理学上,当名为似感觉耳。**然经部计非是,何容一念而有二时?**前已灭故,**理不至后。又彼不许有赖耶,**第八识之异名。**即无持前相种者,彼色心**前六识。**是间断法故。经部已见破于大乘,普光之徒,独袭其讹,不可解也。**

一切心、心所,各各四分合成,四分相望,不即不离。据功用别,名为非即;四用一体,名为非离。虽相别种,仗见生故,非不一体。**又此四分,或摄为三,第四摄入自证分故;**即唯有相见自证三分。**或摄为二,后三俱是能缘性故,皆见分摄;**即唯有见相二分。然此与《摄论》及难陀等之主张不同，彼未分析四分而主唯二，此则先行分析，而后驳之以简也。**或摄为一，相离见无别体故，总名一识。此言识者，通心、心所。据义各别，抉择随文。**

　　附识：小乘量果即是见分，行相为能量，外境为所量，参阅《述记》十五第十七页。斯已迷谬唯识。其在远西，有勃兰泰那者，以对象为心理特征。其说以为无论何种心理现象，必有对象，爱必有所爱，恨必有所恨云云。罗素来华讲演曾及之。勃兰泰那之弟子马恩农，析心理元素为三：一作用，二主象，三对象。即如对灯起想，想即作用；当小乘之见。心中似灯相现，此谓主象；小乘说此为能缘上所缘之相，名为行相。外界之灯，是为对象。小乘之境。此其持论，适与小乘冥符。后来实在论师，专重对象，遂不立主象。然复有两派：甲派犹许有作用；乙派遮作用，唯成者，成立。对象。今人罗素即主乙说。罗素言："如想天坛，心中便现出天坛，何待作用？又此作用，实验不及，即在理论，亦无须尔尔。恒人习言我想，缘我字于文法上乃属主词，取便称谓，遂成串习，故作用名，但从主词之我，蜕化而来。如云天下雨，明知雨者非天，但由主词习用，故作是说。我想亦然。"罗素《心之分析》第一讲。按罗素此计，实出马恩农下。即如我想之云，若以唯识相稽，虽无有我，而有我执，七则恒行，六除五位无心，余亦不间。故我想言，非不成立。罗素本不了此。又在文法，主词不尽无实所指。今云罗素还英国，即未可以天下雨为例，谓无罗素其人。又以想天坛言，如无此心作用，应不想天坛时，天坛恒现心中。若云作用不可实验者，罗素固尝许有认识认识，上两字虚用，下两字实用。谓如对烛，起于烛知，俱时之心，知此烛知。《心之分析》第九讲。若尔，作用已可实验，云何复言不可？罗素又引詹姆士说："颜料陈诸商店，唯是备购之物；设章施绘事，五采夺目，遂发心情。故心与物但随排列变异，非由原料不同。"同前第二讲。今应诘彼：心有深思，采色当前，视若无睹，则亦何说？迹罗素之论，本毗于唯物。罗素欲以心之现象，归入物理公律之下，谓"如习惯及联想等，将来或可用脑筋之变化说明之"云云。见前书第十一讲。尚考天竺数论诸师，有说心此言心者，即第六意识。根是肉团者，参阅《义林·五根》章。斯足方其妄耳。今此非欲擿罗素之短，朋于勃兰泰那、马恩农。以罗素计无作用，即大乘能缘见分亦不成，过失最重，故偏责之。若马恩农、勃兰泰那与小乘一例之见，固大乘所已破矣。

复次，大乘五识及俱意境，定现量摄。颇闻人言，如罗素所说感觉，不曾挽忆想等，即是五识现量。诚以理准，亦可云尔。然罗素不许感觉即知识，则与大乘现量相违。罗素言"人有说感觉即为知识者，如凭栏仰面，忽见友来，即此一见，便已成知；又如闻声，方闻之顷亦即是知。此一说也，虽吾向者尝云然，已非近来所信。由见及闻，得生知识，理固非妄。然但以见等自身为知识，则期期以为不可。若作是说，必分能见、所见，能见为心理作用，所见为对象，即于作用上发生知识；如是，则感觉即知识义成。然持此说者，须先成立作用及对象，今此作用义，则吾前讲所已破也"云云。罗素《心之分析》第十一讲。详此，则罗素所以不许感觉即知识者，实缘遮拨作用故耳。然罗素遮拨作用，本不应理，前已破讫。若以唯识相按，每一心起，具有四分，每一心所起，亦尔。则感觉非不为知识也。罗素复言"恒人见烛光，以为见属心，烛光是物，两者截然不同。若据实际经验，方见光时，未加推想，即无光觉。是见光与光本一件事，实不可分"云云。同前第十二讲。此言无分别，即不成知识也。然约大乘义以明感觉，则不受难。大乘所缘缘，有挟带义。故正见光时，即见此见字，名词，具云见分。挟相具云相分，谓光也。起，见挟相起，正罗素所云不可分之一事。事不孤生，必由缘会，故相见居事之两端，罗素未悉也。冥证境谓能缘亲挟所缘体相，冥合若一。故，名无分别，非同无作意等，名无分别。俟部乙详之。故感觉即知识，理非不成。然此本凡夫所不能知之境，宜罗素谓非知识耳。又一刹那感觉，率尔堕境。堕谓创缘。如物著地，曾未预知，乃云率尔。独散意识，独简五俱，散简定中。继起寻求，念数相应。念数亦云念心所。窥基《百法疏》"念者，于曾习境，令心明记不忘为性"云云。罗素所云推想，乃在此时。由此决定，染净遂著，等流无间。率尔、寻求、决定、染净、等流五心，俟《转识章》详之。此寻求已去，殆即罗素所云知识。然此则或比或非，不得自相，自相者体也。故非真知。大乘建立现量，正为遮此。诸法真妄，由量刊定，量论依止四分义，而得建立。树义精确，未有匹也。

功 能 章

四分灿著，岂曰无因，故次之以功能。略显功能，八门分别：

一建立所由,二名义,三体性,四来源,五类别,六感果,七断,八无漏。

初、建立所由者,大乘树义,多缘外小,所谓功能,实由借鉴。据《中观颂》:"诸法不自生,亦不从他生,共生亦无性,亦不无因生。"宋释惟净译本。《对法》释云:"自种有故不从他,言色心诸法,各从自种而生,不从他生,即破大自在天计也。待众缘故非自作,破我作。无作用故非共生,破有部作用义。有功能故非无因。"破无因论,成立功能。详此,则大乘功能义,与当时外小,不无关系,已可概见。《摄论》亦言"于阿赖耶识即藏识。中,若愚第一缘起,所云缘起者因义,即谓功能。愚者谓不了。或有分别自性自性亦云冥性,本为非物非心,今人有谓其即物质者,非也。数论计此能生一切法。为因,为因者,谓为色心诸行之因。文有隐略,读者宜详,下准知。或有分别夙作为因,尼乾子等有此计。若在大乘,业种是增上缘,非因缘,又刹那灭,非过去有体,故异彼。或有分别自在变化为因,婆罗门计有主宰一切之大梵天。或有分别实我为因,僧佉等计。或有分别无因无缘,自然外道及无因论师并空见等。复有分别我为作者,胜论。我为受者。数论。譬如众多生盲士夫,未曾见象,复有以象说而示之。彼诸生盲,有触象鼻,有触其牙,有触其耳,有触其足,有触其尾,有触脊梁。诸有问言:象为何相?或有说言,象如犁柄,或说如杵,或说如箕,或说如臼,或说如帚,或有说言,象如石山。若不解了此缘起性,无明生盲,亦复如是"云云。盖大乘建立功能,爰立藏识为其依止。即此功能作有为诸法因缘,无因既遮,外因亦遣。外因者,谓于自识外,计有实物为诸行因,若上述自性神我等计是也。我宗功能为藏识摄持,故乃异彼。自龙猛一《颂》引厥端绪,无着《摄论》更成所知依,第八识亦名所知依,参考无性《释》。幽关洞辟,妙义斯繁,洵可乐也。然有难言:"藏识亦是功能所变,云何藏识得为功能依止?"此如《本识章》释。

二、名义者,有大势力,炽然能生,故名功能。如日、星、大地,如声,如光,如人,如虫,如视,如听,如贪,如瞋,一切现行色心法,俱由各自功能转变,宛尔幻有。若离各自功能,无别自相。故功能者,推显至隐而言之也。又复有多异名:从其生现,名之种子。从其由现识熏令生长,故名熏习,亦称习气。功能所自有二:一者本有,二者新熏。说见后。《三十论》二第七页,说等流、异熟二因习气,由现识熏令生长。盖就新熏言生,就本有由熏增盛言长。故本有种亦名熏习或习气,不但新熏种有此名。又熏习言,非是前法自性不灭,留至后念,但法自性,顿灭顿起。犹如香灭,余臭续生,有似前香。此非实物,故亦名气分。即其随逐有情,眠伏藏识,名曰随眠。体非轻安,名曰粗重。自余异名,恐繁不述。

三、体性者,《摄论》成立功能,始以六义显其体性。见《所知依分》。有难:"《瑜伽》第五已说有七种子,故非由《摄论》成立者。"此难非是。《瑜伽》但泛说及之耳。其持论著系统者,则自《摄论》始也。云何六义?一、刹那灭。谓此功能自体,才生无间即灭,非生已可容暂住。由暂住时,无转变故,即是常法,不可说有能生用也。若外道计有自性神我等常法,为诸行因,即此所破。二、果俱有。虽刹那灭,然非已灭乃生其果。由此功能殊胜,正转变位,能取与果。能为因义,名为取果。若果起时,因付于果,名为与果。言正转位者,简异过、未,转已名过去,未转名未来。即种因也。生现,果也。因果同时,相依俱有,不同经部前法望后法为因。又一身中自八识聚,聚者类也。种望现,定俱不离,故得为因。种子搏附第八现识自体分。前七现识以第八自体分为根本依,即以第八自体分上种子为因缘依。若离自八识聚,计有外因,亦此所破。三、恒随转。刹那灭者,非灭已即断。由此功能自性,前灭后生,刹那刹那,连言之者,显其相续,便是长时。相似随转。转者生起义。如第一刹那灭已,第二刹那有似前性,随即生起。然复当知,前后刹那中间,非有少微间隙。此刹那义,唯是幻义,未可以常情测也。故未得对治,其性一类,前后相似,故名一类。相续无断。由斯,转易间断诸色心法,此言心者谓前七识;六识间断,第七有转易。色法间断易知。不能持种,此遮经部计。故应建立赖耶。四、性决定。虽恒随转,而此功能,溯其从来,实由无始现识,熏令生长。生长二义见前注。故随前熏时现行因力,善等性决定。因缘办果,办者成办。无杂乱失。《论》有诚文,不劳繁述。参考《三十论》二第十四页,《述记》十四第八页。五、待众缘。谓此功能既非实物,亦无作用,唯任运转。任运者,无主宰义,无作意义,无实动义。此中理趣,难可拟议。故待众缘和合,乃有取与果用。取与解见上。如自然外道及大梵、时、方等计,俱不待缘,或缘恒非无,有部计。此即遮之。参阅《三十论》一第九页,《述记》六第八至十一页。六、引自果。虽遇缘合,非唯一因生一切果,遮大自在等计。亦非色心互为因缘。色心相望,有增上缘等,如四缘中说。有部计为因缘,即是倒见。但诸色法种子亲生色法现行,心法种子亲生心法现行。法相厘然,因果不乱。后类别门及《四缘章》,更宣其义。上来已说六义粗尽。然复应知,此中正以生灭恒转二理,即六义中第一及第三。显功能体性,余但别遮,非正显也。唯前六义外,宜更加交遍一义,——功能同处各遍,现准定然。

又功能所依,唯第八识自体分,以自体分是受熏处故。由此,功能离本识无别体。虽依第八识体,而是此识相分,第八见分恒取此为所缘,以其为识体上义用分之,故成相分也。义者境相义。诸法莫不有体相用,法体虽一,相用可多。今言功能,归诸相用,即以第八识体为其所依之体也。然此功能,约二谛分别:唯依世俗,可名实有;推入胜义,即是虚幻假法。由无定实,故可转移,至理冲玄,弥验于此。

复次,功能于三性中何性所摄? 三性者,善、恶、无记。就其为本识摄持言,即随本识,唯名无记。非善非恶名无记。就其自体言,即通三性。上两"其"字,并为功能之代字。言功能通三性者,非谓一个功能可通三性。此中功能本泛称之辞,即通一切功能而言。如泛言人,即通一切人而言也。诸功能由前七现行善等熏习。此云熏习,勿作功能之别名看,系虚用。他处随文领取。善法熏令生长者,生长见前。定善性摄;恶法熏令生长者,定恶性摄;无记准知。向上由善,有漏善能引生无漏善故。退坠由恶,熏习乘权,如何勿慎!

四、来源者,《摄论》建立功能,虽言熏习,探源未详,世亲而后,十师迭起,遂以此为兴诤之事。略举其概:一、护月唯本,沿袭古说,以诸功能法尔本有,不从熏生。二、难陀唯新,谓由无始现行熏习故有。三、护法师并取本有新熏。三师树义,各引经论证成,唯护法折中最允。此姑不述。如实论者,现行强盛势用,此势用可休歇。刹那有生,还成第八中种,故新熏义坚立不摇。又此无始能熏之现,必有本有为其亲因,若本有不立,成无因过。由此,本新并建,极为应理。

护法虽分别本新,复以熏习为此二共依。《三十论》述其义云:"然本有种,亦由熏习令其增盛,方能得果。"种生自后种、成现,名得果。又云："内种必由熏习生长。"见《论》二第十四页。内种即功能，以随俗假说外麦等名外种，故目功能为内种。《述记》十四疏："法尔种子必由熏长，新熏熏生。"查考第十二页。法尔种谓本有。此言本有及新熏种，唯以熏习为生长依，故通本新俱得别名之为熏习等，此言熏习者，名词。等者，谓习气、气分诸名。实护法最精之谊。然熏习复依何义建立？今次当说。按《摄论》始明所熏四义，《三十论》更立能熏四义，合有八义，陈之如次。

初所熏四义者，一、坚住性。若法始终从无始之始，至究竟之终。一类相续，性唯无记名一类，恒转名相续。能持习气，乃是所熏。经部色心转易间断，云何可熏？附识一。二、无记性。若法平等，无所违拒，能容习气，方是所熏。沉麝极香，蒜薤极臭，俱无容纳。唯中容境，可受熏习。赖耶无记，故受善恶熏。三、可熏性。若法自在，体是虚浮，能受习气，乃是所熏。虚浮，不实之谓，遮无为法也。《三十论》云"性非坚密"，《述记》训为"体是虚疏"，似均不善。有为无为之辨，非可以疏密相形也。心所依心，非自在也。真如坚实，不生灭故名坚实，简异虚浮。无受熏义。附识二。四、与能熏共和合性。若与能熏同时同处，不即不离，乃是所熏。他身识及自识，前后刹那，无和合义，故非所熏。遮经部前念之识熏后念类。识类之义详《三十论》三第十六页，《述记》二十一第十三页以下。唯第八心王心对心所名王，心所依之以为主故。具此四义，可是所熏。即彼第八心王。自体分，是受熏处。以有容受，必是其体故。见分是识体上能缘用，受熏必体非用。

次能熏四义者，一、有生灭。若法非常，常法即无生灭用。能有生长习气作用，熏生熏长二义见前。乃是能熏。二、有胜用。此复二义：一能缘势用。由心分别，带境相起，故诸色法，为相分熏，非能缘熏。取喻河流：能缘熏如水流，相分熏如随流水草沙泥等。二、强盛胜用。作意筹度，不任运起，故是能熏。非异熟心等，有如是用。即第八现，不为能熏。第八及六识中劣异熟无记心、心所，虽有能缘而不能熏。但强盛心、心所托之变相而熏于种。三、有增减。若有胜用，复高下不定，可增可减，乃是能熏。佛四智品与极劣异熟无记，此即遮之。诸论说佛果位中，善法圆满，理不更增新种。四、与所熏和合而转。义同所熏第四，不劳重释。唯七转识及彼心所有转易故名转识。有胜势用而增减者，具此四义，可是能熏。如是能熏与所熏识俱生俱灭，熏习义成，非异时可相熏，故能熏所熏定俱生灭。令所熏中种子生长。如华熏苣蕂，故名熏习。苣蕂者，胡麻之粒大色黑者也。天竺用之制油，先杂以华，然后榨取。盖华与苣蕂同生同灭，故能熏生香气，令苣蕂受持，而香气依止苣蕂，亦复与同生同灭也。苣蕂为所熏，喻赖耶；华为能熏，喻七现识；香气喻新熏种。

　　复次，能熏识何分为能熏？《述记》虽说为自体分，见《述记》十四第二十一页。理实四分摄为二，谓相见。即见是能熏，相托见熏耳。然诸相见熏习，有为因缘熏生，有为增上缘熏长。请谈熏生。能熏识前七心所。见各生自种，如眼识见分，熏生自眼识见分种，不生他耳识等见分种。余准可悉。此义易知，相分熏者复有三义：一、相与见同种，俟《境识章》详之。又不仗质起，如独散意识缘龟毛等。有谓缘龟毛等相分仗名言为质，然无实体故，不说为质耳。此相随见摄，不别生种。二、相与见共种，亦与质共种。如第七缘我，此相从两头质见。烁起，得熏生本质，即第八见种。又如独散意识构画青等境，如设取一丛青草等。即由第八相器界。为质，能起影像相。意识中有似青草相现，名为相分。对本质云影像。此相准带质境，详《境识章》。亦能生质即第八相。种。三、相与见别种，与质同种。此言同种者，谓相种与质种同类，非谓相质共一种生。如五及俱意相，皆与本质即第八相器界。为同类种生。故所熏种为影像种，于像于相分，望于本质而得此名。即无异为本质种。此相种与质种既为同类，故此相熏生之种入本识中，后时得遇缘生五或俱意相，亦得遇缘生第八相也。此义自昔友吕秋逸先生发之。问："影像本质将共一种生耶？"答：不必。无始已来，种极多故。又甲种逢缘生第八相，俱时不更逢缘生五或俱意相；乙种逢缘生俱意相，俱时不更逢缘生五或第八相。一种一时不于两处生故。

次，熏长者，现行相见，既各有势用，但相分势用不自起，须托见分以熏。详上能熏四义中。熏生新种，俱云新熏种。即此熏生新种时，亦熏发本种，俱云本有种。令其长盛。气类相牵，理何可诘？有说熏长之时，不定熏生者，此必不然。现行若无强盛势用，不能熏生新种，又何能熏长本种耶？思之思之。

复次，熏生。能熏现行，从种生时，即能为因，复熏成种。三法展转，因果同时。略如左图。欲闻其详，后《四缘章》。当别论。

```
           ┌─ 本种   因
           │         ⋮
一          │         果
刹 ┤  现行
那          │         因
顷          │         ⋮
           └─ 新种   果
```

又熏长者，非如今人柏格森言流转：前法延至现在，立迁未来。此本有种，顿灭顿起，无有前法可以绵延。又柏氏取喻河流，时时加入新质。此云熏长，亦不如是。本种具云本有种。势用，以熏习为增上缘，而得增盛，非有新物渗加本种自体。故熏

31

种言,应善思择。

难曰:"熏长熏生,种当无量。"曰:轻意菩萨《意业论》云:"世尊于《深密大乘经》中说,阿陀那心识,即藏识。此中心识连书者取复词,便称二。深细不可量,无量诸种子,其数如雨滴。"见《大论伦记》五十一第七页。非若大梵一尊,何须有量? 一切功能依熏习生,依熏习长。万化鸿钧,即此一念,可不慎与!

五、类别者,有依体类辨,有依熏习辨。今先辨体类。此中异义,天竺古有二家:一相见同种家,二相见别种家。同种家者,谓一识体,转似二分相用而生,如一蜗牛变生二角。故相见离体,具云识体,即自体分。更无别性,是识谓自体分。用故。别种家者,谓见分是自体分之义用,义者,相也。故离体更无别种,即一识体,转似见分别用而生。唯相分或随见种,此言见者,亦摄内二分,义见前。或自有种,而依见种乃自生现。相种伏见种而起,见种挟相种而生。如上二家,互相乖竞。据实论之,内二分为见分体,与见一种,义极决定。由此,相见对辨,作用差别,性有不同。如五八识,缘实根尘。此中举五识,隐摄俱意。见有缘虑,相无缘虑;见非质碍,相有质碍。法相厘然,不可混乱。现证如是相,说有相种;现证如是见,说有见种。如实称量,无诸过患。若以异作同解,妄猜无据,即智者所应呵斥。故别种家言,于理为胜。然有难言:"相别有种,何名识变?"曰:不离识故。由识变时,相方生故,即由见种挟带相种,俱时起故。如造色境,此言造色境者谓五尘。详见《境识章》。由心分别,境相即生,非境分别,心方得生。故非唯境,但言唯识。由此,相见别种,义极成就。令人罗素说心物本一种原料,排列不同,故成差异。柏格森亦以心物同出一元,由其紧张,为精神性,由其弛缓，有广袤性。此皆妄情猜度，难为印可。

次依熏习辨者，一切相见功能，由熏习生长。义见前文。《摄论》始立三种熏习：一名言熏习，二我见熏习，三有支熏习。见《所知相分》。《义演》十九：倭国本。"问：此三熏习为定同别？答：其义不定。后二熏习定是名言，名言自有非后二者。即诸无记而非执者，及无漏熏种，皆非后二熏习故"云云。此则于一切相见功能，依据熏习，此中熏习二字虚用，勿作功能之别名看。义说三种。然《三十论》二，说等流、异熟二因习气。见《论》二第七页。其等流习气即名言，异熟习气即有支，不说我见。《述记》十二疏"我见熏习种子，于名言中别离出故，《论》以我见摄入名言，遂不别开"云云。今即据此，分名言、有支，略述如次：

一、名言熏习。此复有二：一表义名言。以声界能诠之名言，此名言，通摄自发名言，及闻他人所发名言。显心色诸法，而熏成之种，名名言种。然名自体非能熏。心、心所随名，变似五蕴三性等法，而熏成种。色法一，心法四，合名五蕴。详见《五蕴论》。三性，善、恶、无记。如能诠名，诠青色境。对青色境立青色名，即青色之名为能诠，其境为所诠。余准知。若于尔时，心、心所见，谓第六。随名变似青色而缘，虽随名而变似青相，据实即托青色境即第八相为本质。即于相分熏成质谓第八相。种，参阅前文相分熏之三义中第二义。见分内二分摄入见。后准知。熏成自第六心、心所。见种。又如能诠名，诠极微等假法。大乘不许有实极微。心举心即摄心所。随其名，变似极微等相而缘，此相唯从见变起，即随见摄。参阅前文相分熏之三义中第一义。亦于见分熏成见种。余准可知。云何名能诠显诸法？言名，亦赅句文。声上有音韵屈曲，依此假立名句文，即名句文聚集，能诠显诸法。

名,诠召法胜,总说为名。召者,呼召之义。如云声是无常,声之一名即以呼召法体;无常亦一名也,即以呼召此法体上之义。诠者,解喻也,择言也。句文诠召诸法,必依于名,故名为胜。**然唯第六识**即独散意识。**能缘其名,能发其名,余皆不缘,亦不能发。**缘名言,发名言,必资寻伺,寻者推寻。伺者伺察比寻为细。**故唯第六能也。**

二显境名言。即不依于能诠之名言,而依于七心界见分等之了境。等者,等内二分。唯相分,无了境用。**见分等本非名言,然其了境亦有似于名言之诠义,故得此名。如眼识亲缘青色境时,**眼识见分仗第八相为质,变似青色境相,此相与见别种。义详《境识章》。**即起青色行解;第七疏缘八见,**第八见,七不得亲取,须托之变相,故云疏缘。**恒起我相行解。**若六识中分别我执,则是表义名言。**此行解相,同言说相。即此显于境而熏种,亦名名言种也。**难曰:"相分非显境,其所熏种,应不名显境名言。"曰:相分熏,本托见分起,故相从见说,亦显境名言摄。

随二名言所熏成种,作有为法各别因缘,一切见种亲生一切见分法,一切相种亲生一切相分法。**是为名言种。**《摄论》言说熏习,但有第一义,缺显境。

二、有支熏习,有者三有,三界异名。支者,因义分义。即三有因,生善恶趣差别之因也。**本名业种。业者,**造作为义。善恶之造作,熏成种子,是为业种。**此于异熟果为因,**此言因者,实增上缘。**能令异熟果善恶趣别,**趣者往义。有六趣,即人趣、天趣、畜趣等,或云六道。**故亦名有支。如实论者,业种即是思种。**第六思数种。第六相应思数,以造作为性,驱心、第六心王。心数谓与思数俱起而相应第六心王之他心数。令成善恶,非余心、心数具此胜能。**即此思数**第六相应。

依身语意，造作善恶，思复三种：初审虑思，次决定思，三动发胜思。前二与意俱作动意，故名意业，亦是发身语业远近加行。动发胜思正发身语者，是身语业体也。参考《述记》八第十二页。熏自思第六相应。种。善恶之造作，势用既盛，非可休歇，还熏成种，理何可疑？此思种自体，本是名言，以其功用不一，能生自果，善思种亲生善思数，恶思种亲生恶思数，名生自果。又能助他类羸劣无记种，如第八及前六中劣无记名言种。令生现行，故一思种随用异名。一方名名言种，不名业种；约生自果言。一方名业种，又不名名言种也。约助他言。然业受果有尽，谓受一期异熟果报已，后不再感。名言生果无穷。体恒随转，故通长劫之中，每一逢缘，即便生果。生非止一次，故言每一。欲详分别，宜探诸论。附识三。

六、感果者，由前名言、有支二种习气，感得等流、异熟二果。

等流果者，谓名言习气《三十论》二说名等流习气者，从果为名。为因缘，八识眼识乃至赖耶识。体相，差别而生。如眼识见种，亲生眼识见分，此中言见，亦摄内二分。后准知。其相种，亲生相分。耳识乃至第八准知。此中唯约相见别种者言。详《述记》云："夫因缘者，办自体生，办者，成办，谓果法自体由因法亲成办之。性相随顺。"果似因，名随顺。见《述记》十四第八页。故相种不起缘虑现，谓见分。见种不起质碍现。谓相分。如世胡麻实，此实俗亦名种，俟《四缘章》辨之。终不生豆，豆实亦复不产胡麻。果定似因，故号等流。等言相似，流谓流类。更有别解，非此所述。

然复应知，若多同类种，类有二义：一者体类，如眼识种望耳识等种，体类异也，又如眼识见种望自相种，亦体类异也。二者性类，谓一切种有善等性差别也。势力齐等，俱逢缘合，可许此类共生一果。如一麦中

35

有多极微,可许同生一芽等果,非许一一微各各生果故。参考《述记》十八第九至十页。《成业论》同。由此,一刹那顷,现行眼识相见二分,内二分摄入见,故说唯二。各从百千同类种,俱时而转。即多同类〔见种〕为因,共生一个见分果;多同类相种为因,共生一个相分果。余耳识等。准可知。

难曰:"色心功能差别,见及内二分说名为心,实根尘相分说名为色,皆顺俗为言也。云何相依起用?"曰:色心相望无因缘,色心各有种故。而有增上缘。识种以根及尘种为增上缘,而自生现。俱时根及尘种亦以识种为增上缘,而自生现。凡言种者皆势力义。势力非一,乃搀和而各起现行,所谓至赜而不可乱也。哲学家有排一元论者,则大谬也。又色于心为所缘缘。详《四缘章》。自此以往,不可复诘。设问:何故色于心为增上? 何故色于心作所缘缘? 此皆不可推穷者。

次异熟果,以具二种得名:一、真异熟,唯第八识。第八识名异熟识者,感异熟因,此因即业种。性通善恶,一切业种有善有恶,各随前熏时现行因力所熏成。而果第八现行望业因名果。唯无记。即果望因,异类而熟,得异熟名。窥基解异熟有三义:一异时而熟,二变异而熟,三异类而熟,详《述记》二第十页,此中正取异类一义。二、异熟生。谓前六识无记心,亦云报心。从异熟起,第八为总果,是果之主,能引余果,故六别报,依总报起。名异熟生。别从总称,故有此名。合具异熟、异熟生二种,名异熟果。此中异熟生不取第七者,以其非异熟种生。因位为染,有覆故。果位无漏,故不取也。《述记》十二第十四至十五页"有问:六识善等三性法,应名异熟生,并从真异熟起故。答曰:不然。若法是异熟,从异熟起者,名异熟生"云云。基师取答义为正,本文从之。

又异熟识,说名总报。随总报业省称总业,于业种中分总别也。

力，**感善恶趣依正报**。人天趣名善，畜等趣名恶。正报谓根身，如人或畜等身。依报谓器界。山河大地虽人畜等共依之，实则各是各之依报，如一水，天见宝莲池，人见清凉水，游鱼见安宅，饿鬼见为火。**简异于别，故得总名。**

异熟生，说名别报。异熟生之名，本谓前六无记心，此从异熟识得名。异熟识为总报体，故前六识中别报即依异熟生说之。此处不可泥解，若谓别报即唯前[1] 六无记心，便难通。**由别报业，感别报果**。《义演》云："别报业者，谓当造业时心不猛利，任运造善恶等。此业能感别报果。"**此依总报起，**《义演》云："第八最初受生，由总报果是主，先生，后引生别报果也。"**能成就圆满总报果事，亦望于总，得其别名。**

上来略释异熟果名。云何建立此果？有为诸法，本来差别，故一切种乃通三性。善、恶、无记。善恶均有能生胜用，独无记种势力羸弱，非有资助不能生果。**第八名言种，唯是无记**。不通善恶，故言唯是。第八现识无记，以其亲因名言种无记故。**故待业种为增上缘，令自第八**。种力增，方生现行。有待起用，用乃不滞，非同神我，是常是一。前六无记名言种，亦须业助，复可例知。第七虽名无记，而是有覆，故非此例也。**由此，业于名言，牵令生果**，即此果以业为因。**异熟果遂以建立**。异熟果名义详前。

业　种
名言种 ———————— 异熟果

---

[1] "前"字原脱，此据《佛家名相通释·功能》第 164 页补。

难曰："业增名言生果，其义得闻。云何依此说总别报？"曰：业因，气类感召，必其相似，如水流湿，如火就燥。故总业即能感总报果之业种。能令第八受生，善恶趣别，得总报果。省称总果。

又总果先生，必引余果即别报果。以满之。引如作模，满如填彩；引唯第八，满通前六。第七介八六之间，非根本故，不名引；恒内缘故，无外感故，不名满。据实而言，引满俱通因业种。果。报。因中，总业名引，别业名满；果中，总报名引，别报名满。《述记》有文，此略不详。参《述记》十二第十四页。

复次，内宗言报，世学所讳，以其事之不可实验。不悟世俗实验惟限五官，此不测之功能，本非睹闻所及，便不可待以相破。又恒情以耳目所狃习为至常，异此则谓之语怪。今如吾方据案执笔疾书，以何能此，岂非天下之至怪至怪者耶？然而人不吾奇，习见故耳。实则斯人之常习，皆所不解，妄以不解为解，则反以真解为不解也。报之为言，本感应之理。此理虽著于寻常日用之间，恒情不喻。长啸深谷，空中生响，往往粗解物理学者，以为能言其事。实则声浪何故非断？云何遇缘续响？虽今古智人皆莫能明。志士当乱世，即远栖幽僻，犹若日夕万变奔赴，此中气类相召，孰明其故？至地狱人天，唯心所造，则功能谓业种。招感，其理益微，学者于内宗所云，设难起信，即默然于所不知可耳。又在大乘成立总报，故建三界欲、色、无色。六趣，人、天、畜生、阿修罗、地狱、饿鬼。显其差别。界趣轮回之谈，本小宗共许，大乘承之不改。此事似荒远难稽，然以理推征，若许有欲界人趣、畜趣，其他界趣，亦应许有。苏轼云：三头六臂，人说为奇，其实无所谓奇。等头耳，不过是三；等臂耳，不过是六。何奇之有？故自理论言之，三界六趣其说非不成也。然内籍所谈诸天及地狱等情状，世或执为实境，则又非某所知矣。又不应说，彼为虚构，此为定实。如执有实人，即是偏遍。约俗谛，森罗万象；约真谛，了无一物。谓无遍计所执。诸有智者，应知理思。

复次，业种本思种异名。体是名言，以其有助他用，别名为业，已如前说。此与外小所计不同，故须简之。一、无惭等计业皆宿作，过去有体。化地部、萨婆多等略同。参考《述记》四十七第四页。今此不尔。由过去无间灭现行熏习故，言此业种由过去无间灭之现行思所熏生也。现行思自性才生无间即灭，故云无间灭。此种念念前灭后生，恒现在有，无别过去实法。二、顺世外道说一切果唯现业所得，作时即受。此复异是。诸善恶业熏成第八中种，刹那等流，平等而流曰等流。展转相资，业种彼此互资，故云展转。以渐成熟。如感余生业种熟时，值前异熟具云异熟果。方尽，即能复生后异熟。《述记》四十七第八页"由感当来余生业种熟故，于今身中前异熟果受尽时，即是此身临终之位。彼所熟业复别能生后异熟果，即先果尽时，后果之种熟，故后果得生，所以生死不断绝也"云云。故业种感果，如手放箭，远有所至，无有现业方作，即能受果。

问："名言感果，为速为迟？"曰：名言种者，此念熏已，即能生果，不同于业。问："业受果，何故必须多时？"曰：如总业种，其后熏者，以前业种势力未尽，便遇对抗，未即成熟。别业准知。但别业种可于现生受果，不唯当来。然现生受者，亦非方作便受，须经后时。又业受果，云何有尽？名言生果，云何无穷？《述记》有文，恐繁不述。见《述记》四十七第七页。

如前所说，等流异熟二果，一体之上，所望有异，故应别立。等流，约现果体相言；异熟，约现果分位言。又等流望自类功能亲生而立,异熟望异类功能感召而立。更有异门,区为正果、残果。此皆依分位上别表说之。由种望俱时现,如六处等,为其生因;远望枯丧尸骸,为其引因。即现在身,望生因名正果;后枯丧尸骸,望引因名残果。此本天亲《摄论》、无性《别释》,未遑博取。《述记》兼收,足资探讨。参考《述记》十四第十二页。

　　前来略说感果已讫。又复当知,此因果法,若唯任运,此言任运,即随顺义,谓人随顺有漏。终古不更。既相随顺,则因果钩连,势同机械。若有迁移,转依位中,舍染得净,是名迁移。终须仗力。力谓自力。有漏善为增上缘,引发无漏种子,由此转依,又非机械。故以断义次焉。

　　七、断者,无始相续,此云相续,乃有情或人或身之异名。见《二十唯识论》。所谓人者,本依五蕴假立其名。此五蕴及其功能相依俱有,而不散失,复恒随转,故亦说名相续。法尔本有有漏、无漏两种功能,为其藏识摄持。染净既殊,两敌不并,有漏流行,无漏沉隐。唯此染分,谓有漏。如狂如醉,如怨如害,见《瑜伽师地论·真实品》。是故应断。

　　论说断义,略有三种:一自性断,二离缚断,三不生断。见《三十论》八第十二页,《述记》四十九第十二至十六页。自性断者,谓染污法即有漏。自体应断。无漏对治起时,染污现种断时。明来暗去,定非先后。非先来明,后去暗,亦非先暗去,后明来,喻能断、所断同时。俟《量论》详之。即通见修,并有此断。修行证果位次,有十一地。十地各有入住出三心。初地入心名见道,初地住心以去至十地之终,名修道。

　　离缚断者,若法是善、无记,不障圣道。于圣道中不为障,体非暗法故,即通五蕴也。但于见道位中,缘彼烦恼、杂彼烦恼断时,说名离缚断。缘彼断,谓断能缘烦恼,即所缘境说名得断。杂彼断,谓第七有漏,六识由此成有漏性,名染污依,第七断染时,六识第说名为得断。金刚心后,十地终金刚心无间道,俟《量论》详之。方究竟尽。谓断彼种体,即有漏善种亦断。佛善心所,别有净种也。不生断者,谓断彼依,令永不起。此通因谓业。果,谓报。亦见所断。由因惑业无故,恶趣总报果不生。又即所依总果无故,恶趣别报善业不起现。详见《述记》四十九第十五页。

如是三断中,后二所未舍者,离缚中,有漏善、无记种未舍。不生中,别报善业,虽所依果无,而不复生,但彼种体尚存。金刚无间,每地有入住出三心,一心中有加行、无间、解脱、胜进四道,此举十地终金刚心无间道也。一切顿断。

难曰:"诸色心功能,法尔有染有净,何须舍染?"由此染法,随顺流转,沉沦生死之谓。诸苦繁殖,故当舍之。舍即断义。复别有计,功能体非可断。本由有漏引生无漏,有漏现行善法为增上缘,引发无漏种令生现行。无漏若起,有漏永伏。由此,主宾易位,令有漏种势力损坏,如麦遇火暵,遂失势用,无性《摄论释[1]》有此譬。永住不生法中,故名为断,非彼种体而是可断。此一说也,始吾尝以为然,近乃知其非是。一切功能,由现识熏令生长,即唯依自力改造。改造云者,如悉破旧栋宇,而更新建树也。非旧栋宇不废,而可言新建树。故有漏无漏,不可并存。又此功能依他性摄,体非定实。《瑜伽》说依他法,同于幻梦、光影、谷响、水月、影像及变化等,犹如聚沫,犹如水泡,犹如阳焰,犹如芭蕉,虚伪不坚。见《真实品》。是故可断。若言种体不灭,但损势用,势用既损,不获恒转,即非生灭,由不恒转即常法故。如何名种?若言此种自类等流,又不应说已损势用。反复推征,种体应断,此义极成。

---

[1] "释"字原脱,此据《佛家名相通释·功能》第168页补。

复次，世人误解断义，谓是一切灭尽不生，此乃倒见，不可无辨。原夫有漏断时，即无漏生时，则断者生之改进。又有漏有对治故断，而别无对治可断无漏，此无漏法，法尔绝对，更无能对治，故不断也。故无漏法，刹那刹那，生生不息，尽未来际。此言际者，不际之际，尽即无尽。又若无姓有情，见后文。缺对治故，彼有漏生，一类相续，前后相似名一类。复无穷尽。

生义是用义。大用流行，充塞法界，法界是体，用依于体，而遍全体，无有亏欠。神变无方，乌容思议。世有小心，妄臆灭生。灭之不能，迷乱为苦，鸩饮甘露，岂不悲哉！案《摄论》云："断谓菩萨无住涅槃，生死涅槃，两无住着，故立此名。以舍杂染，不舍生死，转依为相。"第八识为杂染、清净两种功能所依。转舍杂染分，转得清净分，故名转依。见彼《果断分》。玄文足征，大义斯炳，爇兹慧炬，鉴彼昏城，谁有智者，而甘长夜。王船山《易传》有云："不惮玄黄之血，天地以杂而成功。"至哉斯言，有所伤者有所成也。若拟断义于不生，其见且出船山下。孰谓大雄无畏勇猛精进者，乃与愚痴同其废灭耶？章太炎《五无论》以断生为言，斯则断见外道之谈，不可傅于佛法。

上来七门，宣说有漏粗尽。

八、无漏者，为述如次：

一、体性。具有七义，一刹那灭，二果俱有，三恒随转，四性决定，五待众缘，六引自果，七交遍。此中性决定，谓因果唯是无漏善。准有漏种，勿赘可知。

唯此无漏，具云无漏种。自性清净，与赖耶第八染位名赖耶。性别，亦以赖耶自体分为其依止。若为赖耶所缘与否，诸师迄无定论。《述记》于此，则以不缘为正义也。《伦记》亦云："谓心指有漏见。

42

弱境谓无漏种。强，故不得缘。如《摄论》：正闻熏习，即新熏无漏种。非赖耶所缘，仍依于本识，赖耶亦名本识。以强胜故。若尔，云何名唯识？以念念随灭故，亦名唯识。此无漏种与本识俱生俱灭，不离识故，名唯识也。设许缘，何过？赖耶缘境，为相缚相者境相，缚者缠缚。末那未转，而有二执，第八随之成染，遂有相缚。所缚。若缘无漏，即非相缚，故知不缘也。"见《伦记》五十二。此解尽理，今即依之。

又约二谛，此无漏种亦依世俗说名实有。例彼有漏，异乃有同。

二、名义。势用胜故，亦名功能或种子。望于有漏，而置亦言。现识熏令生长故，亦名熏习或气分。得名习气可知。自余粗重诸名，非此所具。

三、来源。自护法、亲光，始以本具云本有种。新具云新熏种。并建。古师不立本有种。自大众、一说、说出世、鸡胤四部，并诤无漏无因缘。大乘古师近之。然以人有出世心，即清净心。[1] 不可无因生，亦不应由染种生，于是有三说以起。

一、分别论者，心溷师等。即心性为因。其说以心性本净，如水本清。为客尘烦恼所染污，如水被搅浊。离烦恼时，转成无漏。故无漏法，非无因生。意云：本净心性为因故。《无垢称经》有此说也。此师之说，当时盛行。及至护法遂质定其心性之言为目心体，凡言体者有二义：一、约诸行自体，如言水体，正目于水，显其非水。二、约诸行实体，譬以轻气养气为水之实体。此言心体，本即目心当第一义。而难云云："汝许客尘烦恼灭时，有漏心相转为无漏。此无漏相，即前无漏

---

[1] "即清净心。"原作正文格式，盖误。此据《佛家名相通释·功能》第 169 页改。

心体所显，非前体灭。是则相虽转变，而体常一，以上言体皆是自心。应同数论。"责彼说心，同数论也。数论谓大等相转变，其体常一。此以违自宗破也。更有多难，恐繁不述。参考《述记》十三第二十页以下。

二、古师立真如为诸法因。此乃治学共许，非一家言。护法复破之。《述记》十三第二十页："此真如体既许为因，应有取与，以体前后无转变故。无取无与，故不为因。"按取谓因之趋势，与谓果起，由因付与故。又《述记》十四第二页："《瑜伽》第五云：'唯无常法为因，非常法也。'旧人云真如是诸法种子者，非也。"其所出处盖宗护法。

三、《摄论》立熏习，《所知依分》"又出世心昔未曾习，从何种生？是故应答：从最清静法界等流正闻熏习种子所生"云云。法界，谓真如。最清净者，状词。等流者，谓从法界所起教法。无倒听闻，如是教法故名正闻。依此正闻所起熏习是名熏习，能生出世心，亦云种子。

上述三义，护法破前二，立本有；依后一，《摄论》。立新熏。《摄论》闻熏，本约有漏位立，以其有熏增无漏功能令起现行之义，故谓护法据以立新熏种。论文足征，不劳繁述。参考《三十论》二、《述记》十三。亲光《佛地》亦云："如是四智相应心品种子，无始法尔本有，不从熏生，名本性住种姓。发心已后，外缘熏发，渐渐增长，名习所成种姓。"故无漏种本新并建，经二家护法、亲光。论定，卒莫易也。自本有义明，真如为因之说遂破，尤为此学最大改革。未可忽耳。又无漏种亦有智种、识种分别。盖四智相应心品，正智是主，净识兼心、心所言。则为相应法。《佛地论》三"问：正智当言实有，当言假有？"答：当言俱有。此中智是实有，若智眷属即助伴义。诸心、心法即净识。亦名为智，说之为假，故有二种。此中无漏心、心法等,智为主故,皆说名智"云云。准此,《论》虽总说无漏种,实则正智、净识,主伴攸分,各自有种,不容淆乱。

四、类别。依熏习辨,《三十论》说有名言,唯无有支。无我见不待言。《义演》云:"八地以上菩萨,无漏意识,听法缘名等,熏无漏种子也。"又云:"若至佛果,即无名言熏习。"《佛地论》三:"乃至证得金刚喻定。从此已后,虽数现行,不复熏习更令增长。功德圆满,不可增故。持种净识,既非无记,不可熏故"云云。故名言熏习唯除佛果位也。

问:"何故无有支熏习?"曰:圣者不造总报业。无总报故,别报亦无可知。虽化有情,随趣生死,起惑润生,然是故留,非著生死,无有支熏习之理。至于佛位,虽复现化作生死身,业、烦恼等似苦集谛,实是无漏道谛所摄。四谛者,苦、集、灭、道。集为苦因,苦为集果。灭者寂灭,道者圣道,由灭证道。随世俗相,名五蕴、十二处、六根、六尘。十八界,六根、六尘、六识。而实非是蕴处界摄。离戏论故,离诸相故。详见《佛地论》三第十二页。以此说无业种也。

又约体类辨。相见功能同异,例同有漏,如前可按。然无漏感果,唯有等流。无有支故,不感异熟果。其义易知,等流果义,说见前。《述记》十三第二十六、七页:"问:此无漏种,本有既多,后生果时,何者能生,何者不生? 答:其同类种,随遇缘合,即便能生"云云。故不别论云。

复次,无漏功能,略说具有二义:一转依义,二无尽义。

转舍有漏,转得无漏,故谓转依。此复二义:一、幻义。空宗破赖耶为不失法,吉藏《中观疏》。由不了本宗时量是幻,无有过未。何以言之? 处梦谓经年,寤乃须臾顷,故时虽无量,摄在一刹那。无始漏、无漏种,刹那等流,俱属气分,都无实物。一刹那顷无漏对治起，即此刹那，有漏现种断，如光暗不并，冷热不俱。谁谓赖耶是过未不失法？世有闻"赖耶恒转如流"一语，即以柏格森所谓真时相傅者，斯真倒妄。又复当知，无漏才起，无间即灭，彼有漏。既舍已，此亦无得。此无漏法，才生即灭，不可把捉，其幻如此，故云无得。犹如幻师，驱诸幻敌，故转依义，方便安立。唯识归无所得，未尝执有，空宗攻之，便为大过。二、引义。异生异圣人之生类，名异生。无始，有漏流行，无漏隐伏，云何转依？是故应说引义。鹤鸣九皋，其子和之。一人向隅，满坐不欢。连声之器，击一响余。凡兹牵引之理，微妙难言，苟不遗小，斯足喻大。有漏闻熏，于有漏位，听闻正法而起熏习，为有漏善。此本《摄论》。熏发无漏种，增盛能生，由增上缘，故此引彼。有漏善引无漏善，同类故。有漏不灭，无漏奚生？现行易位，刹那开导。前法开避，引导后法。由无间缘，故前引后。若无引义，一向唯染，转依何成？

　　上来以引义幻义，成立转依。今次当说无尽。此无漏种，法尔清净，唯是绝待，更无对治，即不断尽。相似随转，名不断尽，非是常一名不断尽。功能断否，唯视对治有无。故阐提染用不断，大觉净用不断也。故一切如来，无漏种为因，本愿力为缘，尽未来际，利乐有情，殊胜功德，常无穷尽，何言功德？功者力也，即谓愿力。德者得也，力不唐捐，故复言得。尽未来际，利乐有情，故功德无穷尽。此非逃遁厌倦之夫所可测也。是为无尽义。

　　复次，无始时来，一切有情有五种姓：一声闻种姓，二独觉种姓，三如来种姓，四不定种姓，五无有出世功德种姓。省称无种姓，亦名无姓人，亦名阐提。谓其全障，对治不起，毕竟无成佛期。声闻地以五义建立，为奘师所据，基师《法华玄赞》更衍其义。当时余宗据余经中宣说一切有情之类皆有佛性,皆当作佛,以是与本宗相诤,如台宗有《法华五百问》。论战之烈,斯足珍怪。基师之弟子慧沼著《慧日论》,盛弘师说。盖中土先德以此为一大事矣。如实论者,体无差别,用乃万殊。有毕竟无障之佛,即应有毕竟有障之阐提。即无性有情。清净杂染,相依建立。众生流转无尽,如来功德无尽。参考《佛地论》二第八、九页。安有化城,可以息肩?世有误解平等,一法界平等,诸有为法差别。三界平等,凡圣差别。实缘于以欣厌之情,妄测法界之广大。染净皆一法界之用,傲诡陆离,亦云众妙。虽是其染,无复有过,以其本来自尔。然而人情封执,恒本其日常欣厌之习以言真理,一若不许法界之有染用而后始洽于怀者。是犹曰大地皆平夷,而无险阻也。此诸小心所为求生净土而苦浊世,不可不阙其妄也。

附识一:经部计色心受熏持种。色即根身,谓扶根尘。心即前六识。彼不立赖耶。然六识五位无心,根身有坏失,同是间断法,如何受持?能受持者,必是恒转。转表非常,恒言遮断。不尔,方间断时,一切色心种应失,后色心法便不生,理何可通?又六识见道以去,金刚心前,中间入观无漏现行,出观有漏现行,故有转易。若言六受持者,初地入观无漏,则有漏种应失。无漏现不持染种,如极香物不可容臭。故说转识不能受持也。第七例知。

附识二:心所受熏有何过?恐顿生六果故,心王是一,心所有五,各各受尔,即熏六种,故应生六果。能持必是一故。详见《述记》十八,恐繁不述。

附识三:大乘建立名言及业种,以说明人生,义至闳渺。小乘无功能义，则有十二缘生之论，然十二支中，无明居首。《缘起经》云："初无明，有十一殊胜，非余法故。"其重视之，有以也。数论有三德，曰勇、尘、暗。无明当彼之暗，可以知其与数论有渊源也。此土庄生有言："人之生也，固若是芒乎？"芒，惑也。伏曼容释《易》之《蛊》曰："万事起于惑。"本宗言无明发业。亦有相印合者矣。大乘说无明支通现行及种为体，见《述记》四十七第十七页。盖大乘既立种子，故说无明有种，此其与小乘及余宗异者也。又十二支，以爱、依爱数立爱支。《楞严经》说人生之有，以爱想同结，致可玩也。取依一切烦恼立取支。《瑜伽》说一切烦恼令生相续故。取者要求义，由贪等烦恼势力要求无已，故说为取。为能润，生生不息者，由爱、取势力为滋润故。此则人生之秘，未可推寻。总之，十二支唱于小乘，而大乘亦复承用。参考《三十论》八第七页以下，《述记》四十七第十五页已下。其义解精微，学者不可不察也。吾他日当更论之。

四 缘 章

功能任运，体是虚幻，无实作用，故曰任运。藉待象缘，故次之以四缘。现证如是有为法，如是缘起，依托众缘而起，名缘起。都无自性，遂说四缘。称实而谈，非同妄构。

四缘云何？一、因缘。《三十论》七"因缘，谓有为法亲办自果。此体有二：一种子，二现行"云云。参考《述记》四十四第一页以下。此在唯识，界域最严，列举条流，唯有其三：一种生种，二种生现,三现生种。以次述焉。

云何种生种? 无量功能,依止藏识大海,《规矩颂》云"浩浩三藏不可穷",故喻如海也。为藏识摄持,摄持即是相分。刹那刹那,前灭后生。微论有漏无漏,未有对治,便恒随转。无漏功能法尔清静,更无对治,故不断。有漏功能若对治不起亦不断。功能断否,唯视对治有无。说见前章。故此功能自类相生,类有二义,解见《功能章》。前种势用,亲生后种,故后种是前种之自类。前种后种因缘性,因果异时。由此,功能非断非常,宛尔生灭,前念种灭,后念种生,幻有迁流,乃云宛尔。成其胜用。体是生灭,故有能生胜用,若是常住法者,即非能生。所以异于自性神我等计也。哲学家言一元、二元、多元者,并无此中因缘义。

云何种生现? 功能通有漏、无漏言之。恒转,非断非常故言恒转。若逢缘合,方起现行。如不待缘,应有实作用,又应一切时恒生一切法,理何可通? 现行是用,功能是体。体用固不离,而实不即。如心现行。能缘虑,心种不尔;色现行。有质碍,色谓第八识等实根尘相分。色种不尔。参考《述记》十四第三页。以故,体用条然,条然,各别貌。《三十论》说:"种望现,名异类。"《瑜伽》亦云:"他性,以体用分之故也。"然复当知,体用定相随顺,如色种不生缘虑用,心种不生质碍用。故所生现望能生种,亦说名自类。从言异路,义解非一。法尔俱有。附识一。如眼识,第一刹那种生现,问:"种生现,待缘有几?"曰:根尘相种、能缘见种俱时更互相望用,但缘合幻生。体用并时呈显,犹如炷焰。灯炷生焰,炷焰并时相依而有。即此刹那,种现俱生俱灭已。唯种子自体,依止第八识中前刹那灭,后刹那随转,终古不断。若现行自体,则于前刹那与其自种俱灭已,后刹那便不随转,即由他现续生,成其不断。他现者,后刹那种所生现也。然前后刹那相续之间不有间隙,此处不容妄情猜度。第二刹那种生现,其理亦尔。

眼识如是,耳识乃至第八识准知。

种〇一刹那〇二刹那〇三刹那
　　↓　　　↓　　　↓
现〇　　　〇　　　〇

种望现是因缘性,即体谓种。用谓现。决定相似。如心种定生心法现行,不生色现;色种定生色法现行,不生心现。法相厘然,宁可淆乱? 昔天竺小乘计色心展转互为因,晚世学者亦有以心为色因,如远西唯心论。或色为心因,如唯物论。又或执有因非心非色,如中立一元论。此皆似比无据,现证如是色法,比知此色自有因缘,现证如是心法,比知此心自有因缘,诚非臆测无根之谈。反此,则为似比。戏论唐功。

又复当知,心种色种,类各无量。色种异类,各生其现;心种异类,各生其现。有为诸法非一非常,成其幻化,此至儌诡不测者也。

云何现生种? 七现行识唯除第八,说见《功能章》。有胜势用而增减者,皆是能熏。此能熏识,一刹那顷从自种生,即此刹那,有胜功力,能熏本识,生自类种。所生种与能生现体性相似,故名自类。如眼识无漏现行见分,定熏生眼识无漏见种是也。余准知。故现望种谓其所生之种。是因缘性。

然天竺古师有以现行说名功能。《三十论》八"论说因缘依种子立,现行亦能亲办自果,如外麦等亦立种名。"详见《论本》八第三页,《述记》四十五第十四页。按《摄论》已说外种,盖顺俗取譬耳。实则外麦等种望内识相种，即是现行果法，不得名种矣。世俗误解，何可不辨。云云。此则名相杂乱，非正义也。虽因缘依种子立，不可说因缘即种子。《论》以亲办自果明因缘义，极为应理。若现生种，亲办果故，斯是因缘。岂谓现能为因，便得名种?《述记》十二据不正义，以释因能变，见《述记》十二第十页以下。淆现于种，非小失也。《论》言因能变，乃建立种子为识生之因耳，若现亦名种，则法相淆乱。至因缘中有现生种一义，所以明新熏种之来源，别为一事，焉可并谈? 太贤《学记》二第二十四页虽不取基疏，然其词义隐晦，未畅厥指。

难曰:"现不名种，如何说因缘依种立?"曰:现行为因，即熏成种，非不依种立。

又经部计前法为后法因，故因果异时。大乘说种生现，现生种，彼此俱有，故因果同时。种生现，体用俱时呈显，说见上。现生种者，非现灭已方生，若已灭者，便无能生势用。即此现从种生时，有胜势用，别生一法，还为第八中种。准此，则三法同时，彼此对待也。三法者，一本有种，二现行，三新熏种。前后不许并，非彼此不得并也。因果时分同异，昔为本宗与余部力诤之事，详见《论本》三第五至七页赖耶恒转门，同四第八至九页种子依中。实则各据一义，不相水火可耳。

上述因缘，唯有三种。因缘以亲办自果为义，异此不名因缘。

$$因缘 \begin{cases} 种生种 \\ 种生现 \\ 现生种 \end{cases}$$

51

非因缘
- …种望异种 如甲种望乙种
- …种望异现 如甲种望乙种所生现
- …现望异种 如甲现望乙现所生种
- …现　望　现 前现望后现，或此现望彼现，如根尘识同时相望

小乘六因详《俱舍》。依现行立。彼无功能，虽说为因缘，实是增上缘耳。《述记》四十四第四、五页，《对法论》因缘中说六因是因缘，即现望现。

二、等无间缘。初因缘依种子立，今此第二依现行立。现行终古无尽，阐提有漏现行无尽，佛无漏现行无尽。七八俱恒，六除五位无心，余亦不断。以等无间缘有此胜用，故次因缘说之。案八现识，言识摄心所。各各见、自证是此缘体。不言第四者，摄入自体分故；不言相分者，相托见起故，无缘用故。《义演》云："此缘约四义辨：一前聚于后，二自类无间，三等而开导，四令彼后念心、心所。定生。"见《义演》十五。其一，简同时或后时，唯前聚心、心所聚，类也。如眼识前念心、心所，对后念即名前聚。望后聚心、心所为缘。俱时无二念，并后不开导前，故并简也。

其二，显非他识为缘。如眼识，前刹那灭已，引后自类眼识。令生。乃至第八识，刹那刹那开前导后，是为自类无间。云："何八识不互为缘？"曰："一身八识，容俱时转，七八相望恒俱转。前六与七八相望，则有时俱转，有时不俱转，故言容耳。故不得互为此缘。"难陀、安慧执异类识作等无间缘，不知异类既容俱转，即无互相开导之理。参考《述记》二十七第一页以下，及四十四第六页以下。"若尔，心与心所异类俱转，如何望后并得互为缘？"曰：心所与心相应，和合似一，依缘事

52

处同故，已说如前。非可离别，令其殊异，不应例同异识，故得互作等无间缘。又无间者，前为后缘，顺次相生，名为无间，例若眼识，自第一念、第二念以往，无有越次。非不许有间断。如眼识前后相望，虽中经百年等断，有[1]眼识望后眼识。亦为缘。乃至第六亦尔。唯七八俱恒，无有断时。

其三，显缘义。云开导者，开，避义与后处义；导，招引义。前法例如前念眼识。避其处，即望后为招引，令彼后念眼识。得生。心有[2]缘法，谓能缘虑法。方具此二。开也，导也。余色法等，皆此所遮。色法唯有开义，无导引力；不相应假、无为无前义，故开导二义俱无。又等言，有两义：一、体等。如眼识，前念心王唯一，俱时无二心王。受等心所亦各唯一，俱时无二受等。后念王所，亦复各各唯一。耳识乃至第八例此。每一心、心所，前后皆无多类并生，名为体等。二、用等。前念一心王有胜势用，能齐引后念心、心所令起。又即前念一心所，有胜势用，亦能齐引后念心、心所令起。由此，王所和合似一，为因望后齐等开导，故名用等。此简相似沙门义，彼以心引心，受数引受数，想数引想数，望余不齐引也。

其四，前法开导，后果定生。如极重睡眠、闷绝等位，六识中断而后得生，即前灭识为之开导。若无果后念识望自前念识而得果名。定生，便非此缘。上来四义，显此缘讫。《三十论》依等无间缘，说开导依，然复当知：等无间缘，心、心所俱是，开导依唯心王得名。《述记》云："所依是为主义，心所不名所依也。"

如是等无间缘，八识有漏、无漏，分别云何？若第八识有漏

---

[1] 有，疑误，似当作"前"。参《佛家名相通释·四缘》第183页。

[2] 有，疑误。《佛家名相通释·四缘》第183页此句作："心能缘法，方具此二。"

无间，前为后缘，次第而转，名无间。有无漏生，登地以去，至金刚心，有漏顿断，无漏顿生，即前有漏心、心所开避其处，引导后无漏心、心所令生，乃等无间缘之妙用。无漏起已，定无生有漏者。以此无漏，必不断故。由斯，第八有漏、无漏不互为缘。此言缘者，谓等无间。后准知。五识例此。

若第七识，十地位中，入法空观，无漏心生；出法空观，有漏心生。即有漏、无漏，容互为缘。观前有漏心，引生观时无漏心；出观后有漏，又由前观时无漏心引生。有漏、无漏，迭为前后，故互为等无间缘也。善与无记，《述记》四十四第十五页，即此有漏、无漏相生，以辨性别。第七有漏位是无记性，无漏位是善性。相望亦尔。

若第六识，有漏、无漏，善、不善等，第六有漏通三性，无漏唯善。各容互作等无间缘。《论》说入见道时，初起无漏，此在色界或欲界。恐繁不述。

若前五识，十地位中，第八未转无漏，五定有漏。彼五色根是异熟识有漏。相分摄。根有漏故，识亦有漏。若言有漏五根发无漏识，此不应理，《论》有诚文。有说入地得成所作智，此不正义。故五识无漏，同第八俱时转，不与有漏互为缘。谓等无间缘。善等相生，准第六知。

又复当知，前七转识与第八识金刚无间，有漏种现，刹那断尽。自此以往，俱是无漏相续，恒无有断。故六七漏、无漏，容互为缘，等无间缘。此说因位，应如理思。

三、所缘缘。《三十论》云"谓若有法，是带己相心或相应所虑所托。此体有二：一亲二疏"云云。今即据此，为释如次：

云有法者，谓有体法。真如无为。实有，依他色心诸有为法，皆依托众缘而起，故名依他起。他者，缘义。幻有，俱为有体，真如非生灭，故名实有。依他虽幻，不等空华之无，唯望真如，不名实耳。故有力用，牵生识等，等谓正智。言牵生者，心不孤起，如见必托俱时相而起，即说此见为相之所牵生也。得名为缘。所缘缘，下准知。

若遍计所执，都无自性，即不名缘。如云瓶，即所执。实则眼识所证，唯白；身识所证，唯坚。本无有瓶，迨独散意识起，乃迫缘坚白等，而作瓶解。故此瓶者，妄情遍计。所执，犹如空华。意识虽妄作瓶解，有所缘义，而非是缘，瓶体实无故也。有是缘非所缘，有是所缘非缘。说见陈那《观所缘缘论》，可试寻之。

难曰："瓶所执。无体，不能牵生识，何得说为所缘？"曰：无体所缘，依有体缘，于有体法上，妄增益而有，即依坚白等增益瓶相。所执。有瓶解故，是所缘也。

若第六缘空华时，岂无所缘缘义耶？曰：空华者，即依自识谓见分。所变相分而起所执。于相分上妄作华解故。所执空华。无体，非所缘缘。约相分论，其体是有，能令见分托彼相分。生解，为见所托是缘义；见对彼作如实解或不如实解，有所缘义。即是所缘缘也。附识二。

有体法为缘，令能缘识等得生，已如前说。次云是带己相者。今据基说，"是"指下文心、心所言。《述记》"谁带己相，谓心或此相应法"云云。相应，谓心所。"或"者，不[1]　定义，如眼识心王，或时与善等相应而缘于境，或时与贪等相应缘境，余识相应准知，故言或也。又《瑜伽·真实品》云："分别正智，通心及心所法。"盖有漏心、心所总说名识，转依位中即得智

---

[1]　此处"不"字系全集本整理者所补。

55

名,净识亦从智为名。如《佛地论》三说。"己"即为缘者。为缘之依他及无为法,并对于能带之心、心所而名己。"相"有二释:体相、相状。此云相状,唯目影像相,对本质名之故也。然克指其体而名体相。至下自知。"带"亦有二释:挟带、变带。故带己相言,有其二义。

第一义者,谓能缘心、心所。变带所缘相状,名为相分,对疏缘本质云影像相。或云亲相分。此有仗质不仗质。其仗质者,若前五见仗第八相变相而缘,第六见仗第八相见等此言等者,谓余心法及无为法。变相而缘,第七见仗第八见变相我相。而缘。乃至他心智缘他心,其理亦尔。此中据陈那义,以不能亲取自心外法,故言变相。例若第八所变器界相分,望五见即名外法,故五见不得亲缘,须托之变相也。若后得智缘真如亦变相,唯据义有别。盖一切心、心所,以真如为其实体,本非外法,故根本智即亲缘,后得辨别力强,如后见变相缘之耳。所变名影像相,即以所仗名本质。试取近事为例。日者,吾起座徘徊,槛外梧桐弥望青青。此青青者乃吾眼识兼心所言。见分仗第八所变尘相,本质。变似青相相分。而缘之,眼识所变色尘相分,与其本质即第八识所变色尘相分,一处同遍,称不相碍也。非能亲取自心眼识。外法也。唯相托质起,决定似质,斯乃不测之符耳。次不仗质者,如第六独散意识。缘过未等法时,过去已灭,未来未生,俱是无体。即自心第六。见分变似过未影像,非仗质起。缘龟毛兔角等等者,谓空华等。亦尔。由此,前七相分仗质或否,皆由见变为,此中云见,即摄入自证分。故名变带。此义本以陈那《观所缘缘论》为根据,然陈那破小宗许五识缘外色,但明仗质变相一义也。

第二义者,谓能缘挟带所缘体相而起。如见缘相,亲挟此相,不更托此相而重变相以缘也。故相见相望,中无间隔。亦复以此,能所冥合,得成证量。即现量。见缘相如是,自证缘见,内二分互缘,正智缘如,真理例然。由此,能缘亲挟附所缘体相而缘,故名挟带。挟者,逼近亲附义。

如上二义,云何各别建立?昔者小宗不许有相分,故以外境为所缘,以能缘上有似所缘之相,名行相,为能缘摄。大乘自陈那出,乃造《集量论》,即改小宗行相名相分,亦云影像相。为所缘。《述记》十五第九页:"以影像相为行相者,出《集量》文。"按《集量》始成立三分,故改小行相为影像相,对破心外有境。亦复依此造《观所缘缘论》,对破小宗自心亲取外境。《论》云:"谓能缘识带彼相起。"彼者本质。带者变带。相者影像相,又云相分,言识托质,变似质之相也。《论》又云:"如是诸识,唯内境相为所缘缘,理善成立。"内境相,谓相分也。是为第一义也。

自陈那之论出,大乘师言所缘缘者,率皆依据。其后有正量部师般若毱多者,小宗之杰也,欲破大乘,乃设难言:"汝大乘宗无分别智,即正智。不似真如相起,应非所缘缘。"意云:大乘师以能缘上变似所缘相,名相分,说为所缘。纵令此说诚谛,而大乘经论不许正智缘如有似如之相。若尔,即真如非所缘缘也。毱多此难,可谓悍极。大乘师被此难已,经十二年,遂至绝救。此盖孤秉旧闻,无由独创。爰乃奘师,神悟爽拔,始以陈那所明别为一事,陈那但以变带义成立相分。更陈己义,难破毱多,即第二义是也。奘师本有《制恶见论》,今已佚亡。《述记》载其难毱多云:"汝不解我义。首标我义与陈那异其义界。带者挟带,相者体相,谓正智等生时,等者谓器识。挟带真如体相起,与真如不一不异,有能缘、所缘,故不一也;能所冥合,故不异也。非相非非相。不异故非相也，不一故非非相也。故此真如是所缘缘。"趨多被难，钳口卷舌。即陈那义，亦别有据而不可摇。斯乃奘师之奇绩矣。

　　然复当知，《论》言带已相者，本唯第一义。基译此论，揉集十家，虽裁断由己，而十家所本无者，自不容妄增。奘师出十家后，故其说与十家无涉。若陈那出护法前，其思想多为护法所承也。《述记》以二义一变带，二挟带。为释，其第二义近取奘师，虽《论》所未有，补记缺略，功极巨焉。参考《述记》四十四第十九至二十页。然《述记》之文，散无友纪。

　　带相二义既如上述，又次云所虑所托者。盖有体法能为缘，令心、心所带已相而起，已，即为缘者，带相具二义，并如前说。后准知。藉使带已相者，此者字，即谓心、心所。不以已相为所虑，则心、心所功用同于镜等，等谓水等。但为能照耳。诚如此，设有难云："若有体法，是能为缘，令能照法带已相起，说此为缘之有体法。为彼能照法。所缘缘者，若字至此长读为一逗，假以牒大乘义也。即镜等所照外质此外质言，对镜中影得名。亦能为缘，令镜等带已相起，镜中影，即是带外质已相。镜等外质，应是镜等所缘缘。"《述记》四十四第二十页，载有此难。今人罗素亦言照相器能见物，义复近此，盖照相器所摄之影，亦是带外质已相也。此难若无以解之者，将谓心言心亦赅所，下准知。与镜等色法不异，唯识云何成立？即由此故，说所虑义，便显此心不同于色。盖有法具云有体法。为缘，能令彼带已相起，已即为缘者，对能带之彼而名已。参观前文。亦须彼能虑于此，此谓已相。方是所缘。此云缘者，缘虑义。余随文准知。为所缘缘于能缘者，名所缘缘。镜等能照非能虑，即镜等外质，望镜等不为所虑。若尔，纵许为缘，无所缘义，如何得成所缘缘？陈那分别缘与所缘，二支缺一，便不名所缘缘，最宜深玩。镜等外质于镜等容有缘义，然非镜等之所缘，以镜等非能虑故，即缺一支，故不名所缘缘也。

难曰："若言心为能虑者，无分别智应非能虑。"答言：无分别云者，以离妄分别故，说名无分别，非谓无缘虑名无分别。《摄论》有文，此姑不述。夫心是能虑，不唯能照，故其功用，绝异色法。镜等或扶根尘固是色法，净色根亦色法也。若言能照，色心同得；照者，感应义，虽色亦能。若言能虑，唯心非色。虑者，明了义或分别义，故心独具。此义后文《转识章》。更详之。古师安慧等不立见分，便无以解所缘也。

已释所虑，所托云何？心不孤起，托境方生。若疏所缘，则前五见托第八相器界。为本质，第六见或托第八相见等为本质，或者不定义，第六相分，有不仗质故也，下言或者准此。等者，等余心法用无为法。第七见托第八见为本质，第八见或托第六定果色等为本质。等者谓他人扶根尘及器界。若亲所缘，则见以相为所托，自证以见为所托。内二分互缘，正智缘如，所托准知。凡为所托者，定有体法。遍计所执，如空华等，即非所托，无体故也。复次，此中所虑所托实据陈那之论。《观所缘缘论》。陈那以具二支一所缘义，二缘义。名所缘缘。今此云所虑者，即所缘义；云所托者，即缘义。会而观之，精粗见矣。自陈那分别缘与所缘，《三十论》据此以言所虑所托，其源流自可索也。然以所虑言所缘，则《三十论》中之创解，用补陈那之缺。案《观所缘缘论》言"极微非所缘，眼等识无彼相故"云云。详此，则陈那但以带相一义，即变带义，说为所缘也。若尔，心之带相便同镜等，如前所难。下述奘师挟带义，其失正等。《述记》四十四第二十页"古师、大师二释皆有妨难"者，此也。其言古师，谓陈那等；大师，谓玄奘也。《三十论》言所虑，《述记》疏："所虑即所缘义"。盖《述记》宗护法，以所虑言所缘，异乎陈那等以变相为所缘矣。然太贤《学记》六第三十页云"相于心现，故云所虑"，仍朋陈那等也。若尔，何以解前镜等难？贤《记》好与基《疏》立异，其见实时出基下甚远。

上来分疏，今总略为释。此中谓若至所托。意云：若有体法，是带己相之心、心所所虑所托者，是所缘缘也。一切有为、心法及色法即根尘。无为真如。法，皆此缘摄。出体已竟，出体者，出示此法体相所以别于余法。此中出所缘缘体，至为精审。唯识家每释一法，必严出体，学者知此，则其措思持论，必无浑而不分之病矣。次辨差别。

此体有二，一亲二疏者，陈那《观所缘缘论》隐判亲疏，犹少明文，《观所缘缘论》云："所缘缘者，谓能缘识带彼相起，及有实体，令能缘识托彼而生。"详此，则所缘缘者，必具二义：一识生须有所托，二即托彼变相。所变者自是亲所缘缘，所托者自是疏所缘缘。至《三十论》此二分别乃始昭揭，析理详明，后起者胜矣。

亲所缘缘，详其义界，《论》《三十论》。说有三：一与能缘体不相离。此复有二：一、能缘亲变名不离，见变相是。此中云见，摄内二分。二、能缘亲挟名不离。凡为四句分别：一体挟体，谓内二分互缘。此中两言体者，并谓用之体也。二体用之体。挟用，谓自证缘见。三用挟用，谓见缘相。四用挟体，此言体者，谓体之体。谓正智缘如。四句义见《宗镜录》。详夫不离义者，所以显心外无境，完成唯识之旨。护法著论于前，玄奘立量于后，奘师《真唯识量》见存。两圣同揆，庶几观止。说第一义竟。二是见分等内所虑。此中等言，谓自证等。内者，谓此所虑法，非心外法也。如见以相为所虑，自证以见为所虑。余准可知。三是见分等内所托。合具三义，前一明亲义，第二明所缘义，第三明缘义。是为亲所缘缘。

亲所缘缘		能　　缘
相　　分	唯第八所变根器及五识俱意等所变色等相，说名色法。	见　　分
见　　分	此及后二唯名心法。	自　证　分
自　证　分		证自证分
证自证分		自　证　分
真　　如	理实真如为正智所缘时，亦相分所摄。	根本智见

疏所缘缘，义亦有三：一与能缘体相离，非能缘亲变，亦非亲挟故。他身识望自身识相离，亲变、亲挟二义具缺故。自身八识相望亦尔。又后得缘如时，变似如相，即如望后得，乃成相离，中隔以相，缺亲挟义故。二为质能起内所虑。内所虑三字作名词读，谓相分也。下文内所托亦然。三为质能起内所托。于一相分上，所虑、所托义别，故须分别说也。又复应知，质为缘，直接起彼影像相，即间接起彼能缘心；彼能缘心仗质变相，则直接以相为所虑所托，即间接以质为所虑所托。具此三义，是为疏所缘缘。

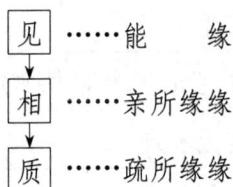

```
见 ……能　　缘
 ↓
相 ……亲所缘缘
 ↓
质 ……疏所缘缘
```

《义演》十六"疏中影像相分，是带本质之相。带犹似也。如云面热似火，此相亦尔，似本质故，不同亲中见分上相也。见分上相与见分不相离故。此相摄属本质，以离见分故，疏缘故，缘此相时即缘本质故。本质望见分名疏所缘，故知不是亲缘中摄"云云。按此云亲中见分上相者，谓无质相；云疏中影像相分者，谓有质相。据理而言，凡有质相，虽托质以起，然必由见仗质变为此相。故相虽似质，而非即质，从见变故，说不离见。今以之摄属本质，谓为离见，此直小宗不立相分之计耳，岂大乘义耶？若云此相与质同种者，是固别为一事，不可以其与质同种之故，遂计为离见，不许为亲所缘也。如理误解，至于此极，亦复可怪。

亲疏二缘，唐宋以来率多谬解。延寿《宗镜录》七十，以变带为疏，挟带为亲，即与如理《义演》不许有质相为亲缘者，同一巨谬。实则《述记》以变带义，明相不离见；以挟带义，明能缘、所缘不相离。皆所以成亲所缘缘耳。非可强判为分释亲疏二者也。

一切心、心所，皆有亲所缘缘。若无相分，见分不生。如缘无时，无字名词。亦心变作无之影像。影像即相分。疏所缘缘，有无不定。如缘龟毛兔角，虽无本质，心亦生故。余准可知。

若约识辨疏缘有无，《三十论》七《述记》四十四。研讨攸资，此姑不详。

八　　识	疏所缘缘有无
第八识	一切位有无不定。
第七识	未转依位定有，已转依位非定有。
第六识	一切位有无不定。
前五识	未转依位定有，已转依位非定有。

复次疏所缘缘，非离亲所缘缘别有其体。望他能缘，名疏；望自能缘，仍名为亲。如第八相器界。望五见他能缘。是疏，望第

八见_{自能缘}。即亲。乃至他心智缘他心，其理亦尔。他心见分，望我之他心智见分是疏，而望彼自证分即亲。以故一切心、心所皆无外取，唯识义成。

四、增上缘。据《三十论》，此有三义：一、有体法。有为、色法、心法。无为真如。皆有体故，是此缘摄。所执无体，即非缘也。问："依假法得成缘不？"答言：此复二释。有义通假。如《对法》云："住持增上者，谓命根力，众同分住。"此文为证。附识三。有义，前说非是。《对法》命根众同分为增上者，随他说故。谓命根所依种子，众同分所依诸法也。应立量云：增上缘体，应非是假，宗。缘所摄故，因。如余三缘。喻。今取后义为胜。二、有胜势用。唯有体法，故有胜用，乃得为缘。此用非是取与果用，此中取与，约因望俱时果名与，能有后果名取。但不障者即其力也。不障即名增上，若扶助力强，名增上可知。今有军官，走马览营地形势，驰骋遐志，周察俞精。夫精察为果，必以其人之才识历练为因，然使不遇良驹，驱策维艰，则视察能事必有未尽。又虽名骥，复有待于鞍具、刍秣等等。假其所需，有一不备不精，亦将蒙其不利。以是征知，若马，若鞍具、刍秣，其于军官此际所为而不障者，皆为增上胜用。又如吾今立足处所，两足所履之土，固吾所待以立，实则自此两足所履以外，推之全地乃至日局，皆与吾之立足有关。假令五步之外山崩川竭，又或余纬越轨，冲碎地球，皆以危害吾之立足。故知吾今者立足于此，即由全地乃至日局，俱有增上胜用。自余均可类推。三、能于余法或顺或违。试取近事为例。若霜雪于禾等，等余草木。多能牵令转青色等为枯丧等。转者，改转。禾等枯丧位，其以前青色皆灭，义说为转，非谓前青等不灭可转为后枯丧等。又霜雪于枯丧等,但为增上缘,非办体亲因,故致牵言。问:"霜雪非青色等灭之因耶?"曰:据理即非大乘。灭不待因故。灭若待因,不名灭故。即此霜雪,望枯丧等为顺缘,望前青色等作违缘。此中妙难,下文自释,余准可知。善法起,顺还灭,违流转。恶法翻此。流转者,逐生死流,尘劳不息之谓。还灭者,流转之反。一顺一违,斯以显其非一非常之妙用之不测也。然复当知,此中义分顺违,据实违缘云者,非与灭法为缘。如前举例,枯丧等望前青色等是相违法。霜雪与枯丧等为缘时,前青色等已灭。今云霜雪与作违缘者,彼前青色等。即灭无,望谁为缘? 由此枯丧等。是彼前青色等。之相违法,既与此枯丧等。为缘,即义说为[1]前青色等。之违缘。一事向背,义说为二,霜雪与枯丧等为增上缘,是为一事。向背者,一事之两面。与枯丧等为缘,是向义;令枯丧等起,违前青色等不令相续,是背义。由此二义说顺违也。若不了此,将谓顺违二缘义相对待,如何解增上缘也? 增上缘本扶助之义,若误解违缘义者,将谓此违碍彼,说此为彼增上违缘,宁复可通? 综上三义,出体已竟。

增上缘用,一顺一违,此顺违用,于四处转。四处云何? 生、住、成、得。

一、生者,谓一法心法或色法。生。缘合故生。征之心法,若前五识,虽因缘等具,等者,谓等无间缘及所缘缘。定须有根等为增上缘,此中等言,谓空、明、作意、分别依、染净或根本依,至后自知。其识始生。故有漏根顺有漏识令生,即违无漏识令不生。余可类推。又若色法,如世所知,淮橘成枳。此盖橘之变相似枳,前橘相灭已,续生异前,义说为变。非谓前相转成后相。假说名枳。而此枳生,有能生势用为因,现世言生物进化者,或侈谈天择,而置物之能生因于不论。此

---

[1] 此处疑脱一"彼"字。

如秋枫红页不曾坠地,浅者以未遭厉风吹之为其存在之因,遂成大过。风力未加,不障枫红存在,名增上缘,未可以不障者目为枫红存在因缘。理至为明,习焉不察,何哉?河北水土、空气等为增上缘,顺枳令生,即违前淮橘相使不续生。此其一例也。

二、住者,凡法生已便住。谓法生时,持体能依。问:"持体何义?"答:如一青色俱时不舍青相而为黄等,此谓任持自体。心法准知。俱时生法,亦复持体,为其所依。所依于能依增上令住。顺现法令住,即违前灭法令不住。如草木等依地住,色法依大种住,诸识依根住。详《对法》五。问:"法才生即灭,云何说住?"答:相似相续故,前不至后,此不至彼,各住本位,应说名住。又世俗不了生灭,于其似续之相貌上,妄执为常,亦随顺说住。

三、成者,此复为二,谓成立、成办。详《大论》五。成立,谓立论者所知胜解爱乐为先,先者因义,即增上缘因。宗、因、喻三支法式。为建立,大众敌论者为和合,如是种种增上,令所生义成。此中种种法于所成义,若声无常等为增上缘,则是顺也。望余非所成义,若声常等义说违缘。成办,谓工巧智为先,先义见上。劬劳为建立,处具处所、作具。为和合,如是种种为增上,令工巧业成办。此中顺违准知。

四、得者,谓证得涅槃。此虽以无漏种为因,此言因者,即因缘因。亦必依如理作意及善友等为增上,方令证得涅槃。顺还灭法令得,即违流转法令不得。又得法通三性,普光《百法疏》"得者,于三性法假立获得,名之为得"是也。今此且约无为说。

如是[1]四处皆有增上缘,于彼四处。起用。又复应知,此增上用随事虽多,如前,生、住、成、得随举一事莫不待增上之用,故云多也。

―――――

[1] "是"字原脱,此据《佛家名相通释·四缘》第194页补。

而胜显者二十二根。发生之谓根。五根能引生识，故名。乃至无漏三根能引生无漏道，亦得此名。恐厌繁文，此姑不述，学者欲详，有《三十论》。详《述记》四十五。

又前三缘，亦是增上。如因缘望所生果，即有增上义。余二缘准知。然今此缘除彼前三。取余，三外之余法。虽无一法非所缘缘，一切有为及无为法皆是所缘缘。然此诸法正被缘顷，方是所缘缘摄，若不缘处，增上缘摄。如眼识正缘西山色时，余东南山不缘处即增上缘摄也。

如上四缘，依处云何？初因缘依功能立，次依无间灭前念已灭，名无间灭。无间义详前。立等无间缘，前云此缘依现行立者，显现行相续故。义各有据，亦不相违。依境界即有为及无为法。立所缘缘，依所余前三之余。立增上缘。

复次四缘，约种现分别，略有三门。

一本识中种，容作三缘生现，除等无间。

种	为　缘	生	现
见种、相种	因　缘	亲　生	见分、相分
一切种	所缘缘	引　生	第八见 第六见
一切种	增上缘	引　生	一切相见

表中引生义有二：一、引起名引，凡所缘缘望所生果皆此义也。二、助力或不障名引，凡增上缘望所生果皆此义也。问："助力名引，其义固尔，不障名引，理复云何？"答：举例明之。张人于李人，虽复漠不相关，而可说张于李有引生义，以张不障碍李之生故。设张一旦手刃李，李即不生矣。故张不障李之生，即于李有引生义，而李之生，望张名增上果。此自色心诸行，推之人群生活之事，莫不有此增上义也，学者思之。有种

于现能助力,如根种于识种,助令生现,即根种望现行心法是增上缘;识种于根种,亦助令生现,即识种望现行色法是增上缘。作意种望识及根相例可知。又虽无助力,但不障生,若甲识种望乙识现,亦名增上也。

二现行相望,即现生现。容作三缘,无因缘故。此复析以五类:

一、自身识、他身识,更互相望,凡有二缘。

自 身 识 他 身 识	为　　　缘	生	他 身 识 自 身 识
自见 自相(唯第八)	所缘缘	引　生	他　见
他见 他相(唯第八)	所缘缘	引　生	自　见
自见相 他见相	增上缘	引　生	他见相 自见相

所缘缘中,自身第八识所变尘相,为他身第八见疏缘,他于自亦尔。表内注明。余易了知,不烦缕述。

二、自八识聚自身八识。**相望,增上缘定有,等无间缘定无,唯所缘缘义有无不定。**因缘前已除讫。

所
　第八于前七有。五缘八相,七缘八见,六通缘八相见故。

　前七于第八无。第八不七识而生故。

缘
　第七于前五无,五唯缘八相故,于第六有。意缘一切法故。

　前六于第七无。七唯缘八见故。

　第六于前五无。五唯缘八相故。

缘
　前五于第六有。意缘一切法故。

　前五自相望无。《述记》五力劣,不能为缘故云云。

《论》说意识遍缘十八界，即通自他识皆得缘也。缘自者，即第六见缘相，自证缘见，内二分互缘，及后念见缘前念见是也。缘他者，即第六疏缘前五、第七、第八诸相见等是也。问："何谓十八界？"答：六根、六尘、六识，名为十八界。据实言之，云六根、六识者，亦摄第七、第八，不可不知。

三、自身八识，一一自类如眼识前后相望，名为自类。余准可知。前后相望，第六容作三缘，余者前五及第七、第八识。^[1] 唯二。

八 识 自 类	为 缘	生	八 识 自 类
第六前念	等 无 间 缘	引生	自第六后念
第六前念见	所 缘 缘	引生	自第六后念见
第六前念相见	增 上 缘	引生	自第六后念相见
余七各自前念	等 无 间 缘	引生	余七各自后念
余七各自前念相见	增 上 缘	引生	余七各自后念相见

八识除第六外，余七不能自缘前念，识聚唯缘现境，故除所缘缘。更有异义，恐繁不述。

四、同聚异体如一眼识中，俱时心、心所一一更互相望，虽是同聚，而是别体。**展转相望，**定有增上缘。有义，亦有所缘缘。详《述记》四十六第十七页，同十一第二十一页，又同十六第二十四页。

五、四分相望，容作二缘。

四 分	为 缘	生	四 分
相 分	所 缘 缘 增 上 缘	引 生	见 分

---

[1] "前五及第七、第八识"原作正文，此据文义及《佛家名相通释·四缘》第 196 页改。

（续表）

四　　分	为　　缘	生	四　　分
见　分	增上缘	引　生	相　分
见　分	所缘缘 增上缘	引　生	自证分
自证分	增上缘	引　生	见　分
自证分	所缘缘 增上缘	引　生	证自证分
证自证分	所缘缘 增上缘	引　生	自证分
相分及见分	增上缘	引　生	自证及证自证
自证及证自证	增上缘	引　生	相分及见分

如上五类，分别现行染识为缘讫。

三现、此字为一逗，通八识言也。缘种现生，已如前说。前第一门约种生现，有三缘。第二门约现生现，以五类分之，亦总有三缘。种、一逗。亦理应缘现种起。此中现，谓前七能熏。后准知。现种于种，各作几缘，且为二表。

（一）现于种。约现生种说。

现	为　　缘	生	种
前七现	因　缘 增上缘	亲　生 引　生	亲　种
前七现	增上缘	引　生	非亲种

现望亲种为因缘,以亲生故。俱时亦为增上缘,由现望所生种有助力义故,说名增上。现望非亲种为增上缘引生,复有二义:如现熏长本有种,助力名引;望余不熏之种,不障名引。

(二)种于种。约种生种说。

种	为 缘	生	种
种	因 缘 增上缘	亲 生 引 生	自后种
种	增上缘	引 生	异 种

种子定无等无间缘及所缘缘者,以此二缘唯望现行法立故。如左图,种非现行,故非二缘果。

甲图

(因)等无间缘即前念现行 (果)后念现行

乙图

(因)所缘缘即现行色等 (果)现行能缘心

上述三门,若种为第八识摄持。若现,眼等乃至第八识。互为缘生。所以遮执实有,明为幻化。义海淼其无源,论峰峻而难仰,其诸小知,何以窥焉!

已说四缘,更有生识九缘,摄归此四。九缘云何? 一空,二明,光。三根,眼等六根。四境,境界,即一切有为、无为法作所缘缘者。五作意,遍行心所之一。六根本依,第八识。七染净依,第七识。八分别依,第六识。九种子。

如是九缘。八识各具几缘,分别如左:

一、眼识,依肉眼。具九缘而生。

二、耳识，依八缘而生，除明。理实空亦应除，详下注。

三、鼻识，依七缘而生，除明及空。

四、舌识，依七缘而生，除明及空。

五、身识，依七缘而生，除明及空。

六、意识，依五缘，谓根、第六依第七识为根，亦以第七为染净依。境、作意、根本依、种子。

七、末那识，依四缘，谓根、第七依第八为根，亦以第八为根本依。境、作意、种子。

八、阿赖耶识，亦依四缘，谓根、第八依第七识为根，亦以第七为染净依。境、作意、种子。

八识具缘，已如上述，宜各加一等无间缘，依次配属。

眼耳必依空缘，鼻舌身则除之，何也？据大小乘义，由根取境，离合用殊。鼻舌身三，境合方取，如香合鼻，鼻即感香；味于舌、触于身，其事亦尔。即以境合方取，不立空缘。眼耳二根境离方取。天山万里，遥入眼帘；空中震电，乃达耳鼓。即以境离得取，说有空缘。问："光线入眼，声浪达耳，宁非合取？"答言：光线但属明缘，是增上缘摄；此中离取、合取，唯约所缘缘说。义界未分，何劳妄难？如伸右指[1]为所缘缘，眼根取据，实不由合，以指合眼，眼反不见，故合取义，在眼必无。至云声浪接耳应合取，斯则谛实之谈，无为守文者所拘可也。

九缘中，空、明、根、境、作意五者义同小乘，自余大乘所加。九缘摄入四缘，一心生时定具此四，心所准知。

所说四缘，必应有果。此果分别，当复云何？

果有五种。一者等流。依因缘立，定似因性。此复二别：一、

_____

[1] 右指，《佛家名相通释·四缘》第200页作"五指"。

自类相续异时，此中以平等而流，名等流。前后相续，故言流；前后一类，云平等。**谓种生种。二、异类相依同时**，此中，"等"言相似，流，谓流类。相似流类，名等流。**谓种生现及现生种。**《述记》四十三第十八页"等流果唯二，于因缘中除现，此明一切种故"云云。理实现为因缘生种，此种是现等流果。不尔，现望谁为因？义见前文，本章因缘中。**不劳繁述。且系以图。**

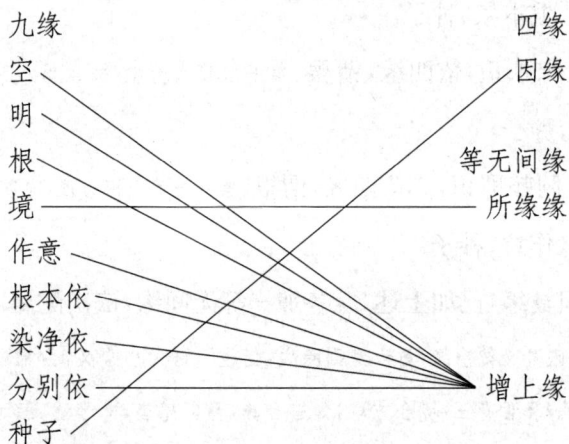

甲（种生种）图

　　前念见种（因）→后念见种（等流果）

　　前念相种（因）→后念相种（等流果）

乙（种生现）图

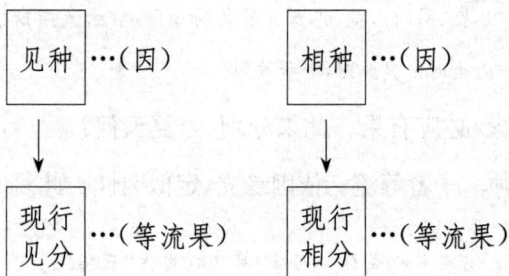

丙(现生种)图

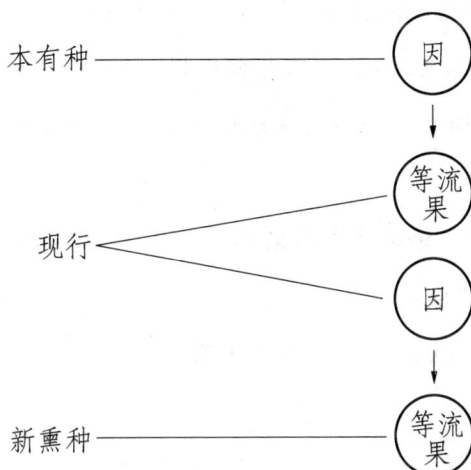

丙图三法展转,因果同时,《三十论》喻如炷生焰,焰生燋炷。详《述记》十四第二十二页。炷为因生焰,焰望炷为果。焰又为因,复生燋炷,即此燋炷望焰为果。三法皆是同时。现从种生,又复生种,亦三法俱时而有。帝网重重,斯称众妙。现望现何故无因缘义耶?吾友林宰平先生言:"若许前念现亲生后念现者,则唯现行恒转,乃成无因论。以不说现有种故。"此说甚谛。然有难云:"大乘建立种为现因,其本有种,亦复何因?"答言:此不应齐责,请以喻明。今有言张人自生,不因祖父者,世必诋为狂惑。言张人以祖父为因故生者,则莫不审其为如实之谈。然张人太初始祖更无其祖,以一切生物展转推求,至原生物更无其原故。理必因种,而本有种更无其因,现亦如是。不可推因至穷,遂谓无因,犹不可推祖至穷,遂云无祖。

二者异熟。依增上缘立,与因异性,感第八名言种令生现行之业种,通善恶,而第八现唯是无记,故果性异因。立异熟名。异类而熟故名。此义推详,前文功能等感果中。可按。

三者士用。容四缘得。非此果一一皆四缘所得,故言容。然复有二:

一、人士用。谓等流、异熟二因，名言种为等流因，业种为异熟因。所生现行，即色心五蕴集聚假者。假名士夫，其士夫所作，自念虑之微至事业之著，总名为所作。说为士用果。士夫之用，故名。即前二因远望士夫所作，二因望士夫为近，望此士夫所作故远。名生此果也。

二、法士用。谓诸作者假诸作具因缘法为作者，余缘法为作具，从喻为名。所办事业。

略举六例，心法五，色法一。以见其概。

　　心法例一

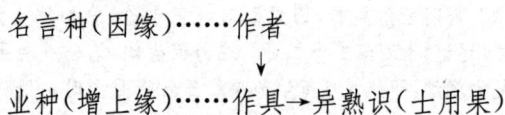

名言种（因缘）……作者
↓
业种（增上缘）……作具→异熟识（士用果）

　　心法例二

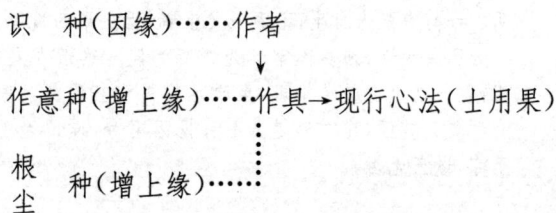

识　种（因缘）……作者
↓
作意种（增上缘）……作具→现行心法（士用果）
根
尘　种（增上缘）……

　　心法例三

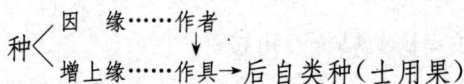

种〈因　缘……作者
　　　　　↓
　增上缘……作具→后自类种（士用果）

前种于后自类种为因缘，俱时亦为增上缘，如前表列种生种处可按。此依因缘义说作者，依增上缘义说作具。

心法例四

$$现行\begin{cases}因\quad 缘\cdots\cdots作者\\ \quad\qquad\qquad\downarrow\\ 增上缘\cdots\cdots作具\rightarrow新熏种（士用果）\end{cases}$$

此中现行，谓前七能熏识现望所生种为因缘，俱时亦为增上缘。如前种生种例。

心法例五

无漏种（因缘）$\cdots\cdots\cdots\cdots\cdots$作者

$\left.\begin{array}{l}无漏现之前\\ 念有漏现\end{array}\right.$（等无间缘）

无漏现（增上缘）

无为法（所缘缘）

作具→证得无为（士用果）

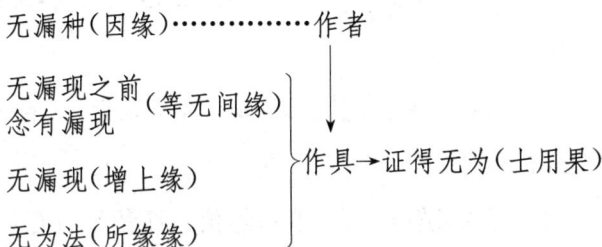

无为可证，而非种之果，然《述记》四十三第二十页云，亦有展转证得之义，此所本也。盖由无漏种起现行，方获证得无为，故云展转。

色法例一

谷等种（因缘）$\cdots\cdots\cdots\cdots\cdots\cdots$作者

$\left.\begin{array}{l}人工作具水土\\ 空气岁时\end{array}\right.$（增上缘）$\cdots\cdots\cdots$作具→谷等（士用果）

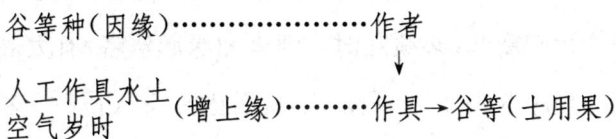

谷等种望本识中相种，即是现行，不可名种。今顺世俗，故以种名。又此以谷等种假名因缘，实亦增上缘摄。

四者增上。容四缘得，除余四果，前三及第五。皆此果摄。通一切有为、无为法。上述四果，即一心法生时，随所望别，义说为四。如第八现识望亲因名言种，说等流果；望增上业种，说异熟果；望因法具云因缘法，谓功能。逢缘余缘法。现起作用，因缘法为作者，余缘

75

法为作具，故心等法生。由是说缘生有实作用，不可。说缘生不有作用，亦不可。说士用果；望余果所不摄法，说增上果。又有异门第八现望第七种，名增上果；八以七为根故。望作意种，名士用果。第八作意心所种，警发第八心种令生现故。法无孤起，义匪一端。然复当知，此约染识，说有四果。净识唯三，但除异熟。此中取第八现为例，余准可知。又若色法，得说三果，谓等流、如谷望谷种，假名等流果。士用、增上，如谷望人工、作具，说名士用果；望水土、空气、岁时，说名增上果。应如理思。

五者离系。谓无漏断障二障。所证无为。此说无为，约无漏断障所显，不同前士用果中解。

如上五果，随应安立，善巧绝伦。往昔外道有计诸法常，有说诸法断，空宗末流谈空恶取故，唯识家言因遮常，言果遮断。非断非常，幻灭幻生，宛尔相有，虽幻非空。此其旨也。有难非断非常义应不摄离系者，不知所随能转，言摄亦得。问："从因感果，中间亦隔时分不？"答言：不也。若许隔者，是法已断，无复有果。人情封畛，计有新起，必须经时。则未知缘起法者，有大胜用，顿灭顿起，情计终不相应。我宗说，从因感果，定不隔时。若种生种此言生者，因缘生也。或现生现，此言生者，等无间及增上缘生。前因灭位，后果即生，如秤两头，低昂时等。《三十论》有此喻，其观物入微，举类迩而见义远。俗士何由悟其玄旨。若种生现，及现生种，俱时而起，无间从因至果定无间隙也。何疑？世俗不了顿起顿灭义，故疑因果之间必历时分。

上来已说四缘及于五果。附识四。学者不愚缘起道理，则离识无境，义非难喻，将继此论之。

附识一：不生灭是体，生灭是用。用中复分体用：功能是用之体，现行是用之用。

附识二：《唯识二十论述记》四第三十至三十一页，辨所缘缘云："遍计所执，说凡夫境。"意说凡夫若心起执，必变为依他内影像相分，按此中内言，显影像相非外，乃内识之相分。又此相分，是依他性摄，故冠以依他二字。此言[1]性者体也，谓依他相分体。离言及离假智。谓妄分别。识有执故，执此以为色声法等，不称所变离言影像。说能执心，名为遍计。遍计所取，名为所执。此谓所执。是无法，不能与识作所缘缘。所变影像，体是有法，与能遍计作所缘缘，亦不违理。但是凡夫起能执心，当情显现，名凡夫境，非说为境故，即是所缘缘。但作所缘，不能作缘，当情现故，无体性故。如见于绳，眼识无执，是现量摄，得法自性，但见青等离言之境。意识于此，亦自变为离言影像。不知此影像非绳非非绳，非蛇非非蛇，遂执为蛇，不称影像。说此执心，名能遍计，体是有法。所变影像，体亦有法，名所遍计。遍计所取，当情所现，情有理无，理者谛理，此所执境，妄情上有，理实无故。说为所执，遍计性成。此唯凡夫所行之境，名非圣境，非许无法作所缘缘。录此备考。

附识三：窥基《百法疏》："命根者，依业所引第八种上连持色心不断功能，假立命根耳。众同分者，类相似故，有人法之别。人同分者，如天同分、人同分。法同分者，如心

---

[1] 言，原作"性"，显误。此据原文文例改。

同分、色同分等。依人法类，假立此名。"

附识四：世学如科学、哲学。所云因果，自吾宗观之，唯相当于增上果义。此稍治唯识者所易明也。然即物察理，往往一增上果，而全宇宙为之因。学者即果寻因，初不必计及全宇宙，恒自其最近者以为推征。设秤物之重量为如干，若地心吸力、若气压，固皆为其致此之因，即至迥色之空，或太阳系统以外之他恒星，亦无不与此有关者。故曰，一果而全宇宙为之因也。然学者于此，但取其近缘，若地心吸力、若气压，以明此果之因，则能事已毕。吾人常能由一知二，或由甲知乙者，率此道也。

境 识 章

昔者小乘、外道，并许离识之外别有色等实法，为色等识各别境。此其所持，最顺恒情，而实违理，故不可勿论也。今先破外小，次明自宗之义。破外小中，有通有别。且通破者，外小共有四事，难议离识无境，证非唯识。

一者，处定。设无外境，许有识生，云何此识有处得生，非一切处，如缘西山识，于此山处生，余处则不生？云何二字至此一气读之。应立量云：缘西山识，于余处应生。宗也。执境实无，识得生故。因也。如缘西山处。喻也。返证无离识实境，则处定不成也。

二者，时定。若无外境，而识得生，即缘西山处识，于非缘此山时应生。宗也。执境实无，此识生故。因也。如缘此山时。喻也。返证无离识实境，则时定不成也。

三者，人不定。若无外境，许有识生，多人同一时、于一处，应定一人见，余不能见。宗也。执唯识故。因也。如眩翳人见发等，决定一眩翳人。见，余非眩翳人。不见。喻。意云：眩翳所见发，本无有实，故决定随眩翳者见，余人不见。若色等外境，为各为妄识所现，亦无有实，应决定随一人见，余人不见。此以眩翳喻妄识，发等喻境。今此不尔。多人俱时于一山处皆能共见，非如眩翳所见发等决定随一眩翳人见。是为人不定。

四者，作用。若无外境，许有识生，云何眩翳人所见发等，无发等用，非眩翳者所见发等，有发等用？发有为髻等用。量云：眩翳所见发等应有用。宗也。执无实境，此识生故。因也。如余发等。即非眩翳所见。此则返证实境方有用耳。

当时外小以为上述四事，若无离识实境，皆不应成。此则凡情之执，实不称量。知境不如实，名不称量。欲解其蔽，取譬非远，且举梦喻。梦中无实境，而或有处见村园等，非一切处。应立量云：非梦时境虽无实，而所见事，其处亦定。宗也。许如是境皆无实故。因也。如梦中所见。喻也。

又梦境虽无实，而即此处，于或时见村园等，非一切时恒见。比量准前处中可知。

又以幻觉喻。如群翳观灯，皆共见有灯轮。此灯轮虽无实境，而非定唯一见。量云：同于一时，同于此处，而人不定，其理得成。宗也。许无实境故。因也。如群翳所见灯轮。喻也。

又如梦中，梦两交会，境虽无实，而有虚妄作用，如男损精，女损血等。等者，谓肢分劳倦出汗等用。

由此，虽无离识实境，而处定等四事皆成。故彼外道、小乘。

引此，四事。为证不成，此通破讫。

　　次别破者，由诸外小复有于色等境，以慧分析，说实有极微。此如近人析物质即色等境。为元子、电子矣。若其流别，略可得言。如胜论者外道。执有分色，此师说父母极微合生子微，子微名为有分，有细分故，其本微但名为分。然粗有分色，异本微细分色，而实有其体，唯此为眼识等境。古萨婆多师自下小乘。执实多微各别为境，此师意说，如色处等为眼识等境时，其实极微一一各别为眼识等境。所以者何？一一极微，体是实有。若多微和合，成阿耨色以上粗显境，但是和合假法。五识缘实不缘假，须有实体方能引生识故。经部师执实多微和合为境，一处相近名和，总成一物名合。此师说一一实微，非五识境，五识上无极微相故。若多微和合成阿耨色以上粗显境，体虽是假，五识之上有此相，故为五识境。正理师新萨婆多。执实多微和集为境。和义见前，不为一体名集。此师说诸极微一处相近，展转相资，各各成其大相。如多极微集成山等，多微相资，即一一微各有山等量相，故与五识作所缘缘。此并非理，应别破之。

　　难胜论云：汝有分色体，异汝诸细分色，本微。实不可取，宗也。许实句色故，因也，胜论有六句义，第一实句，有九实，谓地、水、火、风、空、时、方、我、意。参考《述记》五第六页以下及《二十论述记》三第三页。如细分色。《述记》：九实一一有细分，此细分色，既非五识所取，即有分色亦然，同是实地等色故。故以为喻。次难古萨婆多云：各别极微，非五识所缘，宗。眼等识上无极微相故，因。如眼根等。此本《观所缘缘论》。喻但取少分。五识不缘五根，故以为喻，但非以根与极微相例，大乘根是有，而无实极微也。

　　又难经部云：汝和合色于识前五。非是缘，宗也。彼和合色。体实无故，因也。犹如第二月。此喻也。经部不说和合色有实体，盖以古萨婆多极微各别被难，遂执和合为五识境。大乘即以和合无实体故，明其非生识之缘。参考《述记》七第十四至十六页，并《观所缘缘论》。

又难正理师云：汝相资极微，应不与五识为其所缘，宗。即极微相故，因。如不和集相资时。此师以经部和合被难，转计极微相资。不知极微和集相资之时，与不和集不相资时，其体是一，如何相资能为大物？由此，五识上无极微相，故非所缘。此本陈那说。更有余义，恐繁且止。参考《述记》七第十八至二十页。

复次，诸言有实极微者皆不应理。所以者何？汝曹有云：阿耨色合七微成，中间一微，四方上下有六微，则中间极微与外六微合，应成六分，与六合故，所合既六，故能合应成六。一处不容有余处故。如中一微之东分，与东方处微合，更不容余五方处微。其西等准知。

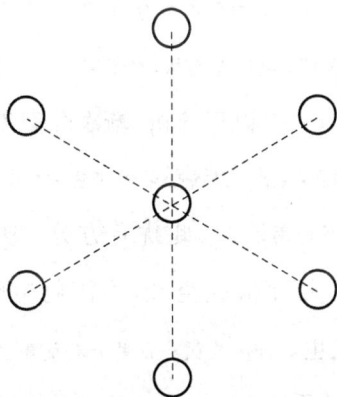

既中一极微，许成六分，以此例余，皆有方分。极微有方分，必更可析。云何说为实有？然复有计，微相圆故，所拟东非是东，西等亦尔，无有方分。萨婆多义。此亦不然。若极微无方分者，便非色法。应立量云：极微应不成色，宗。不可示其东西等故，因。犹云无广袤性。如心、心所。喻。成极微非色已。又汝粗色即诸极微,粗色外无极微,极微外无粗色。当复立量云:汝粗色应不成色,宗。体即极微故,因。如汝极微非色。喻。成粗色非色已。遂立量云:手触壁等应无对碍,宗。非色法故,因。如虚空等。喻。如上三比量,返证极微定有方分。有方分故,必可分析,便非实有。由此,说微相是圆,义亦不成。既无实极微,云何更拟次是圆相? 故以有无方分征诘,斯极微无实,易以明矣。

问:"若无极微者,佛亦不应说。"答言:为执粗色有实体者,佛说极微,令其除析,非谓诸色实有极微。《大论》五十四"佛说极微有五胜利,一以与二空为方便故"云云。《义林章》:"此中意说:修法空观,要析诸色,先至极微。断诸烦恼,后入空故"云云。诸修唯识观者,于粗色相,以慧除析,析者分析,除者除执。外小亦分析,而不能除执,此以除言简之。至不可析,假说极微。大乘说极微有方分,非不可析,以更析便不名色,故云不可析。至下自知。不同小乘说有实体,名不可析也。如吾顷所凭之案,若依彼坚相糅相等,一一以思除析,渐次除至不可析,假名极微。如思析面为线,析线为点,至点更析,则空而非色,故说此名不可析。然点线面,本形学名词,此中强借用之耳。此犹有方分。极微体即是分,方亦分也。若更析之,便心相变似虚空现,不作色相现,故说极微是色边际。此则大乘义也。外小极微亦以慧分析而建立,然执有实体。大乘则无实极微,但依所析色而假说之。一诚一妄,语岂同年?

上来已辨,极微非是实法。经部师等等,余正量部等。则复转计,更以现量证外境有,以为诸法由量刊定有无。一切量中,现量为胜,有三量故,言一切;取现境故,证自相故,说现胜。故举此为征。如世人言,我今见色乃至触触,下触字,名词谓色法。若无离识实境,宁有此觉,我今现证如是境耶? 其为说如此。夫言法之有无，宜以现量楷准，此诚谛论。独其所谓现量者，则以眼接色乃至身触触，而有色等觉云尔，故亦说名现觉。斯为近似乱真之说也。据实言之，有色等觉时，即执心外别有其色，内外已分，不名现量。所以者何？眼等五识及俱意，现量证境时，不曾外执，无计度故。三分别，详《转识章》。后时意识分别，乃判内外。参考《述记》四十三第十一页。故色等觉，唯在散位意识。觉意识虚妄分别。与正见，五识及俱意现量。二时不俱，则此觉时，能见五识及俱意。已入过去，宁许有是现量证外境有？应立量云：起此觉时必非现量，是散心位，宗也。能见已无故，因也。如散心位缘于过去百千劫事。喻也。又我所谓现量，既不执外，斯乃证外境无，异汝所云。此对正量部说。又汝觉时境，请以梦等喻。等者，等幻觉。如梦等时，虽无外境，而亦得有此觉。我今现见如是色等，余时现觉，应知亦尔。此对经部说。故汝现量，为证不成。参考《二十唯识论述记》。

破现量已，复别有难，谓如梦境，非心外实有，世能自知；若觉时境亦非心外实有者，世何不自知？应答彼言：如处梦中，不知梦境非外实有，觉时乃知。世间妄分别，串习昏热，如在梦中。此染分别，不称之实理，说为虚妄。无始以来，数数熏发，谓之串习。覆蔽称昏，毒恼名热。诸有所见，皆非实有。未得真觉，恒不自知；至真觉时，根本智起。方知之耳。然诸梦者，终安其梦，此释迦所为发叹于长夜也。

以上诸师异计，亦别破讫。余所不详，具《三十论》。破顺世及数论梵天等计，详《述记》六。又清辨俗谛境有，计同外小，例破可知。

次明自宗义者，上来广破外小，明无离识实境，斯但有遮，何可无表？故应说有不离识之境，而后唯识义成。所以者何？诸有为法，靡不相待。所云识者，本对境受称，若无境相，焉起分别？故唯识言，义亦摄境，以境不离识，说识名唯。此则吾宗本义，余于篇首《唯识章》。略明梗概。今更详所以，学者择焉。

一切有情，各有八识，言八识者，谓眼等乃至第八。又凡言识义，兼心所。而此诸识，皆为能变。此前文所已明者也。详见《诸识章》及《能变章》。斯义既了，而后可谈境不离识之故。夫境者非他，即识所变之相分也。此相千条万绪，如眼识，一刹那顷有无量青等相转。余准可知。而自识变以言，无过二类：一因缘变，二分别变。

因缘变者，由能缘心言心亦赅心所，此中唯除第八心所。任运而起，非作意筹度，曰任运。其所变相仗质或否，五及俱意等定仗质，第八即不定。而不与见同种生，定有自种为因缘。相别有种，故有实用。此言用者，体也，犹云有实体耳。

分别变者，相别无种，但随分别心、心所见分。势力故变。此亦仗质或不仗质，第七仗质，第六不定仗质。而随见摄，说无实用。若约四分别显，则相与见同种生者，亦依他性摄，即有实用，但非如色等有碍用耳。今以此相随见摄，故云无实用。从言异路，义非一端。

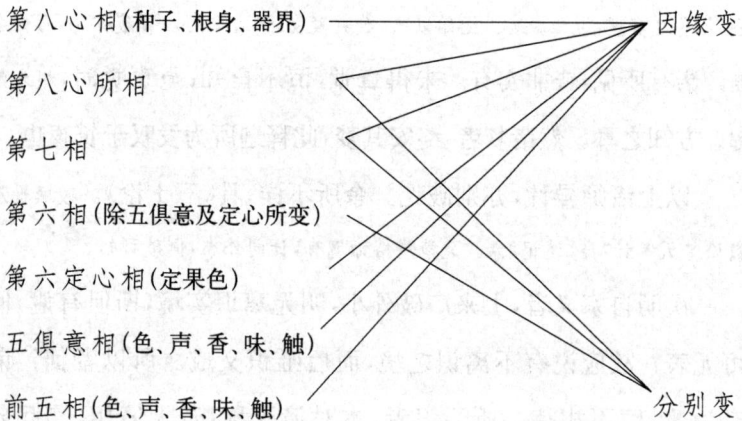

第八心相(种子、根身、器界)　　　　　　　　因缘变
第八心所相
第七相
第六相(除五俱意及定心所变)
第六定心相(定果色)
五俱意相(色、声、香、味、触)
前五相(色、声、香、味、触)　　　　　　　　分别变

《述记》十六第二十页释分别变,谓作意生心,是筹度心云云。同第二十二页:"虽任运起,而无胜力,所变之相,非实种生,名分别变。"详此,则分别变者,以相别无种为其义界。无论筹度心或任运心,凡所变相无别种者,皆分别摄。参考《枢要》五第四、五页。

定果色者,谓定心所变色等境。《大论》五十三:"胜定力故,于一切色皆得自在。"《义林章记》十五:"此定果色,是彼定前加行心果,由加行心先期欲变,后方变也。"《大论》五十四:"胜定果色,若依此系定,即由此系大种所造。"又云:"此色胜定力故,先起大种,然后造色变异而生。"余详《杂集述记》五。

如是二类,约八识分。若第八相,以种子从自前念种生,问:"本有种从自前念种生,新熏种应说从现行生,何可无分?"答言:一切本有及新熏种,俱为藏识摄持,念念等流,其后念种各以自前念种为因缘,理无可疑。此中非谭种子来源,何须分别本新? 汝难固不应理。故有势用;如根器从大种及造种生,故有碍用。七相一分,从质第八见分。种生,有似主宰常一用。虽似主宰常一用现,而实非主宰常一。五识与俱意所变色等,各依大种及造种生,造种为因缘,大种增上。亦有碍用。第六定果色,随何系定,即由何系大种所造,系者,系属义,界系之略称,如身在欲界名欲系。复有碍用。以上因缘变摄。若第六一分,除五俱意及定心所变。第七一分,七见所变。及第八五数,有质、无质独影,详见后文。皆分别变摄。

惟相见种或同或别,故诸相分有因缘变,有分别变,不倚一端。然印土诸师于二分种,尝有唯同唯别之争,此不可不察也。唯同论者以为相若别种,即与识殊,何名识变? 故相与见应同种生。此复二师:一师唯据新熏种立论,说三法同种生。二师更建本有种,说两法同种生。据一师义,如眼识起时,缘于色境,即熏生一种。眼识见分种。此种有三功用:一生自眼识。见分,二生

自相分，三生本质。参考《义灯》卷二、《枢要》卷三。若尔，有八识不遍

失。三法同种义，非遍于八识皆有之，即其义非能立也。如第八尘相，器

界。望眼识见分有本质，与眼识见分同种生，即不与自第八识。见

同种生。故三法相、见、质。同种，义不遍也。第二师起，遂救其

失。谓此眼识，其新熏种但生自相见，即两法同种生。若相所仗

质，即第八相，乃与第八见同种生，第八种唯本有故。《了义灯》卷

二："两法同种者，但自相见，或虽有质，质本有生，不能熏故。"此所本也。既

许第八相见同种，无不遍失。虽尔，此师不许第八有新熏，则违

《阿毗达磨经》，《阿毗达磨经》者，唯识所宗。经说前七识能为因，熏生第八

亲种。见《摄大乘》及《三十论》所引颂。亦复成过。参考《了义灯》二。

　　唯别论者说相无缘虑，见有缘虑，故虑、非虑别，应不同

种生，但相不孤生，托见方生，说名识变。兹所树义，抑未尽

理。实根尘相与见别种，诚如所云，余独影境，宁可一例？如意

识缘空华，空华无实，但识上变似华相，此似华相，即与见同种

生。缘极微等，大乘极微无实，已见前文。其理亦尔。概云别种，云

胡可信？

　　惟护法师者，说相见二分随其所应，种或同别。如缘空华

等，相见同种；缘实根尘，则相别有种。同别合论，斯无有过。

　　设有问言："相别种者，何名唯识？"应答彼言：不离识故，一

切种离本识无别体故。又相种以见种为增上缘，而得生现；相

分。见种亦以相种为增上缘，而得生现。见分。既见相种同时更互缘

生，故二现行定不相离。如眼识起时，色相俱起；耳识起时，声相

俱起；鼻识起时，香相俱起；舌识起时，味相俱起；身识起时，触相

俱起；乃至第八识起时，种子、根身、器界俱起。言乃至者，隐摄五俱

意及第六定心相。又第七一分因缘变者亦此所摄。见相条然宛然,而定俱不离,说名唯识。问:"何故不言唯境?"答言:见为能缘,相为所缘,由此能缘,证有所缘。能缘势用胜故,但名唯识,不名唯境。迹护法义,调和唯同、唯别二家,而依别种说因缘变,依同种说分别变,可谓如实称量矣。

复次,相虽无量,而依性别,性者体也。说为三境,谓性境、此言性者实也。带质境、独影境。

性境者,谓若有相,具足五义:一有实用,解见前。二从自种生,三或仗质,四现量所证,五性与系界系。不随心。故名性境。首言"谓若有相"者,此中但约色法,不及无为,复除种子,故以"若有"言简之。设遍举者,无为亦名性境,然唯具三义:一有实用,是诸法实体故;二现量所证,正智得彼自相故;三性不随心,自性本净故。不从种生,更非仗质,故无彼二。第八相如种子,复是性境。此具四义:一从前念种生,二势用实有,三八见现证,四不随心一系。初有实用,如色即碍用,义易了知。

二从自种生者,谓前五相及俱意相,乃至第八根身、器界,言乃至者,隐摄第六定果色。如是众相,通名色法,于俗具云俗谛。实有。此诸实色,由何得生?故应分别说大种、造种。

前六除散意。尘境并第八根,乃云造色。造色得名,后详。理实各自有种,应说造种。《对法》:"所造色者,谓眼等五根,色、声、香、味、所触一分,及法处所摄色。"详《杂集述记》四。准此,造色通假实,今唯约实法言。第八器界此云器界,唯约第八所变而言。若通说者,则眼识及俱意所变色尘,耳识及俱意所变声尘,乃至身识及俱意所变触尘,俱托第八器界为质,亦器界所摄也。亦名为大。大复差别,地、水、火、风。坚劲义是地大义,流湿义是水大义,温热义是火大义,轻动义是风大义。设此诸大，无有功能，云何突生？故复说有大种。

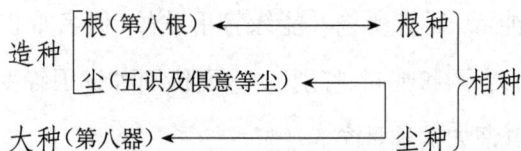

造种 ⎧ 根（第八根）　←——————→　根种
　　　⎨ 尘（五识及俱意等尘）　←————　⎫相种
　　　⎩ 大种（第八器）　←——————　尘种 ⎭

《瑜伽》第三"由诸内外大种、造色种子，皆悉依附内相续心"云云。诸大造中，唯根名内，余皆名外也。内相续心谓第八。

大种、造种，势用相悬，言其殊胜，则唯大种。盖大种势用有二：一、与自现四大。为因。因缘因。由诸大种，同处各遍，如多灯光同一室庭，而各周遍其处，皆不相障。遇缘各生其现。故坚劲、流湿、温热、轻动，诸大相网，都无亏欠。网者遍义。相网者，谓即于一处诸法交遍也。衡阳之圣知此矣，其言《易》曰："乾坤各有十二位，坤非有阴而无阳，乾非有阳而无阴也。"按阴阳为虚字，以明诸法交遍之理。世儒作实字解，谓之二气，斯方士之谈。交遍者，众妙义，大用充周义，如药丸然，随取一分，味味具足。验之生物，有截其一部，其肢体仍得长育完具，良有以尔。亦复不相入为一体，灿然众相，区以别矣。

二、与造色根及尘。为因，此即增上缘因。所谓生、依、立、持、养五因。

生因者，亦云起因。谓诸造色虽自种生，若离大种必不能起。《瑜伽》第三："问：诸法皆从自种而起，宁说大种能生诸色，乃至长养耶？答言：由诸大种、造色种，皆悉依附内相续心。第八自体分。诸大种未生诸大，造色种终不能生。要大种先生大，造色种方生造色。为前导故，彼大种。能生，故名生因。"《瑜伽》六十六同此。夫造色者，通根尘言。第八变根，造色。定须变器诸大。为其依持受用。五识等尘造色。仗第八器诸大。为质，方得变起。故《论》说言，大种先生大，器界。造色种方生造色。根尘。理实造色定与大俱时生，无有先后。言大先生者，以造种待大种增上，义说为大先造耳，非实有先后也。若言有先后者，则其先者当在何世，后之距先，又经如干时分耶？倘不能说明之，即不应持有先后矣。设有说言："诸大生于昨午，造色之生，后于诸大三刹那。"虽立说者无据以甄其必然，而反对者亦无据以证其不然。昨午已入过去，其然否皆非当前所得验故也。若尔，则其说为能立乎？恐未然也。将如此土名家所云"能胜人之口，不能服人之心"尔。纵言先者，不必于昨午；言后距先，不必三刹那。要其失，则视此矣。惟现前造色，现前诸大，相依俱有。故说大造俱时生，过此以往，未之或知也。晚世哲学家有说有机物之生，后于无机物者。提膭悬谭，乌乎称量？

次、依因者。谓诸造色，依据大种，方乃得生。故舍大种此云大种者，非目诸大种子，乃现行诸大之通称。盖大种一名，通乎种现也。详《义林章记》九第三页及《大论》三。无别处住。《瑜伽》第三："由造色生已，不离大种处而转，故名依因。"《义林章》九分别即质造、离质造，而以依因约即质说。其义待商，今且置之。

三、立因者，即随转因。由大变异，能依造色诸大为所依，造色为能依。随变异故。能造、诸大对造色名能造。所造即造色。安危必同，故大变时，造随变异。此中造色谓根。大谓扶根尘，扶根尘即器界摄故。

四、持因者，即是住因。谓诸大从大种生，虽才生即灭，生已便灭，无稍留时。**而恒随转。**前灭后生，故云随转。新新不断，遂说为恒。**故能持造色，令其相续。**《义林章》九，谓由大种，此中大种，通种现言。大种生大，方能持造，义说种亦能持。**诸所造色，相似相续生，持令不绝故。**造色续生，由大持力，大为能持，造为所持，造色与大，俱生俱灭故。**不尔，造色应有间断。**《瑜伽》第三："由随大种，等量不坏，等者前后相似义，不坏者相续义。更有别解，此略不详。**遂名持因。"**有说大种通前六尘者，不知大能持造，前六间断，焉有此能。

五、养因者，即是长因。谓由大种，养彼造色，令增长故。由大亲养造色增长，故名长因。根，造色也，必须大养之令长。郭子玄曰："人之生也，形虽七尺，乃举天地以奉之，故天地万物，凡所有者，不可一日而相无也。一物不具，则生者无由得生。"其言虽近，乃有深指。

如上所述，大种生大，大之得名，一形相大故，二与诸造色为所依处故，三成坏世界，作用大故。俱时增令造种生造，如左图。

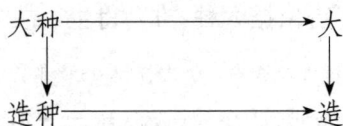

造不从大种通种现言，下准知。生，而依大种而生，遂得造名。造色者，具云所造色。《义林章》九"相依而有，立以造名"云云。由依大种生故，说为大种所造。然有问言："造望能造大种，为定相属，为不尔耶？"案《瑜伽》五十四："依大种处，大种，通种现言。有造色生，说名为造。《义林》注：但大种处所造色，即以此大种名为能造，非定相属。又此聚中有彼大种谓现。造色可得，当知此中即有彼法大与造。故。诸大种谓现。**同聚**，诸大一处同遍，说为同聚。且以水言，从其流湿即有水大，从其温热即有火大，热则化气而轻动即有风大，冷复成冰而坚劲即有地大。水大种子逢缘生现行水大，其水大相增盛时，令余火大等相隐，非有水大处无火大等也。余准可知。**所有一切造色，相依有者，皆可名造。互得造义，非定属义**"斯则应理之谈。《义林章》九："问：为一大种造一造色，为造多耶？为多大种造多造色，为造一耶？答：相依而有，立以造名，造一造多，理皆无妨"云云。义亦有关，附存于此。

又复当知，造色与大，有二不相离。一、同处不相离，《摄决择》说："要大种生，先据处所，后造色起，不离彼处，名为造故。"由造依大生，义说先后，实无先后。可勘前文。此言大造同在一处，不相障碍。如一色处阿拏色，诸大阿拏与造色阿拏，随应所有，并相涉入，若众灯光，交遍一处。又如一眼根阿拏色，亦诸大阿拏此谓扶根尘。与造色阿拏，此谓净色。随应所有，并相涉入，若众灯光，交遍一处。二、和杂不相离。即凡同处不相离阿拏色，能造诸大。所造造色。相涉人者，虽一处住，而其体各别故，复云和杂。《瑜伽杂集》言大造种者，棼不易理，唯识诸籍于此复少明文。今以大种属第八，然后大种于造色为五因之义，的然易明。学者细按吾前文，当豁如也。《杂集述记》四第二十七至二十八页"所触有二：一者能造，如前已说。今辨所造，故言一分"云云。有举此为能造四大即五及俱意触处所摄之证，而谓吾以大种属第八为非是。不知就身根所取言，能造四大，自是身根所取，《杂记》有明文，不可非也。就身识及俱意所缘言，则唯是造色。能造四大为本质，五及俱意不亲缘。故前六中触，自有造种。大种当属第八，于理何疑？他日容别论之。

又大造体性，别以二类，曰根曰尘。大第八器。及造一分，造色通根尘，此言一分者，除第八根，唯取前六色等尘也。同尘性故，通得尘名。望造中根，第八根。遂判为二。根尘。尘唯所取，根通能所。

根望尘名能取,望识亦名所取。**清净色者,**根独得名,虽似尘有对,对者碍也。**而特微妙,**净色根,虽说为有对,实迥不同尘。**故有胜用。**能发识故。**世俗不辨根尘势力之殊,**今之言生理者,不了有净色根。**生理奥窈,云胡可穷?**

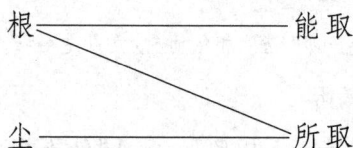

三或仗质者,根尘性境,藉质唯尘。若前五尘,仗第八器界。起;若俱意尘,仗五尘,展转托第八器相。而起;第八定果色准知。若第八尘,仗他识起。他身第八识所变器,自第八托为质。唯第八根,定不仗质,执为内故,非可待余。前六尘,亦得说仗他人识所变为质。如俱意缘张人,实非能亲缘张人,乃仗自五尘,展转仗自第八,又展转仗张人身中第八识所变扶根尘为质,变相而缘。若尔,即质有多重。曰:多亦无碍,法相非一故。

四现量所证者,《显扬论》说:"现量者有三种相:一非不现见相,《论》自释有四种义,殊冗杂。今释非不现见相者,此境现前显现,非过未无,亦非有被碍不可见,即识于此境分明现证,故云尔也。二非思构所成相,若涉思构,即现境已入过去。如五及俱意前刹那取现境,后刹那独散意方起思构,便非复前刹那现境。三非错乱所见相。"错乱有七种:一、想错乱,谓于非彼相起彼相想,如于阳焰鹿渴相,起于水想。二、数错乱,谓于少数起多增上慢,如瞖眩者于一月处,见多月象。三、形错乱,谓于彼形起余形增上慢,如于旋火,见有轮形。四、显错乱,谓于彼显色起余显色增上慢,如于非黄色,悉见黄色。五、业错乱,谓于无业起有业增上慢,如执卷驰走,见树奔流。

六、心错乱，谓于所错乱义，心生喜乐。七、见错乱，谓于所错乱义，妄想坚执。诚以诸识于境，现量证时，亲得自性。如青色自性，本非青非非青，眼及俱意正缘彼顷，亦不起青非青行解相。即心与境冥会无间，浑然一体而转，名得自性，故说非错乱等相。眼眼识。俱意缘色如是，耳耳识。俱意缘声，乃至第八缘根尘等，皆应准知。现量亲证，方称性境。性者实也，现量方证实境，当下即是，求索便乖。凡夫虽有现量，曾不自知。僧肇有言："夫人情之惑也久矣，目对真而莫觉。"

　　五性与系不随心者，且先谈性。凡属性境，多不随心三性不定。如实五尘，唯无记性，不随心谓五识。通三性。虽无记心谓五识中无记。缘五尘境，可云同性，心境俱是无记性故。而实相五尘。见五识。各守自性，非境随心成无记。余准可知。次系不随者，如明了意识缘香味境时，其香味二境，唯欲界系，不随明了意识通上界系。余义推详，请咨《枢要》。详《枢要》卷三第二、三页。

　　如上五义，色法根尘。全具，是为性境。余非色法，若真如等，义不具五，亦性境摄。触类旁通，其详可略。性等三境，本唯依相分立。然《义灯》云："四分相望为所缘者，亦得名相。虽非相分，而是境相。"准此，则见及内二分为所缘缘时，亦得说为性境。故性境名义宽广，通色心及无为法。据理而言，凡法有实用及为现量证者，即属性境，此其所以宽广也。

　　附识：性境中前六能熏，为熏自种，为亦熏质种？曰：据理通熏，若不熏质，第八无新熏种故。若尔，即一相分，熏生二种，一为自种，一为质种耶？曰：否。相分与质为同类故。即此相分，熏生一种，此种入本识是为尘种。或时随缘生自能熏后念现，或时随缘生本质法故，义说相分亦熏质种。

带质境者，《述记》四十四第十九页："能缘之心，有似所缘之相，名带。"第七见仗第八见为质，变似我相，故云带质。第七相分，杂种所生，见《述记》卷四第八页。一分与质同种，一分与见同种，两头见及质。烁起，立带质名。以故此相，判性不定。若从见说，有覆无记；若从质说，无覆无记。异性搅和，而成一物，斯为至诡。又复此相，唯非量境，第七缘时，不得自性，第七相，似其本质即第八见，本非实我。然七见横计为我，即不得自性。不称质故。七疏缘本质第八见，八见本非实我。七执之为我，故不相称。具此数义，带质境所以建立。

> **附识：**带质境为杂种生，一分因缘变者，力能熏质种，一分分别变者，望于彼分（因缘变者。）有和合及相似义故，即与之共熏质种。问："第七缘我，云何此相熏成质种耶？"答言：带质相有，而我实无。所谓我者，本见分之上妄作此行解。即以相带质起故，还熏质种，我实无故，不复熏种能生我。

独影境者，独散意识、第八心数，相唯从见。奘师颂云："独影唯从见。"从见义者，略说有三：一从见同一种生，二从见同一界系，三从见同善等性。非异见而有实用，性境即异见而有实用，独影境反之。遂被此名。然复有二：一有质独影，二无质独影。

有质独影者，虽相唯从见，从见有三义，注见上。后仿此。然见变相，有所仗质，故以为名。如第八俱心所与心[1] 相应名俱。触等缘心亦云心王。相，根器种。实仗心相为质，而变影缘之。质有实用，而影无实用，以影唯从见种生故。下准知。第六独散。缘第八等相见亦缘前五第七及自前念见，故置等言。及缘他心他人心。见，仗质变影，此

---

[1] 心，原作"不"，此据熊十力《境相章》（此系熊氏单篇论文，根据本书《境识章》内容删改而成，刊载于南京支那内学院年刊《内学》第二辑，1925 年 12 月）改。

例佥同。

附识一：常途说有质独影，亦名带质。如《义灯》云："有性境不随心，亦带质通情本，谓散意识与五同缘，即于此时并缘第八等。"此其文义隐晦，初学难解。按散意者，第六意识，一方独起构画，名为散意；一方仍与同时新生五识俱，亦名俱意。故一意识，就俱意方面言之，则取性境；就散意方面言之，则取带质境。《灯》说盖如此。唯其所谓带质者，即指散意缘第八等，则有未妥。盖带质境一名，当为第七相分之专名。七恒内执，故境应特殊。《述记》说七相为杂种生，以有似常一用故。独影虽仗质，而种唯从见，无实用故。此二者之判也。若散意缘第八等，其相分即有质独影摄，不得谓为带质矣。《灯》以之并为一谈，即非正义。《宗镜录》六十八说带质者，心缘心是。又云："散位独头意识，若缘自身现行心、心所时，是带质境。"则亦不以带质专属第七，其失与《灯》同。然俗或名有质独影为似带质者，似言置简，理亦无妨。

附识二：或云："散意仗质，容据曾有而言，如俱意与五识，前念缘尘即于前念谢灭，后时散意方起，变似过去尘相而缘之，即托过去法为质，故所仗质应言曾有。"其为说如此。设有难言："过去法即无，如何得仗为质？"则说者必瞠目结舌而无以应矣。言理者，有差之毫厘，谬以千里者，此类是也。故前说必加修正，方足解难。据实而言，俱意与五识灭时，即散意生时。刹那刹那，前灭后生，如秤低昂。故散意才起，即紧接俱意，得仗少分实尘为质。言俱意已入过去，散意不相接而得为质者，即为倒妄。疏家如此不详，遂令说者滋误。然《宗镜录》六十八第四页云："独头意识初刹那缘五尘，少分缘实色，亦名性境。"此则为不正义。散意初刹那与俱意紧接，遂得仗彼少分实色为质，而变影缘之，非能亲缘实色也。故俱意所缘名性境，散意所缘名有质独影境。问："散意唯仗俱意为质，不仗五八耶？"曰：亦展转仗五八为质。"若尔，既有多质，设许熏，实种为一为多？"曰：质皆同类，即此熏一种。此种入本识中，有时随缘生第八现，有时随缘生五或俱意现。思之可悉。

附识三：第六缘自前念见时，所变影相亦有质独影摄。前灭后生，原不隔时。故后念见得仗前念见为质，而变影缘之云尔。

附识四：《义林章记》十五第二十至二十一页："遍计所起，不明了意识，（亦名独散意，亦名散意。）独缘根境，（不与五俱，云独缘，然言缘者，实是疏缘。）构画所生，熏种为因，后生根境，以因从果，以影从质，亦于法处不别说之。"同第二十一至二十三页"一者影像色。诸有极微，并独散意，构画根境，镜像、水月，如是等类，同皆无实，心之影故，同立一门"云云。详此，则以散意无质独影，为有质独影境，故此影像，立以色名。又旧说有质独影，亦名带质。《枢要》三第四页"如第六识缘过未五蕴，得是独影，亦得说是带质之境，熏成种子，生本质故"云云。夫带质与有质独影之分，吾已辨之矣。乃若散意构画根境，如缘镜像、水月，或缘过未五蕴之类。过未蕴本无，镜像、水月复非实有，唯是能缘心上妄作此行解耳。斯不得名为有质独影也。然其必以有质独影名之，且以带质境名之者，《枢要》固云"熏成种子，生本质故"，《义林》亦言"熏种为因"。是其立义之所据也。然今所欲辨者，即独散意识是否可熏质种？以理推征，纵真为有质独影相分，亦不应别熏种，以此相分，从见分同一种生，即随见分熏成见种，理无可疑。倘许能熏质种者，第六遍缘十八界。许缘第八见及根尘相，熏种无失。若许缘第八自体分上功能，亦熏种者，即犯无穷过。详《宗镜录》四十八第十四页。又如第七及五见皆自能熏，设许散意疏缘亦熏彼种者，过复无穷。缘自前念见，熏种成过，其理亦尔。准此以谈，散意不应熏质种，决定决定。即彼散意所变影像，除缘俱时余心法，仗有实质，及缘五尘，初刹那紧接俱意五识，仗少分实质者外，余缘过未蕴及缘镜像等类，不得名为有质独影及带质境，义复决定。若尔，第八或无新熏种耶？曰：第八见种由第七熏。第八尘种，五及俱意熏。其根种无新熏，唯本有故。自基师以来，主张散意熏质种，遂不惜以无质独影强名带质，以傅会其熏种之谈。种种纠棼，相沿千载。吾夙疑之，质之吾友林宰平，而后断然非之也。

无质独影者：相唯从见，复不仗质，故以为名。此境唯在第六散意。万念纷纶，相为无量，略示方隅。如缘过、未，即现在心，变似过未相而缘之，此相是现在，但心上妄作过未行解。**及缘无为、石女、空华、瓶衣等物，**五识及俱意但得五尘，本不曾得瓶衣等物，唯第六散意见分之上变似瓶衣等相而缘之耳。**不相应行、极微、自性、神我、梵天，**外道说有梵天等，即心上变似其相，而妄执为有。大乘破彼之时，心随彼梵天等名，变似其相，唯不执有耳。**乃至缘无，**无字名词。如心起无物想时，即变似无相而缘之。**每一心生，**言心亦兼心所。**俱时变似所缘相貌。**如缘过未至此为一句。**是为无质独影。**

附识一：散意缘无为，《枢要》三，说此相分为独影境，日本僧高范云："无为不生不灭法，无引起相分之力，故此相分偏依能缘心分别力安立，故独影境。"《了义灯》一："后得缘如，相是何摄？答：或带质境摄，从质名无为，从见名有为，以许无为依识假立。有漏缘如，准此。"又云："若约种辨，即唯从见。"今依《枢要》及高范说，散意缘如相分，摄属无质独影。《灯》说带质境摄，非也。吾友黄居素、陈证如并主真如非疏所缘缘，树义精审，此姑不述。则变相缘如为无质独影，明矣。

附识二：第六缘不相应行法，如心作得法行解时，必变似得法之相，此相偏依能缘心思构而起，故为无质独缘。《百法明门论》说不相应行，略有得等二十四法，其中不无可增省者。坊间有基、光二师《百法疏》本，殊不佳，亦可阅。

附识三：无质独影相分，本不别熏种。顷有问言："如缘空华相分，即名无质独影。空华本无，故不熏种，而似空华相非无，云何不许别熏种耶？"答曰：此相从见，非异见而有自性，即随见分熏成见种，故云不别熏种也。

综上所述，有质、无质独影境，许通三量。第八心数，唯现。八数任运，于所缘影像相分，不作是此非非[1]，此等行解，称其本质，即得自性。第六独散，初刹那率尔心，亦现量摄，余通比非，应如理思。

如上三境，六八通二，第八心王性境，心所独影境。第六俱意及定中性境，独散及梦中独影境。五七唯一。五唯性境，第七唯带质境。《枢要》误解带质，有二合、三合之谈，不可从也。《枢要》三第三页至第四页："有二合者：五识所缘自地五尘，是初性境，亦得说是带质之境。第六识缘过未五蕴，得是独影，亦得说是带质之境。熏成种子，生本质故。有三合者：如因第八缘定果色，心所所缘，唯是独影，心王所缘，是实性境，亦得说为带质之境，第六所变定果之色为本质故。"详此，则独影与性境，通得以带质境名之，而三境名相淆乱矣，恶可据哉？延寿《宗境录》虽博闻，而肤乱无条理，其言三境，亦不足依也。

三境摄属二变：性境及带质一分，是因缘变；独影及带质一分，是分别变。《枢要》有文，见《枢要》五第五页。此堪抉择。

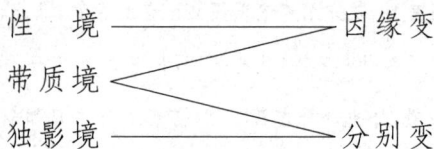

性　境 ——————→ 因缘变
带质境 ——————→
独影境 ——————→ 分别变

　　附识：《述记》十六第二十三页："性境不随心，因缘变摄；独影、带质，皆分别变。"此与《枢要》五颇异，今不取之。基师说带质境，往往自为矛盾耳。

复次，诸有为相略有四义。一、顿变义。如实根尘，随其形

---

[1] 后一"非"字疑衍。《佛家名相通释·三境》第 212 页作："不作是此非此等解，即相称其质，名得自性。"

量大小,宛尔顿现。本非实物,故言宛尔。若吾顷者,注目而视近旁之炉,理实炉相,第一刹那,依识顿现。即此刹那灭已,第二刹那,似前炉相,复依识顿现。亦即此刹那灭已,第三刹那,似前炉相,又复依识顿现。世俗观物,以为渐变者,则以经多刹那,相似相续,有若积渐而成耳。刹那刹那,无非顿现。不疾而速者几也,则莫寻其间矣。前后刹那,曾无间隙可得。不怒怒,作动也。《齐物》:"怒者谁耶?"而威者神也,《解深密》云:"由缘起法有大威力故。"则莫得其朕矣。难言哉,顿变也。深了顿变义者,则知凡物不由积小成大,而极微之论,不足成立。《述记》七第二十一至二十二页,略释此义,可参考之。朱元晦《中庸》第二十六章注云:"然天地山川,实非由积累而后大。"解亦精到,能会斯旨。元晦聪明,诚有足多者。

二、互遍义。自识具云自身八识。各变色声等相,他识具云他身八识。各变色声等相,同遍一处,而不相碍。即如讲室悬牌,吾与座中诸人,尝以牌为一物,吾侪共见矣。不悟本无离识实境,安得多人共见一物?更自思唯,则此惑不难解也。大乘以诸识皆不亲缘外境,说无离识实境。诸识各自所缘,为各自所变,故无共见一物之理。斯义详前,兹无繁述。由吾眼识仗自第八尘相为质,变似牌相,俗云牌者,乃依识所变似牌之相分,假立牌名。实则此相与其本质相类,无所谓牌与非牌也。俱时,他人眼识亦仗彼第八尘相为质,变似牌相,而各牌相,同遍一处,吾侪妄计,则谓共见一物已耳。夜半钟声,众梦初觉,各人声相,原非一物,复如前例。是故互遍义立,而外境之执始破。

三、众同分义。如前所举,多人牌相、声相,虽复同遍一处,设不相似者,即应多人俱时于一处各自缘牌相等,等者谓声相等。

不同作牌相等解。今既不尔，以是征知，决定相似，故复说众同分。相似名同，非同一之谓。分者类也。说见《百法》。又《楞严》有群瞽观灯，共见灯轮喻，则以业同故相似耳。

四、随转义。识带境生，境仗识现。识有执故，缘境起缚。《义灯》七："由第七识二执为本，令诸识中不能亡相，为相所拘，说名相缚。"《伦记》五十二："由有末那故，第六起相缚，谓由末那计第八为我故。第六缘境起法执，执蕴等。缘境起缚，名为相缚。相缚体即六尘，所缘皆缚也。又由有此末那故，八识缘境，皆有缚起，即诸论云，谓境界相能生缚也。"转无漏时，境亦随转。能缘殊胜，于境自在。究竟位中，无漏见种挟带无漏相种以行，即净土庄严，自在示现。然如来净土与众生秽土，同处各遍，而不相入已耳。此非奇谈也。即等是凡夫，其心境虽属同分，而亦不无差别，如画师诗人，与鄙夫凶竖，决不齐其天宇，世所印可，何独疑于如来净土乎？设有问言："唯识所谈何事？"应答彼言：谈境随心转事。凡愚不了，妄执外境，拘碍自心。哀此长夜，何时可旦！

复次，散意缘境，以意及五识，现量证境时，无外境想。后念散意起位，紧接前念俱意等灭位，即仗俱意等少分实境为质，变影而缘，乃作外想矣。然此影质不俱时，虽前后紧接，而生灭位异故。俱时而有时觉、方觉。散意所变影相本非实境，但见分上作实境行解，而实境行解起时，定有方觉、时觉俱起。所以者何？实境行解，析言之，即一为现之行解，不作已灭、未生想故；二为在之行解，不作无处想故。合现与在之行解，方成实境行解。然现者时觉，在者方觉，若无方觉、时觉，即实境行解不生也。持实境行解与时方二觉，俱时而起，不可说有先后耳。此时、方为何，不可毋一言耳。

方具云方分，俗云空间。者，大乘说，依色心分位假立。色者，心之相分。色上分位不自显，依心行解而显，即此分位，本唯依心假立，然就所缘边言之，亦说依色。若离色心，即无别体，不可得故。设许离色心有别空洞之体名为方者，此现量所不得，比量亦无据，故应遮止。**以是依色心分位，施设为方。**外道有计方是常一，能生诸法，此真倒妄。《三十论》已破之。

时具云时分，俗曰时间。**者**，大乘说，唯依心法分位假立。此复二义：一、唯识三世义。**识变似相，而起过未行解**，现识以前念为等无间缘故生，望后又自为等无间，即现识一方酬过去，一方引未来。是以现识缘自相分时，观前灭无，名为过去；观后当生，名为未来。即依现相而作过未解也。**宛尔三世，实唯一识。**依一识上诈现三世。**二、道理三世义。**《别抄》二作种子三世，《伦记》五十三作法相三世，《述记》十八作道理三世。今从《述记》。**依识功能**——切识名有功能。**生灭义故，假设三世差别。**功能念念前灭后生，已灭名过去，方生名现在，当生名未来。现在功能是过去果，是未来因。即依一功能上假立三世。**或此二外，更说神通，恐滥妄缘，遂以云尔。**《述记》十八第二十三页："由圣者功能各殊，既非妄心，所见皆实，但由智力，非是妄识之所变也。"又云："虽有唯识、道理二种，无别神通，恐滥妄缘，故分三种。"《伦记》五十三第二十三页"神通三世者，即禅定他心通，此皆证解"云。实则约种现言，二义已足。唯识三世义依现行立，道理三世义依种子立。《别抄》无三，不立神通三世。**良有以也。**

综上所述，时方无实，是色心上分位假法故。义极决定。**唯众生妄执，未易遣除。故令析色观空，方觉始泯。**方亦依色，不唯依心。诸瑜伽师以假想慧，析色至极微，更析便空，即无方分。**复令悟人刹那，时觉何存。**所云时计，亦犹于方，去来今相，历然沟分，则时即方之变相矣。复依所执，为之符号，支干之纪，钟表之动，因以计度，妄亦滋甚。今欲明时非实有，莫若令悟刹那。旧说时分迅疾，至极小量，方名刹那，此盖随顺世俗。如《大毗婆沙论》一百三十六说："壮士弹指顷，经六十四刹那。"又说："世尊不说实刹那量，无有有情堪能知故。"此言刹那分限，不可测知，虽足以遮凡情之执，然不谓刹那非时也。设有说刹那势速，（《百法疏》："迅速流转名势速。")应字真时者，则返同时计外道，心外有法，过且无边。如实义者，刹那非目时分。《述记》十八说"念者，刹那之异名"，斯为了义。念念生灭，其来无始，其去无终，即现在一念，为亿劫以前之果，为亿劫以后之因。依一念生灭，假说过现未，而实无有时分可得。故了刹那义者，则计时之妄，可以祛矣。**善巧方便，智者须详。**

前谈境相，遂及时方，余不相应，详见《百法明门论》。**亦可类推。学者既了离识无境，则诸识性相，**性者自性，相者行相。说见后。**应更推详。先转识，**《瑜伽》六十三"识有二种：一者阿赖耶识，二者转识。此复七种，所谓眼识乃至末那识"云云。故转识者，前七之通名也。转者转易。十地位中，前七入观无漏，出观有漏，有转易故，立转识名。问："金刚心后，第八亦由有漏转成无漏，云何不名转识？"答：第八一转即永转，非前七例，故转识名不通第八。**本识**阿赖耶识。**次之。**

转 识 章

将谈转识，先以二事：识谓一切心、心所。有所有依，宜陈梗概，一也。识谓前五乃至第八心王。有助伴，心所之异名。**略明义界，二也。**

初识所依，是名为根。法相家建立五根，**总曰根身。为第八相分，成五识所依。**成者成立之称。**云何五根？谓眼根、**眼者，照了导义。《瑜伽》三："屡观众色，观而复舍，故名为眼。"梵云斫刍。斫者行义，刍者尽义。谓能于境行尽见，行尽见诸色故，名行尽。翻为眼者，体用相当，依唐言译。**耳根、**耳者能闻之义，梵云戍缕多。《瑜伽》三："数数于此声至能闻，故名为耳。"**鼻根**、鼻者能嗅义，梵云揭逻拏。《瑜伽》三："数由此故，能嗅于香，故名为鼻。"**舌根**、舌者，能尝能吮能除饥渴义，梵云时乞缚。《瑜伽》三："能除饥羸，数发言论，表彰呼召，故名为舌。"**身根**。身者积聚义、依止义，梵云迦耶。《瑜伽》三："诸根所随，周遍积集，故名为身。"**《对法》："眼根者谓四大种所造，**根有自种，不从大生，而依大而生，故名大种所造。说见《境相章》。基师《杂集论述记》四第十二页："大所造者，遮胜论执五大即根。"此解甚是。然胜论下无等字，文疏略也。顺世、数论诸师，其说亦近胜论，应并遮故。**眼识所依，清净色为体。**清净色言，简异大众部等五根即以肉团为性。基师《杂集述记》。**耳根者，谓四大种所造，耳识所依，清净色为体。鼻根者，谓四大种所造，鼻识所依，清净色为体。舌根者，谓四大种所造，舌识所依，清净色为体。身根者，谓四大种所造，身识所依，清净色为体。"**详此所言根者，即是净色。具云清净色。复依何义建立？基师《义林》："**根者，增上义、出生义。**或云发生者，义同。**与眼等识，为威势增上，为因出生，**因者，增上缘因，非因缘因。**故名为根。"**见《义林》九。安慧《五蕴论》："**根者，最胜自在义、**此义亦见《俱舍·分别根品》，盖安慧之所本也。普光《俱舍记》十一，解最胜自在，有二义：一云，最胜自在，即是有大势用。此则唯约用说。二云，根体胜故，名为最胜；根用胜故，名为自在。此则约体用分疏。然第一解为正。《俱舍·界品》明体，《根品》明用。今此《根品》中文，即唯谈根用，不应涉及根体也。**主义。**所言主义，**与谁为主？谓即眼根，与眼识为主，生眼识故。**生者，增上缘生，非因缘生。**如是乃至身根，与身识为主，**主者，专司义。**生身识故。"**见地婆诃罗译本。**诸所陈义，灿然可观。总略而谈，则根者，以其势用炽盛，义当建立，无可疑也。**根体即净色，最微妙故，世所不了，但由生识势用，比知是有。然此根所储之势用，其盛大至不可测。火药炸发，势用虽猛，犹可较测，根之势用，终无一物[1] 可为喻况。如眼根发生俱时眼识，而取色相，有能言其力之几何者，万世一遇，犹旦暮也。

又复应知，清净色根，与扶根尘，同处各遍，和合似一。世所谓肉体或肉眼等者，大乘说名扶根尘，又名根依处，即器界摄。扶根尘者，以能扶根尘。或以扶作浮便误。宋明人有作浮尘根者，斯真倒妄。大乘凡言根者，即是净色，别无所谓浮尘根也。称名稍滥，失理滋远，可勿辨。而根相微妙，世不了故，遂难印忍。其在唯识，亦复以此聚讼。如难陀等师，说五识功能，是名五根，无别净色，为眼等根。即以世亲《二十唯识》，此论有颂云："识从自种生，似境相而转，为成内外处，佛说彼为十。"难陀释言，彼颂意说，世尊为成十处，故说五识种为眼等根，五识相分为色等境，故眼等根即五识种。见《三十论》四。按颂言内外处者，谓眼等五根为内处，色等五尘为外处也。难陀所释，亦符颂文。唯自种言，《义灯》四有三解，《述记》二十六亦分三种，恐繁不述。陈那《观所缘缘论》此论有颂云："识上色功能，名五根应理，功能与境色，无始互为因。"据难陀等释此颂，色识自种，名色功能。所云色识者，实通五识而言之。五识功能，悉依附第八识自体分上，故云识上色功能也。即此功能，说为五根，陈那以是为正理，故次云名五根应理也。又功能与境色互为因者，据难陀释云："种与色识常互为因，能熏与种，递为因故。"见《三十论》四。此则释境色为色识，即是能熏。功能为因，生色识，色识复为因，熏生功能，故云尔也。《述记》二十六释此颂，颇不一义。然其文词凌乱晦涩，当别为疏理，此姑不详。而为依据。安慧以理教相违破之，广陈九难，一、诸圣教说，十八界各别有种。若五根即五识种者，十八界种应成杂乱。二、圣教说，五根皆是色蕴内处所摄。今汝执五根即是五识种者，若即见种，五根应识蕴摄，若即相种，五根应外处摄，故复违教。三、若五

---

[1] 物，原作"压"，显误。此据《佛家名相通释》改。《佛家名相通释·诸识》第113页作："火药炸发，势用虽猛，犹可测量，根之势用，终无物力可为喻况。"

根即五识种者,五根应是五识因缘,如何《大论》等说为增上缘摄耶?四、若五根即五识种,应根识系异,可勘《论》文。五、依教及理,五根唯无记,五识种通善恶。今汝执五识种即五根,则五根应非唯无记矣。六、种为赖耶摄持,而非执受,根则为赖耶执受,教理共成。若五识种即五根者,五根亦应非有执受,如何可通?七、大乘说意识以末那为根,若许五根即五识种,应意识种即是末那,此宁应理?八、若五根即五识种者,则俱有依与因缘依,应无有别。九、圣教说,五根通现种,若执唯是种,便违一切教。如是九难,具见《三十论》四及《述记》二十六。然西明《要集》疑此非安慧说,而判属火辨。慧沼则据《述记》断为安慧说,谓疏主既是此翻揉者,故能深达,可不劳疑云。**词峰甚峻。护法假朋《二十唯识》等文**,说能感五识之业种名为五根。**则虚言无实**,安慧呵责护法云:"彼有虚言,都无实义。"流于诡辩繁琐。**安慧复申十难**,详《述记》二十六第九页以下。**抑可谓博辩已。然护法固非赞同难陀说者,其为难陀所引二《论》设救,非必故与安慧相反**,姑纵,故纵也。**令安慧益尽其词已耳。**

难陀说五识种即五根,则以根为种之异名,实不许有净色根也。安慧之破难陀也,其词虽辩,固犹未了难陀本意,而云只为名词之诤耳。原安慧所谓根者,正目净色。难陀则无别净色为眼等根,其说五识种亦名根者,自非安慧之所谓根也。据实而言,安慧与难陀之诤,在根之有无而非种即是根与否。设难陀亦许有净色根者,则根与种非为一物,又何待剖?然安慧斤斤焉辨种之不可为根,不悟难陀所言根者,与己殊指,此所以虽辩而无当。至护法乃如射者中的矣。彼以难陀之拨无净色根也,则依教理,以证其定有。教者圣言量,理者比量。其说曰:藏识变似根等,亦变器世间及根依处,故置等言。有圣教量为楷定故,不可拨无,一也。许五尘为五识变者,应许五根为藏识变,二也。根相虽非现量得,大乘说根是第八识境,亦现量得,佛智缘时,亦现量缘。然此非世共悉。今依世间,说非现量得。参考《述记》十一第二页。而由发识用,比知是有,《三十论》四:"以有发生五识用故。"《述记》二十六第十一页疏云:"以有发生五识用故,比知有根,以果比因故。"非肉团即扶根尘。能发识故,故应别有净色,三也。护法以此三义,《三十论》四:"又诸圣教,处处皆说,阿赖耶识变似色根"至"非谓色根即识业种。"《述记》二十六第十至十一页,称为护法正义也。证成净色根,而后难陀之说无以立。向者聚讼之端,至此始有定谳。

> 附识:大乘净色根,本用小宗之名,而异其实。如《俱舍论》言:"眼根极微,在眼星上傍布而住,如香荽花,亦说如颇胝迦。耳根极微,居耳穴内,旋环而住,如卷桦皮。鼻根极微,居鼻颊内,背上面下,如双爪甲。舌根极微,布在舌上,形如半月。身根极微,遍住身分,如身形量。"其为说如此。若以唯识相稽,则根从自种逢缘顿现,非由极微合成。又此根相,依世间说,现量不证,故不拟其形状。准此,大小同言净色根,其持义精粗,又迥乎相异也。

已说五根,意根云何?大乘意根一名,有广义、狭义之殊。狭义者,专指第六所依末那。广义者,乃合第六根及七八根通名意根也。今此言意根者,自属广义。后准知之。第六意识,五同法故,见《摄论·知依分》。世亲疏云:"譬如眼等五识,必有眼等五根为俱有依,如是意识亦应决定有俱有依。"应有所依,大小共许。至所依为何,则诤端遂启。经部等有立色根,即胸中色物,亦云肉团心。为第六依,则与今人言脑筋者义相和会。言胸中色物与言脑筋者虽异,其以意识所依为色根则同。余部不许色根,而立无间灭识为意根。无间灭识者,即前念识。后念生时,前念已灭,故立此名。无间义者,谓前望后,自类无间。如意识第一念灭已,第二念续生,非第二念有余识为间隔也。纵第二念意识不生,必至第三念方生,而第一念望第三念,仍名无间。以第二念中意识自不生,非由余识为间隔故。即第三念意识乃以第一念意识为缘故生。参考《四缘章》等无间缘中。世亲初研小学,造《俱舍论》,即作是说。《俱舍论》一《分别界品》云:"即六识身,无间灭已,能生后识,故名意界。"又云:"如五识界,别有眼等五界为依。第六意识,无别所依,为成此依,故说意界。"按界者体义,此言意根体即无间灭识,与大乘说意根体即末那者截然不同。学者详之。其后向大,更造《五蕴》,犹存旧义。《五蕴论》言意界者,谓即彼识无间灭等,此则仍存《俱舍》义也。亦《俱舍》立意根,一反色根之说,其树义已有进矣。意识第六识。行相宽广,周遍计度。分别力强,其所依根,必势用极猛利者,固非色根能尔也。净色虽有大势用,比识则劣。唯其所谓意根者,即取无间灭识,即六识各自前念为体,则以小宗本唯立六识故耳。乃大乘立八识,始说末那为意根,而以小宗所谓无间灭识者,作等无间缘所依止性。无着为世亲造《摄大乘》,即已言之。见《所知依分》。自是而意根体即末那,遂成大乘定论。

$$
第六根\begin{cases} 小乘\begin{cases} \cdots\cdots 色根(胸中色物) \\ \cdots\cdots 意根(无间灭识) \end{cases} \\ 大乘\cdots\cdots 意根(末那识) \end{cases}
$$

意根者,以第六根体即意,故名。然小乘说无间灭识名意,大乘说第七末那识名意。二者名同实殊,不可滥也。

说第六根已,七八云何? 第七以第八为所依根,《大论》五十一,说由有本识,故有末那。《楞伽经》九颂云:"阿赖耶为依,故有末那转。"《述记》二十六:"八若无时,七亦无故。"此极言七定依八也。第八亦以第七为所依根。《大论》六十三,说藏识恒与末那俱时转,又说藏识恒依染污,染污即第七也。《述记》二十六:"第七若无,八不转故。"此极言八定依七也。七八互为根故,更无孤起之一法也。上述诸根,为表如左:

眼根(净色)

耳根(净色)

鼻根(净色)

舌根(净色)

身根(净色)

第六根(大乘意即第七识)

第七根(第八识)

第八根(第七识)

大乘经论,说六根或六处者,即以七八根摄入第六意根,总略言六,实不止六。如《三十论》四"若决定有境为主令心、心所取自所缘,乃是所依,即内六处"云云。此言六处者,其意处亦摄七八根。举此方隅,余可类推。

诸根各具四义:一、决定。所依根若无,能依心、心所定不起。二、有境。根体定是能照或能缘法。五根体即净色,能照境故名有境;意根体即末那等,能缘境故名有境。唯此能照或能缘法,方有力用,得为根也。余扶根尘等,体非有境,不得为根。三、为主。即有自在力。最殊胜力,名自在力。心所依王,便非自在,故不为根。心王是主,有自在力,方为根也。如第六意根,即是第七心王为体。七八准知。又净色根,亦得说为自在,非同扶根尘之顽钝也。四、令能依心、心所五根为所依,五识为能依。意根末那为所依,意识为能依。七八互为能所依。取自所缘。如五识取自所缘五尘境,即由五根增上,令其自取也。余准可知。凡此四义,具

《三十论》。见《论本》四,《述记》二十六。**唯识谈根,止此云尔。**

次识助伴,是名心所。具云心所有法。心为能有触等法数,心之所有,故名心所有法,又名心数或相应。**心所义界,依据唯识,为说如次:**

一曰恒依心起。心若无时,心所不生,依心势力,方得生故。**二曰与心相应。所具云心所。**依心起,亦复与心协合如一,名为相应。**相应有五义:一、所依同,俱依一根故。**如眼识心所与眼识心王,俱依一眼根。余准可知。然《俱舍光记》十七,说"五识及相应法各有二种依:一同时依止根,二无间灭意根"云云。此非大乘义,今不取。**二、所缘同,俱缘一境故。**《义演》有二解:一云,约本质,说同一境;约相分,即不同一,心、心所各别变相故。一云,相分相似亦名同一。二解任取。**三、行相相似。相实各别,但相似故。**此言行相者,大乘所谓相分。如眼识心、心所缘青时,即各别变作青之相分也。小乘有说心、心所同一行相者,此非正义。**四、时同。定俱时生,无有先后。**其心才生,心所俱时依生。《俱舍光记》十七,谓心、心所必定同一刹那是也。**五、事等。事之为言体也。于一聚相应心、心所中,如心体是一,诸心所法,各各亦尔。**如眼识一聚相应心、心所中,其心王体是一,断无一法于一时而有二体俱行,如一人于一生中无二身并转故,触等心所,其体亦各各是一,例同心生。故心、心所法,体各是一,有齐等义,即说为等。眼识如是,余识准知。事等一义本无深解,近人或横生臆说,斯可怪也。**五义相应,理善成立。**五义见《俱舍》。《瑜伽》五十五说:"由四等故,说名相应,谓事等、处等、时等、所依等。"处即所缘也。《三十论》三说同。《述记》三十二亦云:"时、依、缘、事,四义具故,说名相应。"《瑜伽》等以行相相似一义,摄入处等中,故止四义也。然《俱舍》分析较细,今从之。唯《俱舍》行相,说为能缘摄,不同大乘相分义。《俱舍光记》十七,可为参考。今此并依大乘义解释,学者详之。**三曰系属于心。以心为主,所系**

属之。故心望所而得王名，以心是所之主故。心有自在力，为所名词。所依故。原夫法无孤起，法若有孤起者，则是缘生之义不成。缘生义深，智者须详。才一识例如眼识。生，主伴重重。眼识心王是主，其触等心所是伴。主一伴多，相依而有，故曰重重。有主无伴，不成差别；触等行相分殊，故说世界无量。有伴无主，宁非散漫？如眼识心所既多，若无心王以为统一，即零星散漫，何得相依起用耶？以是于一识中，复分王所，王即心，具云心所[1]。而以所系属于王焉。《述记》于主伴义未有发明，其失非小。综上三义，则何谓心所，可以明矣。第三义正显心所得名，以所系于心，故名心所有法。

又心所行相，此中行相即谓行解。复有四家异说：一、心唯取境之总相，所唯取别。二、心唯取总，所取总别。三、心、心所俱取总别。四、心取总别，所唯取别。见《演秘》。四家虽异，准诸唯识，则以第二家为正义也。《三十论》言："心于所缘，唯取总相，心所于彼，所缘。亦取别相。"置亦言者，伏取总故。此则刊落余家之说。《辩中边》亦云："唯能了境总相，名心。亦了差别，差别相者，如顺违等，可乐相名顺，翻此名违。名为受等诸心所法。"《辩相品》。《瑜伽》卷三。《显扬》卷十八。为说皆同。按唯取总者，如言缘青，即唯了青，不更分别。取总别者，即于彼青言于彼青者，即显取总。更取顺违等相。取别。唯识说心唯取总，如画师作模；所取总别，犹弟子于模填彩。如缘青时，青之了别为模，于青更分别顺违等，便是于模着彩。斯所谓能近取譬者哉。有说第一家心唯取总，所唯取别，似较第二家义为胜。且《阿毗达磨论》二："唯总分别色等境事，说名为识。若能分别差别相者，

[1] 所，显误。似应作"王"，意为"王具云心王"，或应作"心所"，意为"王、所具云心、心所"。

即名受等诸心所法。"此文可证。然说者自误。今且诘彼：若心所不取总，则所谓取差别相者，将于何而取差别耶？若言于色等境事取差别者，王所非可同一行相，则所兼取总可知矣。又《阿毗达磨》虽言心所能分别差别相，而不置唯言，则未遮取总，非第一家可引为据。又大小乘师亦有不立心所者，如觉天等说受想行等即心，非别有体。但随心功用，立心所名。如随心领纳功用，施设受数之名；随心取像功用，施设想数之名；随心造作功用，施设思数之名。余皆准知。经部师说唯有受想思即行。三心所，更不许有余心所，故置唯言。以佛说五蕴，为其诚证。经部计五蕴唯有受想思三心所，不曾说有余心所故。然唯识家言，心、心所作用不同，体性应别，不可说一心转变成差别法。如现在缘青之一念，有总了青之作用，亦有于青更分别顺违等之诸作用。即此一一作用，各有自性，非是一法之所转变。世间许乳等色法转变为酪等，心法无如是事。此心至神，不独前念后念，新新而起，截然异体，即现前一念，有种种作用可得，自非一物。又行蕴摄余心所全，参考世亲、安慧两《五蕴论》。非唯思数。斯足以破彼封执，申兹正义。岂伊爝火，能障日出？依胜义说，心、心所法非即非离。用别故非即，缘生故非离。理极深妙，世智难思。

心所法略有五十一种。分为六位：一遍行有五，二别境有五，三善有十一，四烦恼有六。五随烦恼有二十，六不定有四。

遍行五数。即触等五。数者，心所异名。一切心可得，具四一切，见下文。故名遍行。别境五数。即欲等五。缘别别境而得生故，名为别境。《杂集论述记》六："所缘事境，多不同故，能有别境，立别境名。"

善十一数。即信等十一。唯善性摄，与善心相应。故以善名。

烦恼六数。即贪等六。性是根本烦恼摄故，遂名烦恼。《述记》

一：“烦是扰义，恼是乱义。能生诸惑，乃称根本。”

随烦恼二十数。即忿等二十。烦恼之随，名随烦恼。普光《百法疏》：“忿等诸惑，随贪等起，名随烦恼。”

不定四数。即睡眠等四。于善染等，皆不定故，立不定名。《述记》三十二：“谓于善、染、无记三性心皆不定故。”《杂集论述记》六：“非如触等定遍心故，非如欲等定遍地故。”

六位心数，唯遍行具四一切，曰一切处、处者三性，三性之处皆得起故。一切地、地者三地：一有寻有伺地，二无寻唯伺地，三无寻无伺地。或说三界九地者，未审。一切时，谓一切心生时皆有故。一切耶，亦云一切俱遍行五数，恒俱起故。余皆不尔。略如左图：

一切处	一切地	一切时	一切耶	遍　行
一切处	一切地	○○○	○○○	别　境
○○○	一切地	○○○	○○○	善
○○○	○○○	○○○	○○○	染烦恼及随
一切处	○○○	○○○	○○○	不定

　　《三十论》五“别境唯有初二一切。善唯有一，谓一切地。染四皆无。不定唯一，谓一切性”云云。疏见《述记》三十二。图中，凡非一切者皆用圈。

诸心数法，由瑜伽师修唯识观，于彼诸心数。一一照察，称实而谈。迹其六分法，分六位故，名六分法。不外以善、染、或云恶。无记非善非恶。三性为标准。唯以修行为要归故也。趣入无漏，唯善是资。

一切心数相，相者体也。用云何？又于八识，别别配属，各具多少？俟后详之。

上述二事，一诸根概要，二心所名义。今次正详转识，而六识先焉。言识亦兼心所，下同。六识者：一眼识，二耳识，三鼻识，四舌识，五身识，六意识。

六识随根立名，以依、依眼之识，故名眼识。乃至依意之识，故名意识。发、眼所发之识，故名眼识。乃至意所发之识，故名意识。属、属眼之识，故名眼识。乃至属意之识，故名意识。由识种随逐根种而得生故。助、助眼之识，故名眼识。乃至助意之识，故名意识。如如眼之识，故名眼识。至如意之识，故名意识。五义胜故。或许从境立名者，了别色之识名为色识，了别声之识名为声识，乃至了别法之识名为法识。亦所不遮也。

随根立名	随境立名
眼识	色识
耳识	声识
鼻识	香识
舌识	味识
身识	触识
意识	法识

六识性相云何？性者自性，体相之异名。相者行相，作用之殊称。《杂集论》说："六识者，眼识乃至意识。眼识者，谓依眼缘色，了别为性。具云自性。耳识者，谓依耳缘声，了别为性。鼻识者，谓依鼻缘香，了别为性。舌识者，谓依舌缘味，了别为性。身识者，谓依身缘触，身根所取境界，非唯一类，总说名触。了别为

性。意识者，谓依意末那。缘法，法有二说：一云一切法，二云十二处中法处。然第一说胜。了别为性。"此中显性，义亦兼相。识之自性即是了别，其行相亦即是了别也。《三十论》五："识六之通称。以了境为自性故，即复用彼了境。为行相故，能了别境，名为识故。如契经说，眼识云何？谓依眼根，了别诸色。乃至意识云何？谓依意根，了别诸法。"此即双显六识性相，唯六识以了境为性相也，斯同为外取已。

意识行相周遍，眼识唯了别色，乃至身识唯了别触，皆不周遍，唯意识了别一切法，《摄论》所谓无边行相而转。随其功用差别，略说为二，曰五俱意识，省称俱意，又名明了意识。曰独散意识。省称散意，又省称独头意。按旧分意识为四：一五俱意识，二独散意识，三梦中意识，四定中意识。今无后二者，定中杂染，此据凡位，姑置不谈。梦中，则旧止列名，义复未详，无从别述。

五俱意识者，五识起时，意识定与之俱，依此立俱意名。《解深密》："佛告广慧，有识，指下文眼识。眼根也。及色境也。为缘，生眼识。根境为缘，眼识得生，此就识一方面言之也。理实根境识三，俱时互为缘生，非谓先有存而不灭之根境二法，待其合而后生识也。此中稍有误解，便于此学全盘都错，近人有于此类文义不留心者，可戒也。与眼识俱，一顿。随行一义。同时二义。同境三义。以上释俱有三义。有分别意识转。意识分别力胜，故名分别意识。同时者，意眼二识同一刹那生。同境者，如眼识缘青，俱意亦缘青，青境虽各别变，而相似故，说为同境。有识，指下文耳鼻舌身四识。耳鼻舌身及声香味触为缘，生耳鼻舌身识。与耳鼻舌身识俱，随行同时同境有分别意识转。准上解。广慧，若于尔时，一眼识转，即于此时，唯有一分别意识与眼识同所行转。若于尔时，谓眼识生时。二耳识。三鼻识。四舌识。五身识。**诸识身转**，诸识身者，如言眼识身乃至身识身。**即于此时，唯有一分别意识与五识身同所行转**。"此言五识若同时并转，即一意识能与五识俱。而自其与眼识俱之方面言之，则为眼识家俱意识。自其与耳识俱之方面言之，则为耳识家俱意识。自其与鼻识俱之方面言之，则为鼻识家俱意识。自其与舌识俱之方面言之，则为舌识家俱意识。自其与身识俱之方面言之，则为身识家俱意识。意识功用不一，有如此者。又《大论》五十五"有分别心、意识。无分别心，五识。同缘现境"云云。此皆说有俱意。《三十论》承之，遂为定论。迹俱意之用有三：一曰助五。具云五识。五无分别，非如尘法无分别，以无计度等分别，故云尔也。**必由俱意助五，令其了境，如师导令弟子解义。**弟子解义由自，而必资师引；五识了境由自，而必资意引。法喻相当。若无俱意，五定不生，以力劣故也。二曰极明了。见《大论》五十五。**俱意与五，同取现境**，现者现实，新起之境，非已灭故。俱意与五，其相分同是性境。详前章。**分明证故**，现量证境，无一毫模糊。非如**散意缘久灭事**。散意缘过去境故。**基师云"五识赖意引而方生，意识由五同而明了"**，言其相依之切也。就心理学所谓感觉而言，一青色之感觉起时，即眼识与俱意同所行转，近人于此，便浑而不分。三曰能引后念意识令起。《集量论》说："五识俱时，必有意识。即此意识，能引第二寻求意识生。"见《述记》二十七第七页。综上三义，俱意故应建立。

独散意识者，不与五俱，故说为独；意识缘一切法，五识无时，散意得独起，想维筹度，力用殊胜。如晨起而思昨日所尝之膬首，停午而忆囊时所见之梅花，彼眼舌二识，已久灭无，而散意得起焉。又或冥搜哲学上之问题，色声等识皆不现行，散意独起，亦一例也。**行相粗动，亦名为散。名义易**

了,此不繁述。

已说六识性相,次述所缘。眼识唯缘色尘。色复三种,曰显、形、表。青黄赤白,是为显色;长短方圆,乃称形色;《成业论》言:"诸色聚中,见一面多,便起长觉;见一面少,便起短觉。见四面等,便起方觉;见诸面满,便起圆觉。见中凸出,便起高觉;见中坳凹,便起下觉。见面齐平,起于正觉;见面参差,起不正觉。"皆言形色。取舍屈申,遂云表色。《杂集论述记》四:"屈申等色,表自内心,开示于他,故为表色。"显色实,有质碍故。余色形色、表色。假。是分位故。此其大较也。

附识:内学言色者有三:一、质碍名色,如五根五尘。(四大摄入五尘。)二、颜色名色,如青黄赤白,专指眼识所缘质碍法。三、取像名色,如形表等三种。广狭有异,学者随文取义。

耳识唯缘声尘。声复多种,今说为三,《瑜伽》卷一第四页、卷三第七页,分别此声,至为繁碎。《杂集》分为十一种,仍未简要。曰有情佛及众生通得此名。声、非情声、俱声。有情声,如语言鸣呼等声。《瑜伽》三说,鸟兽等声、男声、女声、喧杂声、有义声、无义声、受持读诵声、论议决择声、请问声、说法声、圣言声、非圣言声。圣言声者,见言见,不见言不见;闻言闻,不闻言不闻;觉言觉,不觉言不觉;知言知,不知言不知。非圣言声者,不见言见,见言不见;不闻言闻,闻言不闻;不觉言觉,觉言不觉;不知言知,知言不知。此皆有情声摄。非情声,如风林、驶水等声。俱声,如人籁人吹笛也,见《齐物论》。等声。

鼻识唯缘香尘。香亦有三,曰好香、恶香、平等香。好香者,谓与鼻合时,于蕴相续有所顺益。蕴相续者,人之代名词。下准此。恶香者,谓与鼻合时,于蕴相续有所违损。平等香者,谓与鼻合时，无所损益。此引安慧《五蕴论》文，《瑜伽》繁碎，弗从。

舌识唯缘味尘。略说有甘味、酢味、咸味、辛味、苦味、淡味。

身识唯缘触尘。触尘最宽，此除能造，能造触即大种，是第八相分，身根虽得亲取，身识不亲缘，故除之。唯取造触。具云所造触。身识托大种为本质而变触尘，即此触尘，望大种名所造触，遂名大种为能造触。依造触品类分位，假设滑、涩、轻、重、软、暖、急、冷、饥、渴、饱、力、劣、闷、痒等触。参考《瑜伽》一及三。又《瑜伽》五十四说：滑涩等触，当知皆是大种差别，随诸大种品类分位，于彼假设滑涩等性。其不言依造触，而言随大种者，摄影从质故。义不相违也。

意识缘法。前五皆置唯言，此不云唯，取境宽故。法，谓一切法。

六识缘境，于一时缘，多少不定。《大论》五十一说："如一眼识，于一时间，于一事境，唯取一类无异色相；如唯取青色。或于一时，顿取非一种种色相，如青黄赤白等。如眼识于众色如是。耳识于众声，鼻识于众香，舌识于众味，亦尔。又如身识，或于一时，于一事境，唯取一类无异触相；或于一时，顿取非一种种触相。如是，分别意识，于一时间，或取一境相，或取非一种种境相，当知道理亦不相违。"此与萨婆多说有异，萨婆多不许一时缘多境，谓如眼识，本方缘青，忽然黄色来夺，碍彼眼识，不于青生。以无边执之谈也。然识谓六识。取境，为作意不？作意者，即于境有所偏注。然亲所缘境，非离识而先存，但作意生，其境俱时顿起。依《大论》三，说有能生作意正起。能生作意者，由四因故：一由欲力。谓若于是处，心有爱着，心则于彼，多作意生。二由念力。谓若于彼，已善取其相，已极作想，心则于彼，多作意生。三由境界力。谓若彼境界，或极广大，或极可意，正现在前，心则于彼，多作意生。四由数习力。

若于彼境界，已极串习，已极谙悉，心即于彼，多作意生。如行通衢者，汽车前来，眼识便了，余境乃不了。由尔时俱意与眼识多于汽车作意，故识于汽车而生，不于余境生。此其作意，一由境界力，相猛利故；二由数习力，前此谙悉汽车能违害生命故。举此一例，以见其余。虽其为说不必详，要之大端甚谛。问曰："若识于境作意，故于彼谓境。而生者，为境先在、为境与识俱生？"答言：亲所缘境，定不离能缘识有，必俱生灭。设许境先在者，识尚未生，境于何有？试设想一离识而有之境，终不得成，以现量既不证，比量亦无从立故。相见缘生，二分更互为缘而生，非有条然各别之实体，顽然固存。无有少法能孤起故。然复有难："眼识不缘瓶等时，岂遂无瓶等耶？"瓶等无体，本依色声等尘，妄计为有，不可说为五识境。然今就世间极成言，理亦无妨。此则俗情覆蔽，展转生迷。眼识不缘瓶等时，即瓶等本无，理何可怪？然彼瓶等。自有功能，五识及俱意相分，虽仗质起，而皆自有功能，故性境摄。详《境相章》。但缘阙不显。潜伏藏识，故云不显。显则名现行瓶等法；不显，但是藏识中功能。然方其为藏识中功能，则现行瓶等法实无也。又彼瓶等。本质非无，五识及俱意相分，皆仗第八相分为本质。义详《境相章》。第八相分无不转时也。以眼识于余处如衣等处。转故，于彼瓶等。本质，疏缘不及，即影像不生。影像谓瓶等。眼识瓶等相分，望其本质即第八相，便名影像。方眼识缘瓶等，即由疏缘本质，故瓶等影像得生。其不缘瓶等时，即于彼本质不曾疏缘，故瓶等影像不生。今此不遮瓶等本质，亦不说无功能，复何疑难？

又五识缘境，梵土旧诤假实。色等名实，等者，等声香味触。五尘同是性境，性者实也。色上长等名假。具云分位假。一师说五识缘实不缘假，现量证境，无名言种类等分别故。如眼识缘青，亲得

118

自相，自相者体也，能缘亲挟所缘，冥合无间。既不起此青之行解，自无长等觉。故说五识，定不缘假。

二师说五识假实并缘，以缘假之时，必缘其实，假依实有故。如缘形色，即长等。假实合取。

然两师义，第一为正。彼计缘形色，假实合取，为在五识者，实不应理。俱意与眼识同缘青，引生后意，后念意识。方取形色。意起迅疾，行相难分，谓在眼识，实则眼识不曾缘形色也。

六识取境，前五皆局，眼识局于色，耳识局于声，乃至身识局于触。唯第六遍，通缘一切法故。此由第六分别殊胜。《杂集论》说，唯意识有三分别：一自性分别，二随念分别，三计度分别。

自性分别者，谓于现在所受诸行自相自相犹言自性。行分别。自性者体义，即目境体。于现境起分别故，名自性分别。

随念分别者，谓于昔曾所受诸行，追念行分别。

计度分别者，谓于去、来、今不现见事，思构行分别。

尚考《瑜伽》，于意地立七分别。见《瑜伽》一，本地分中意地第二之一。《杂集》创说三分别，始归简要。然亦别存七分别之谈，与《瑜伽》颇有出入，此姑不详。参考《杂集论述记》十一第五至八页，《成唯识论述记》三十九第十五至十九页，东刻《了义灯》五末第四十至四十四页。要之三分别已足摄七，七分别中多依计度分别之上而别说之。而意识行相之至遍，已于此可征也。

又在《摄论》，许五识有自性分别。《三十论》亦依《摄论》。《杂集》不说自性亦通五识，彼说三分别皆唯在意识故。而于七分别中，说五识为任运分别。《杂集》二："任运分别者，谓五识身，如所缘相，无异分别，于自境界，任运转故。任运转者，此识不由强思推度而起，亲挟境体，冥冥证故。"

两论若相违矣。实则《杂集》任运即是《摄论》之自性，但名词异耳。诸言分别者，勘定体相，分别之体相为何，必须勘定。为过[1]寻伺寻伺二心所，俟后详之。与非寻伺二种。《瑜伽》五说，诸寻伺必是分别，有分别非寻伺。据此以核两论同异，较然可辨。《摄论》许自性分别在五识者，自不取寻伺为体。寻伺唯与意识相应，五识无寻伺俱。《杂集》三分别中自性，即寻伺为体，此依俱意相应寻伺，说自性分别故。固与《摄论》自性异。《述记》三十九第十九页："自性分别亦有二种：一即是五识，二是意识相应寻伺。"其七分别中任运，以非寻伺为体，五识任运证境，故非寻伺。复与《摄论》自性同。审此，则五识唯有此外无有曰唯有。一自性分别，或名任运分别，其行相固不如意识之遍且粗也。唯识诸师或以五识有任运分别，遂主张五识有寻伺相应。盖误以《杂集》七分别中任运，即是《瑜伽》七分别中任运尔。其致误之由，则以不了分别自有非寻伺故也。今详《瑜伽》任运，是意识，相应寻伺；《杂集》任运是五识，即体非寻伺。二者名同实异，不可并为一谈。《述记》三十九第十五至十九页，于此问题，辨析甚繁，而词多晦。

意识有随念、计度二分别故，即缘无法。无者有之反。《大论》五十二说："有性者，性者体也，如色等是有体法，名有性。安立有义，能持有义。安立者，施设之异名。持谓任持。如色等是有性法，于彼施设为有，即彼能任持不舍自性，非于有之时可舍有为无。若无性者，安立无义，能持无义。如空华是无性法，于彼施设为无，即彼亦能任持不舍自性，非于无之时可舍无为有。故皆名法。有无皆能任持，故皆名法。法之一名，本是任持、轨范二义，今但言任持名法者，以言任持即兼轨范义故，法能任持，即是有轨范可令人生解也。由彼意识，于有性义，若由此义而得安立，即由

---

[1] 过，疑误或衍，原句意为寻伺与非寻伺两种。

此义，起识了别。于无性义，若由此义而得安立，即以此义，起识了别。若于二种，有及无。不由二义有及无。起了别者，不应说意缘一切义，取一切义。义之言境，谓若意识于有无二种法，设唯于有之一境起了别，不于无之一境起了别者，即意识非能缘一切境、取一切境，以不缘无故。设作是说，便应违害自悉檀多。悉檀多者，宗义。又不应言，如其所有，谓于有法，则如其所有而说有。非有亦尔，亦尔者，摄上文也，谓于无法，则如其所无而说无。是如理说。又不至此为一句。是故意识，于去来事非实有相，过去已灭无，未来未生无故。缘彼谓去来诸无法。为境。由此故知，意识亦缘非有为境。复有广大言论道理，由此证知有缘无无法。识。谓如世尊微妙言说，若内若外及二中间，都无有我。此我无性，妄计有我，实无其体。非有为摄，非无为摄，有为无为两不摄者，明我本无故。共相观识，共相无体，而意识能作共相观，故说意识为共相观识。非不缘彼境界而转。彼境界者，谓我。我本无也，而意识于彼得生，以于我无而说无，即此识于无法之上而生故。此名第一言论道理。又于色香味触，如是如是，生起变异，安立饮食、车乘、衣服、严具、室宅、军林等事。此饮食等，离色香等都无所有。饮食者，本以目所饮所食之物，饮即汤等，食即米等。理实色香等是有，汤米等是无。俗计有汤米等实物，此真倒妄。眼识但得色，鼻识但得香，舌识但得味，均不曾得若汤若米。汤米等本无其物，意识依色香味等法上起增益执，妄计为汤米等其物耳。饮食如是，衣服乃至军林等，皆可类推。此无有性，非有为摄，非无为摄，共相观识，非不缘彼境界而转。是名第二言论道理。又拨彼执梵天等为邪见，原文举例，世不易了，若为解释，又嫌词费，今改用梵天为例，与原意无差。若梵天等是有，即如是见应非邪见。何以故？彼如实见，如实说故。此为反诘之词，意云：执梵天者，定是邪见，以梵天本无故。**此若是无，诸邪见者缘此境界，识应不转。**此亦反诘之词，言梵天既是无，识应不于彼而生，今诸邪见者，既于彼无法而识得生，以是证知意识缘无。**是名第三言论道理。"**晚世笛卡儿以为意识中能有上帝之概念，即证明上帝之存在。其说倒妄已极，诚不足辩，笛氏不深了意识有缘无用，因为此呓语耳。**上述数例，已足证成意识缘无。意识之特征，亦在此耳。**

六识各有五心。如眼识随其分位，说有五心，乃至身识随其分位，说有五心，意识亦随其分位，说有五心。**五心者，一率尔心，二寻求心，三决定心，四染净心，五等流心。**

率尔心者，初堕于境，创起缘境，名为初堕。境复差别，如五及俱意即性境，散意即独影境。**名率尔堕心。此唯一刹那顷。**此以一刹那为一念。六识率尔心，皆唯一念。有说意识率尔通多念起者，此非正义，初堕境故名率尔，后念即寻求矣。**寻求心者，**率尔初缘，未知何境，为了知故，次起寻求。**有欲俱转，希望境故。**欲数与心俱转，于境起希望故。**更有念俱，忆所曾习，**过去所经之境，名曾习境。**以为比拟。**于现境不了，方起寻求，即有念数与心俱起，以曾习境与现境比拟。比拟者，求其同异也。**寻求起已，犹未了知，更起寻求，便通多念。决定心者，既寻求已，了知先境，**决定心起时，即寻求心已入过去，故后念决定心，以前念寻求心所寻求之境为先境。理实境随心刹那生灭，决定心之境本唯现在，以其似于前心之境而随转故，故依现境而作先境解。**次起决定，印解境故。**《义林》二说决定多念相续者，实不应理。决定之次念，于境或住善、或住恶、或住舍，即是染净心。**染净心者，决定既已了知境界差别。于顺住善，**顺者违之反。心于顺境，不起嗔等，而生乐受，名住善。**于违住恶，**违者顺之反。心于违境，便起嗔等，而生苦受，名住恶。**于中容境**非顺非违。**住舍，**

非善非恶名舍。**染净心生**。染净唯一念，次念即是等流故。有说五识染净心通多念起者，亦不应理。**等流心者**，前后相似名等，相续名流。**成染净已，次念顺前而起**，顺者随顺，似前心故。**故名等流。即此等流，容多念起**。容者不定。等流起已，次念若遇异缘，即创观新境，又成率尔，前念等流便不相续，若无异缘，即有多念相续，故置容言。**然复应知，如是五心，唯率尔、寻求定无间生，寻求已后，或时散乱**。《瑜伽》有文，此姑不详。

五心中，有前三率尔、寻求、决定。**迭起，经多刹那，事绪究竟，后二**染净、等流。**方转，五心始具。试以例明。**

今闻"诸行无常"四声，四字各为一声。**在意、耳**。**二识于"诸"声至，创缘即名率尔**。率尔心已，必有寻求，续初心率尔。起。**寻求未了，数数寻求**，即有许多寻求心，刹那刹那相续而起。**未决定知"诸"所目故**。不知"诸"字所指目者为何。

缘"诸"字至寻求已，忽"行"声至。于"行"字上，复起率尔、寻求，寻求"行"字为目一切行，为目某一法耶。爰及决定，决定知"诸"目一切"行"故。决定知此"行"字，系目一切行，以"行"字前有"诸"字目之故。理实缘"行"字时，"诸"字已灭，然有熏习，连带解生。前念缘"诸"字之心才起，即有熏习流入藏识，等流不绝。故后念缘"行"字，其前"诸"字熏习，现起为念数，而与缘"行"字之心俱转。即此缘"行"字之心，得因过去"诸"字熏习与现在"行"字连带而生解也。

缘"行"字至决定已，忽"无"声至。于"无"字上，更起率尔，亦起寻求，寻求"诸行"所"无"为何。虽缘"无"字时，"诸"字、"行"字并灭，而有熏习连带，复如前说。

缘"无"字至寻求已，忽"常"声至。于"常"字上，复起率尔、寻求、决定，遂至等流。创起缘"常"，是为率尔。方在缘"常"，其前"诸"字、"行"字、"无"字，虽复并灭，以皆有熏习，等流不绝故，逮此缘"常"心起，念数俱转。即过去多字谓"诸"、"行"、"无"。熏习，连带现在字，谓"常"字。于一刹那，集聚显现。故率尔后，即起寻求："诸行"所"无"，果为"无常"耶？方寻求时，必于诸行一一观其同，复于余观其异，如虚空是常，即诸行之异品故。求异求同，犹未决定。旋起决定，于无常义，便深印解。于诸行见彼无常，于虚空见彼常。以是汇同别异，决定知诸行是无于常。决定起已，染净、等流，方以次转。由决定已，遂于"诸行无常"义发起正信，善性摄故，名染净心。次念便是等流。是故缘"常"字时，五心完具。即所缘四声，从"诸"至"常"，经多刹那，事绪究竟。又复应知，一一心生，各具引力。如缘"诸"字率尔心生，能引次念寻求心起。即此寻求，又能引第三念寻求心起。第三寻求，复能引第四念缘"行"字率尔心起。余可类推。若无引力，前心才起即灭，后心应不生。此义推详，前文《四缘章》等无间缘中。应检。

又依前例，始从缘"诸"，终至缘"常"，率尔等心，一一新新而起，所历刹那之多，若纪以干支，奚止历亿、兆、京、垓年岁？然心起神速，长劫摄入一念。凡言一念者，复有二种：一以一刹那为一念。如率尔但一刹那，说名一念，寻求等心例此。二以多刹那为一念。如缘"诸"字，从率尔至多数寻求心，总名一念。乃至缘"常"字，从率尔至多数等流心，亦总名一念。又如约前后通缘"诸行无常"四字，即有许多心，复总名一念。举例于此，学者随文简择。如万里悠长，缩为方寸之图，虽曰摄极长于极短，犹不足以喻心之疾转矣。明儒李二曲尝云"一念万年"，亦返观深得之言。

上述五心，六识通具。顷有举《瑜伽》为难者，以谓《瑜伽》说五识无寻求等，即五心唯在第六。意识。又意识起寻求等，非是现量,若五识亦有寻求等者,如何说五识唯现量耶?故知《瑜伽》持义为正。此其所难,实未尽理。设五识率尔灭已,无有寻求等起,则是五识唯一刹那,不得相续。征之事实,固不尔尔。如眼识缘青,由意引生,刹那刹那,连言之者,显前后相续。专注未舍。恒观于青,未休睹来[1],名为未舍。云何不许多念相续?原夫意与五俱,意识相续,即率尔心后,寻求等心以次相续。下仿此。五识应然。唯就量言,乃不一致。意识寻求等心,行相粗动,此言粗动者,发现散著名动,分别强盛名粗。故有名言诠别,不得自相。五识寻求等心,行相深深者深隐,极暧昧故。细,极微劣故。尚无名言诠别。故意识非现量时,五识尽是现量。又《瑜伽》不说五识有寻求等者,以无粗动行相,说之为无,要非无深细者。据此,六识通具五心,义不容遮。基师《述记》《义林》论次及此,所持甚谛,《述记》二十七,取安慧义,张五识相续。《义林》二,说五心通六识有。而说理仍有未审,故令学者犹滋疑虑耳。

又诸识通八识言。托众缘生,已如前说。见《四缘章》。五识所藉缘多,不可恒具,故起时少,不起时多。《三十论》言五识"种类相似,故总说之"。种类相似者,有五义:一俱依色根,二同缘尘境,三俱但缘现在,四俱现量得,五俱有间断。

意识所藉缘少,意与五藉缘多少,参考《四缘章》九缘中。唯除五位,五位无心下详。一切时具,故断时少,唯五位断。现起时多。

凡识通八识言。依缘而生,若不自在。然从因缘,仗余缘法,《四缘章》九缘摄入四缘一段,宜参观之。刹那顿起,作用义成,因缘法为作者,余缘法为作具故。即识功能逢缘而显其作用也。详《四缘章》五果中法

---

[1] 来,或误,《佛家名相通释·诸识》第126页作"恒观于青,未休睹时,名为未舍。"但"来"可作"以来"解,亦可通。

士用。诸经论说无作用者，为破梵天、神我等，故如是云。若了缘生，亦得说有作用。**岂同机械，瞽目而推？** 又一刹那作用显现，作用体即功能，逢缘故显现。望前为相续，而不由前所豫定，望后为能引，而非于后可逆测，能引故非无的。当来之生，不可范以已成之形，名不逆测。刹那刹那，新新不住，复殊机械，叠矩重规。故又不可说为不自在。

又六识行相，同属粗动。此言粗动者，唯取外境名粗，浮嚣名动。又粗者行相易知，动者由缘外境数加转易。详《述记》四十。**而第六识，自能思虑，有寻伺故；五无寻伺，说非思虑。** 有难："五非思虑，何谓能缘？"曰：思虑即是分别异名。分别有二种：一寻伺为体，二非寻伺为体。《瑜伽》说诸寻伺必是分别，分别自有非寻伺者，是为典据。今此言思虑者，以寻伺为体，故五识非。义匪一端，奚劳唐难？**故五唯外转，** 缘外境故，名外转。**意亦内缘。** 意识与五俱时，即缘外境。独起思构，为内缘。**此其特异，应致研寻。** 五识转时，但可说为一种动作。意俱寻伺，方成思虑。有如红色现前，眼识发生业用，尔时能缘与所缘冥会，浑然一体而转，即此说为一种动作，本无所谓思虑。唯与眼识同时意识，有寻伺俱，方于红色寻求伺察，而有此是红色之行解，思虑作用始成。盖此云、是云，必广经推校。言此，则有其非此者；言是，则有其所否者。斯二行解，赋予于红色之上，即红色经思虑作用之构造，而特为显明。此则意识所以殊胜，而五识上无此作用也。

六识有五位，俱不现起，名为五位无心。五位者何？一、无想天。 外道所谓想者，唯前六识想，非第七、八，彼不了有七、八故。详《述记》四十第十四页。外道有以想为生死因，遂起厌患，而修彼无想。**定。** 由定力定[1]故，能违碍不恒行心、心所令灭。七、八恒行。前六皆缘，为不恒行。想灭为首，遂名无想。前六心、心所皆灭，何独名无想？

―――――

[1]　此"定"字疑衍。

以想心所首灭故,加行位偏厌想故。

二、无想定。《三十论》七:"谓有异生,伏遍净贪,未伏上染。遍净者,谓第三禅天,第四禅以上染犹未伏。由出离想即作涅槃想也。作意为先,令不恒行心、心所灭。想灭为首,立无想名。"《瑜伽》十二说:"问:以何方便,入此等至?等至者,定之异名。答:观想如病、如痈、如箭,入第四定,修厌背想作意。于所生起种种想中厌背而住,唯谓无想寂静微妙,于无想中持心而住。如是渐次,离诸所缘,心便寂灭。"

三、灭尽定。诸已离无所有处染者,无学或有学圣。由止息想作意为先,《述记》四十一第一页:"止息想者,谓二乘者厌患六识有漏劳虑,或观无漏心粗动,若菩萨等,亦欲发生无心寂静似于涅槃功德故起。"令不恒行、谓前六。恒行染污即第七。心、心所灭,立灭尽名。

四、极重睡眠。疲极等缘,所引身位,《述记》四十一第十七页:"睡无心时,即不自在相、沉重相、无心相,异余位故,名身分位。"六识通不现行,故立此名。睡眠,是心所之一。云极重睡眠,即非眠心所,以此位中,前六心、心所俱不行故。然由二义,假说睡眠:一、由眠心所加行力,令入无心。二、此无心位身分沉重不自在,似有彼眠心所时。以是假说无心时身之分位名眠,实非眠心所也。

五、极重闷绝。风热等缘,所引身位,六识亦不现行,故立此名。又正死生时,亦无意识,无五识不待言。即闷绝摄。《述记》四十一第十八页。死生二位,于五位中,即闷绝中摄,以生死苦逼,极闷绝故。

如上五位,六识虽复不转。然彼功能,潜伏藏识,等流不已,度逢缘合,便起现行。

综前所述,六识诸义,其间凡举识言,亦摄心所。如言眼识,即摄眼识相应触等法,乃至言身识,即摄身识相应触等法。又如言意识,即摄意识相应触等法。前《诸识章》,已标斯例,此复申明之。识不孤生,定有相应故。然心所法,总分六位,前已别标。六识则通六位心所全具之。今为一一诠次焉。

初遍行五法。一曰触。《三十论》言:"触谓三和,分别变异,令心、心所触境为性,受、想、思等所依为业。"业者业用。此则涵括众义,至为精审。《瑜伽》《显扬》《中边》《杂集》《五蕴》诸论说触,皆欠审谛。恐烦不述。今准彼论,而为略释。

根、境、识三法,更相随顺,《述记》十七第二页"正三和体,谓根、境、识,体异名三。不相乖反,更相交涉,名为随顺。如识不生,而境或起,名为乖反。又如耳根、眼识、香境,三法乖反,不名三和。若相顺者,三必俱生,既不相违,故名随顺。根可为依,境可为取,识二所生,可依于根而取于境"云云。是谓三和。

触与三和,俱时而有。由二义故:一触依三和故生,若非三法和合者,触岂得孤生耶? 二触令三法和合。若非触能和合三法者,则三法条然各别,谁为和合之乎?《论》即以此二义,说触谓三和。实则触别有体,非即三和。《论》更有文,证成触实。《论》云"然触自性,是实非假"云云。详《论》文三及《述记》十七。校以经部,语不同年。经部说"三和成触,触即三和,是假非实"云云。盖有体名实,无体名假。三和成触,则触无自体,但依三法上假立。不知触数即是能和合之作用,自有其体,岂可曰和合即触? 且触若非实者,即三法离散,亦孰令和合耶? 故经部说不应道理,大乘破之宜已。三和合位,和合位言,一简未合。三法功能未逢缘时,即现行三法未起,自无所谓合。二简已灭。现行三法,刹那灭已,亦无所谓合。皆有顺生心所力用,名为变异。顺生者,三法之上皆有力用,得令随应所有诸心所，俱时相依而生，故名顺生。即此力用名变异。

由触谓三和，似三变异故，说名分别变异。此言分别者，犹云似也，非了别义。《述记》十七："分别即是领似异名，如子似父，名分别父。"领亦似也。

由触谓三和，谓者假名之词，本不许触即三和，已如前说。故次显示触之自性，既非触即三和，则触自体云何，必须显示。曰令心、心所触境此言触者犹云取。为性。令之云者，以触能和合心及余心所，使不离散，各别行相，此言行相者，作用义。心、心所作用各别，非是一法故。同趣犹取也。一境，约本质名一境。又心、心所相分，虽各别变，而同处交遍，极相似故，亦名一境。即显触有如是自性。《述记》"设无触者，其心、心所各各离散，不能同缘"云云。

由分别变异，故说受、想、思等所依为业。等者，等余心数。一心生时，不独触等五数俱，更有余数与俱。如一念善心生，其相应心数，除遍行五定有不计外，更有善数中某数，及别境或不定中某数，俱时并转。一念恶心生，其相应心数，除遍行五定有不计外，更有本、随烦恼中某数，及别境或不定中某数，俱时并转。一念无记心生，其相应心数，除遍行五定有不计外，更有别境中某数，及不定中某数，俱时并转。此发其凡，学者审思之。若触无有顺生余心数力用者，宁得为受等所依耶？又复推寻论指，以受等所依，显触业者，极为应理。今如军舆，虽有主率，喻心王。若无传导之队，喻触数。军中有传导之队，所以通将率士卒之联络，正如触能和合。又传导队能令士卒随顺进趣，亦如触能顺生余心所。卒伍喻余心所。既众，纷乱何依？以是相例，触为余心数所依，即其莫大业用。此中据《三十论》本义而推明之，《论》文有伏难会违，疏见《述记》十七，此不复详。俗有不理《论》文，妄以心理学所谓感觉相当于此之触数者，支离不可究诘。

二曰作意。《述记》："由作动意，立作意名。"作意心所者，谓能警心及余心所。然非心等起已方警。等者等余心所。若既起者，更何须警？由作意种，于俱时应起心等种，警觉令起，言应起者，心、心所种子，各各无量，均潜伏藏识，自类等流，待缘起现，缘缺即不起。犹如坚牢，藏多囚徒，有囚会缘得出，余不会缘，即不得出。故会缘之种，望未会缘之种，名为应起。即此应起之种，可警令起，非警一切种。然此应起之种，其起必藉警者，如梦中醒，必猛力一撑，方醒，心等种起，必有一发动之力也。又言俱时者，能警作意，与所警心及余心所，是同聚法故，决定同一刹那顿起。非如甲球冲乙球动，甲先起冲，乙后方动也。**引之趣境。**引者，引发义。趣者，取也，向也。心、心所取境，皆有定向，如取青时，定向于青，故得取也。然心及余心所，各各趣自境，但须作意心所之势力为之引发耳。《**百法**》基疏："言作意者，谓警觉应起心种为性，言心亦摄心所，下同。引心令趣自境为业。"义原《识论》，即《三十论》。今此所据《正理》《杂集》，虽有异解，《识论》广破，可勿复陈。

　　又作意行相最宽。除了境之总相外，于境上众多别相，亦无弗了。《瑜伽》三："识能了别境之总相，作意了此所未了相。"基师疏云"此者即识所取总相。作意取此总相及亦取识所未了相。未了相者，即是别相，即余心所所取之别相，皆识所未了。作意一法，独能取彼众多别相"云云。**由警觉作用**，即作意。**于一切作用**谓心及余心所。**为引发，故遍了一切作用所行处**。取喻政府，心作用如元首，作意作用如总揆，余心所作用如诸部。如缘青时，心总取青，如元首但持大体。余心所于青上各取别相，如诸部各有分职。作意取总，亦取一切别，如总揆能持大体，复周知各部之事。又作意警心及余心所，亦如总揆之弼元首而率诸部。《述记》三十二第三页，以县令喻心，县丞喻作意，县尉喻余心所。虽其词有未审，亦可参考。**一念心生**，言心即摄心所。**本许多作用之复体，而此复体，又不为机**

械,则作意有活力遍运之。作意即是警觉力。警觉力者,为兴奋、为发动、为伸张、为勇镜、为紧疾、为周遍、为自在。具此众义,吾故名之曰活力。愿有智者于此研寻。作意相具云行相。宽,以此。《瑜伽》叙遍行五法,作意为初,《识论》则以触先作意,此依《识论》。然五法本非次第起,但《瑜伽》约和合力胜,触乃先明,《识论》约警力胜,作意初说。[1] 各据一门,不相违也。

三曰受。受数者,领纳顺违等境相为性,顺者顺益。违者违损。等者,等俱非之境,非顺益非违损故,名俱非。起欲为业。《三十论》说起爱为业,《百法》基疏作起欲为业,今从基疏。

云何领境? 具云领纳境相。谓此受数,于所缘顺违等相,定摄为己有,不共余故。余者,谓心及余心所,彼皆不取顺违等相故。如缘青时,心总取青,不于青上别取顺违等。余心所行相各别,思之可悉。《正理》异义,如《识论》破,此不复详。

云何起欲? 欲者希求,亦心所之一。谓于乐受,即领顺益境。未得有合欲,已得则有不乖离欲;于苦受,即领违损境。未得有不合欲,已得复有乖离欲;于舍受,即领俱非境。即无二欲。未得无合欲,已得亦无离欲故。虽受能起欲,亦复不定,欲心所不在遍行之列,于舍受即不起。故受业非遍也。不起欲时,受业无故。

又《瑜伽》以受次触说。由触取可意等相,等者,等不可意及俱非相。俱非者,非可意非不可意故。与受取顺益《瑜伽》三作摄受。等相,极相似故。触之可意与受之顺益相似,触之不可意与受之违损相似,触之俱非与受之俱非相似。然此二触受。行相,浅深自别,触可意等相较浅,受顺益等相较深。虽言相似,不谓全同。

---

[1] 此句有误,应作:"但《识论》约和合力胜,触乃先明,《瑜伽》约警力胜,作意初说。"

四曰想。想数者，于境取像为性，《瑜伽》三："想云何？谓了像。"施设种种名言为业。《瑜伽》三："想作何业？谓于所缘令心发起种种言说为业。"

言取像者，复分有相、无相想。《杂集》说想有多种，今略为二，曰有相想，曰无相想。虽袭彼名，取义稍别。有相想者，想极明利，能于境取分齐相故，名为取像。此言相者，共相也。假智所诠，不亲著境之自相故。后言相者准知。云分齐者，如谓此青，言青遮余非青，即青有分齐。青之中有衣青、华青等，置此言遮余青，即此青有分齐。更于此青上取长等相，亦有分齐可知。无相想者，其想任运，如于色起想，而不曾构画色分齐相。谓于色之青等及其长等分齐相，皆不加分别。以非于色不起想故，犹于色自相起证解故。亦名取像。

言施设名言者，由意俱想犹云与意识相应之想数。即有相想，取境分齐相故，遂起种种名言。如想，谓此是火非非火，便发起名言，此是火云云。想形于内，必依声气之动，以达于外；有想，故有名言。想取境分齐相，名言亦定有分齐，其功用正相等。盖名言因想生，想则多于外境转。言外境者，随俗假说为外。异生受用外境，不能不起分别，以故意俱想，特趋明利，明利者，分别粗猛之谓。《广五蕴论》说："云何想？谓能增胜取诸境相。增胜取者，谓胜力能取。如大力者，说名胜力。"此盖就意俱想言之也。以此想能明利取境，故称胜力。恒于境取分齐相，而名言亦因之有分齐。想犹画图，想取境分齐相，即不得境自相。如证火自相时，不起火、非火分别；若取分齐相，即作此是火非火之分别，故非复得火自相。犹画师于素纸作图，便令素纸自相隐覆，不可亲得。名言则如临摹，摹者必肖本图。其能事皆尽于分别也。诸论虽总说想以起名言为业，据实能起名言者，唯属意俱想，余识俱想，皆不起名言。

故知想业不遍。《述记》十七，有文可据。今人有妄计凡想皆非现量者，殆由误解想业，以为凡想皆起名言耳。今此剖析无滥，学者应思。近有随顺世典，训想为意象或概念者，此则未妥。如五俱无相想，现量取境，何得说为意象概念？即以之训意俱有相想，而其涵义浅深广狭，亦复互殊。毫厘之差，遂谬千里，如何弗戒！总之凡学术著系统者，其名词不容与余家相滥。唯识精严尤甚，谈者不宜援附。

五曰思。思数者，令心造作为性，言心，亦摄心所。下仿此。于善品等役心为业。等者，等恶品及无记品。

云何令心造作？心、心数法，定不废然而起。有造作故起，若言无所造作者，即不应起。又造作即起，以即于起上说造作义。由思数造作力，令心及余数造作故。造作故非废然。盖一聚心、心数，如一眼识起，其心、心数，和合似一，名为一聚。耳识等准知。本即协和造作。其间必有为发踪指示者，则思数实尸之耳。

云何于善品等役心？所谓造作，定有倾向。或是善性、或是恶性、或无记性，皆其倾向焉耳。思数者，于善品中，即驱役心及余数令造善；于恶品中，即驱役心及余数令造恶；于无记亦尔。善等倾向显著，等者，等恶及无记。以有思数故也。

上述五数，具四一切，故名遍行。说见前文。虽方面殊，非次第起。遍行五种作用，即是于一完然宛然之全体上，有此五方面，非可离别令其孤行。若许次第起者，则是触等作用，可一一单独而起，如何应理？自非烛察幽隐，不足与议也。五法配属于心理学之知、情、意，则受相当于情，想相当于知，作意、触、思相当于意。别境以下准思。

次别境五法。一曰欲。欲数者，《论》说："于所乐境，希望为性，勤依为业。"见《三十论》五。《瑜伽》《杂集》文稍异也。

言所乐者,复有三解:一谓可欣境。于可欣事欲见欲闻、欲
觉欲知,故有希望。此说于可厌及中容境,一向无欲。

二谓所求境。随意可欣、可厌而起希求,于可欣事上未得希
合,已得愿不离,于可厌事上未得希不合,已得愿离,故皆有欲。
此说于中容境,一向无欲。

三谓欲观境。于一切事欲观察者便有欲生,如得奇书,急欲观
览,此际欲生,炽然易见。若不欲观,随因境势任运者,如前六中劣无记
心。即全无欲。

如上三义,广狭攸殊,然不谓欲为遍行,则其一致。兼而收
之,斯无妨耳。

言勤依者,由起欲故,方发勤励,即说勤者,以欲为依。然勤
义有二:一、勤谓勤劬,如勤作诸恶者是。二、勤谓精进。《杂集》
说为正勤者是。前依不善欲,后唯善欲为依。此其辨也。

二曰胜解。胜解数者,于决定境,印持印者印可,持者执持。为
性,不可引转为业。谓于所缘境审择判决,遂起印持:印持作用,
与审择判决作用,俱时而起。审择判决者,知也。印持者,情意与知相应者也。
此事如是,非不如是。即此正印持顷,更有异缘不能引转,令此
念中别生疑惑。异缘不可引转者,约正印持之一念说,不约前后相望而言。
如前念由邪教力于有我义印持,即此印持一念,说为异缘不可引转。后念由正
教力于无我义印持,即此印持一念,复说异缘不可引转。举此方隅,学者应悉。
故胜解者,唯于决定境乃得有此。决定境者,从能缘心说,即谓现比或
似比时心。现比量于境决定,固不待言。似比不称境,亦名决定者,如见绳谓
蛇,虽不称境,而尔时心实于境决定为蛇。非有疑故,亦非于境不审决故。又
如由浊流比上流雨,实则浊流亦有他因,上流不曾有雨。此量亦不称境,而尔

时心实于境决定为雨。非有疑故，亦非于境不审决故。若似现者，据实即是似比所摄，可不别言。**犹预心中，全无解**具云胜解。**起；非审决心，**心于境虽无疑虑，亦不曾起审择判决者，名非审决心。即是非量所摄。世言非量，或唯举似现比。实则似现比者，非于境不起量度，但不称境名非。更有纯为非量者，即散心于泛所缘，有不曾起量度者是已，今此名之非审决心。**胜解亦无。以故胜解非遍行摄。至胜解由生，则或缘于教，**教者教示，或言说。内教、外道教，通得教名。如外道于梵天等义印持，即由邪教力生胜解。如佛弟子于无我等义印持，即由正教力生胜解。**或缘于理，**胜解之生，亦由邪正理力。见《三十论》五。理者，知见于所行境安立道理。所安立者理，能安立者知见。知见有邪正，故说理有邪正。如于所作法，见彼无常，此中所安立无常义为正理，能安立见为正见。如于无常见常，此中所安立常义为邪理，能安立见为邪见。《三十论》唯言邪正理者，从所安立为言。据实即显能安立之邪正见也。《述记》三十三第九页"理者有此道理"云云，词义浑沦，难为索解。迹《论》言邪正理，本谓邪正知见。正知见者，谓现或比。然此中唯就比言，下别说证故。比量于境决定，故有胜解生。邪知见者谓似比，以于境决定，亦有胜解生。总之邪正见起而于境审择判决者，俱时有胜解生，即于境印可执持者是也。**或缘于证。**证者，如修禅定，或五八等现量心。现量心中有胜解，定印境故。有别说邪证者，此中不取。**据实而言，理为最宽，教亦依理故也。**如闻邪教而印持有我义者，以教为缘，仍由己计量而入邪理，即依自邪见起胜解故。如闻正教而印持无我义者，以教为缘，仍由己比度而入正理，即依自正见起胜解故。

三曰念。念数者，于曾习境，《瑜伽》《杂集》并作串习事。令心及余数明记《瑜伽》三作明了记忆。**不忘为性，定依为业。**《杂集》作不散乱为业。

曾曾者已往。**所受境，名之曾习。**境有二义：一相分名境，二心望能缘，亦得境名。如见为自证所缘时，即见分名境。**此通体类：曾近亲取，名受彼体**；彼谓境。受彼体者，谓亲取境之体也。**若曾远取不著，名受彼类。**如自证缘见及正智缘如，名受彼体。如有漏位中，闻真如名即思唯如相，名受彼类。又如亲缘西山，名受彼体。若不亲取西山，但闻彼名，拟度其相，名受彼类。

　　即曾受境，或体或类，虽入过去，由念力故，数数忆持，令不忘失。是故现前了别，得以过去为其根据。如今者缘笔，在初刹那率尔创缘，此为新境，固犹未知是何。次刹那以往，寻求决定，则有念起，即知此新境者，于曾习境中是笔非余。盖曾亲缘笔，即受彼体，或曾闻笔名，即受彼类，故起于念。准此，则念者于后起新境之上，赋以过去相似经历之符契也。有情能据已知以知所未知者，由念故尔。**设无念者，则过去所更，一切忘失，斯有情之知识亦微矣。**

　　至若念起之因，则分现、种。现复四义：据忆曾时心，偏说自体为因，现行自体分能为因，生后时念。以见分是自体上之用。自体缘自见分，即是自心缘自心。心曾自缘，故能作后忆因。详见《四分章》。一也。**据忆曾时境，**此中境谓相分。于一个忆念中，一方说为忆曾时心，又一方说为忆曾时境。如云我忆昨见梅花，此中梅花谓昨时所受之境，见谓昨时能受之心。**偏说想数为因，**由想能取境分齐相故，遂能为因，生后时念，令所忆境亦有分齐。如忆梅花，梅花者遮余非梅花，即有分齐也。凡忆记中境，无不有分齐者，就此言之，念亦以想为因。二也。**又约总说因，即是一聚心、心所，**不复于一聚心、心所中，特取想为因，亦不复于心、心所各析四分，特取各各自体为因。即总说一聚心、心所为因，生后时念。至于后时记起，亦只说为一个忆念，不须分别所忆为曾时心或境云。三也。前二义分言之，第三义总言之，先开后合，理极须然。**复约胜说因，乃属第六一聚心、心所，**此摄上文，言前所谓一聚心、心所者，非就他识而云也，乃谓第六一聚心、心所能为因，生后时念耳。盖记忆力用，在第六为最胜。五识虽许有念相应，而甚微劣，故此约胜，唯谈第六。四也。如上四义，蔽以一言，曰第六现为因，此中现言，即第六一聚心、心所之都称。令后时念起云尔。然复应知，若无前现，后念不生，是事固尔，但此终属一端之义。尽理而言，应次于现，更谈彼种。原夫现者，才起即灭，未容暂住。现既灭已，复余何物，而起为念？由现方起，具能生用，别有所生，如芬香物，有余奥远胜。流入藏识，是名习气，亦字之种。此即现之等流，等流果义见前。依住藏识，刹那刹那，生灭不已，种之自体，是生灭不断者。如于初刹那才生即灭，第二刹那相似续生。虽第二刹那，复才生即灭，第三刹那又相似续生。自此以往，总是生灭不断。唯其为生灭灭生而不断也，故变化无方，而不可说为一物，强名之习气而已。或时逢缘，如作意根境等缘。现起为念。故说念因，应详于种。盖由现生种，种复起念，即念近以种为亲因，远以现为增上因，言增上者，现不亲生后时念故。此不可无分也。正理师说今念为后念因，与近人柏格森之言记忆者略近，校以唯识，皆不应理。

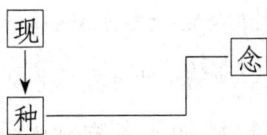

又念为定所依者，由念于境，明了记忆，令心不散乱，是以云然。如曾闻佛名，后时念起，专注所缘，故心得定。然唯善念生定，非谓一切，若散心中，念曾习恶事，即不生定。此亦待反观而后知。

又念非遍行者，于曾未受境，全不起念；设曾所受，不能明记，即念未生。曾所受者，虽有习气，潜伏藏识，若未逢缘现起，即尔时心，无彼念相应，故不能明记。故念必非遍行摄也。

四曰定。梵云三摩地，此云等持。定数者，于所观境，令心及余数专注不散为性，智所依为业。

专注不散者，《瑜伽》说名心一境。言心亦摄心所，下同。心一境者，系心专注一境之谓也。然如何名一境，如何名专注，不为详释，义复难明。以一境言，有说前后同一所缘，是名一境。如初刹那缘诸行无常义，第二刹那重观诸行无常，即前后一境。若如此说，专注必是前后一境。设前后境别即无专注，云何见道历观诸谛，刹那刹那有三摩地？三摩地者定数异名，专注即其用也。据理，此云一境者，不论前后所缘一异，但约一刹那所缘，名为一境。又专注言，义复云何？顷有说者，心于一境转时，不更别缘，是为专注。不知一刹那心于一境转，法尔住一境，势不别缘。若专注义不过尔尔，则亦何足以显定数之用？《述记》三十三："但深取境，假定方能。"斯则剀切之言。盖专注者，不流散义。流者流动，散者弛散，沉掉生，即流散。由定数力，令心等于一境转时，等者等余数。势用凝聚，凝者不流，聚者不散。譬彼冥渤，长夜澜翻，而实停然未驶。此定亦尔，能令心等虽于境转，而得凝聚。遂能深取所缘。于境深了，无模糊错误，名深取。心若流散，不深取境，如水搅浊，而不鉴物。《述记》于此，为得其指。又复应知，心不专注者，便无定俱，故定非遍行。小师异说，如小乘正理师等。破详《识》论。

智所依者，由定令心专注不散，依斯便有无漏智生。决择名智。于一切法无疑惑故。《杂集论》言："心处静定，知如实故。"然此据多分言,非谓一切,如世愚夫为止散心,系心眉间,凡愚习静,或唯缘眉间,令心不散。唯有专注,而无决择。此例不一。虽定能生智,亦不尽然也。

五曰慧。慧数者,于所观境简择为性,断疑为业。如缘声时未知常、无常,即起推求。瓶等所作,皆是无常。虚空非所作而唯是常。于是决知声亦所作,故亦无常。推求以往,由推求得决定知故,置以往言。总名简择。决知境故,复说断疑。然断疑言,乃约胜慧,此中胜慧,仍约有漏位说,非无漏慧。非谓疑心,遂无慧俱。然则慧非遍行何耶? 愚昧心中无有简择,愚者愚痴,昧者暗昧。愚而不极昧者,或可有慧,若高等动物,容有微劣简择也。但愚而亦昧之心,便全无慧俱。又有昧而不愚者,亦复无慧。如藏识深细而不明著,名之为昧。无惑俱故,不可谓愚。然以其昧,故无简择。说为遍行,即不应理。正理僻执,固大乘所当诃斥已。详《述记》三十三第十六页。

又复应知,分别此慧略有二种:生便即得者,曰生得慧;加行所起者,曰加行慧。加功而行,曰加行。由加行故,胜慧方生,即加行位所生慧,曰加行慧。《瑜伽》七十七复说有三慧,曰:闻所成慧、思所成慧、修所成慧。此皆加行慧所摄。《述记》三十三第二十四页"或加行慧,闻、思、修所成,即彼类故"云云。若唯生得,应无所待,一切慧成。如不待加行,一切慧成,无此理也。设许唯有生得、无加行者,即堕边执。若唯加行,生便无慧,后起何依? 加行慧属后起,必用生得慧为依,方乃得起,设许唯有加行、无生得者,亦堕边执。故以二种,差别建立。哲学家有以知识为先天所固有者,相当于此之生得慧;有以知识为待经验而起者,相当于此之加行慧。

欲等五数,缘四境生,欲缘所乐境,胜解缘决定境,念缘曾习境,定及慧缘所观境。势不定俱。言不定者,五数容俱起,亦多不俱起故。俱起者,如于所乐决定境中,起欲及胜解也。不俱起者,如于所观唯起简择,驰散推求,有慧无定,是也。《识论》有文,此不复详。参考《论》文五、《述记》三十三第十七页以下。

又是五数,约六识谓前六。辨,于意识中,五或俱起,或一一别生,此在诸师,悉所共许,至五识有无,虽复兴诤,衡其得失,言有者是。所以者何?五识缘境,由意引生微劣希望,但不显著,乃云微劣。应说有欲。又由意引,亦有微劣印境义故,说有胜解。五识虽不念曾受境体,而由意引,亦于现境上有微劣念。五识缘现境时,即念曾受境类,以现在境是过去境之类故。五识及俱意皆于现境上起念,俗以记忆为过去境者便误。复有意引微劣专注现境义,故说有定。虽于所缘不能推度,而有意引微劣简择,故说有慧。此则欲等五数,五识容有,何可云无?今心理学家有以感觉为精神作用之原素者,然彼所谓五官感觉,乃相当于此之五识。五识有遍行、别境等心所相应,其作用繁复如是,谈感觉者未悉也。

三善十一法。一曰信。信数者,于实、实者实有,诸法若事若理说为实有。德、能,深忍忍谓胜解,即信之因,由解忍可,方起信故。然解与信,却是俱时,非解先而信后也。乐欲,言乐欲者,即谓欲心所。欲者信之果,由信方起希望欲故。然信与欲复是俱时,非信先而欲后也。心净为性,对治不信,乐善为业。实、德、能三,为信所缘。《义灯》五:"实、德、能三,定是信境。"境即所缘。于实起信,谓于一切法,若事若理,深忍故信;设信明日下雨,此在今日为无其事,然据经验推征,有是理故。又如信虚空,空虽体无,而有空理故。于德起信,谓于如来净德,深信爱乐;爱乐即欲,由信起欲故。又此中但举信佛言,据实亦摄信法及僧。于能起信,能谓能力。谓于诸善,世间及出世间善法。自信有力,能得能成,而起希望。希望即欲，信之所生。综上三境，实、德、能。皆有信生。于实中言深忍故信，此就信之因言，亦隐摄信之果，信必生乐欲故。于德中言爱乐，于能中言希望，此就信之果言，亦隐摄信之因，信必起于忍可故。文互影显，学者宜知。此信体澄清，能令心及余数得净，如清水珠，能清浊水。斯笃信所以可贵。《述记》三十四第五页："如贪爱等染心所内，唯有不信，自相浑浊。复能浑浊心及余数，令成染污。如极秽物，自秽秽他。信正翻彼不信浑浊，故以净为信之相也。"

```
     ┌ 因相——忍
  信 ─┤ 自相——净
     └ 果相——欲
```

二曰惭。惭数者，崇重贤善为性，对治无惭，止息恶行为业。如于自身，生自尊爱增上，作是意言：我如是身，乃作诸恶。方起此惭，即是崇善也。

三曰愧。愧数者，轻拒暴恶为性，《述记》："有恶者名暴。"对治无愧，止息恶行为业。如因世间讥毁增上，遂乃轻恶类而不亲，拒恶业而不作，即此拒恶，言拒恶，亦摄轻暴。说名为愧。《述记》三十四第十页"惭愧二法体性别，一性能崇善，一性能拒恶。善心起时，必有此二，故得俱起"云云。

四曰无贪。无贪数者，谓贪对治，无贪即贪数之对治。令深厌患，《广五蕴论》："遍知生死诸过失故，名为厌患。"无著为性，作善为业。《识论》："作善为业。"《五蕴论》："恶行不起所依为业。"今从《识论》。贪数行相深广，无贪翻彼，其用殊胜。翻者反义，无贪即对治贪，故为贪之反。

贪相深广难治,唯无贪有胜力用,故能对治。

五曰无瞋。无瞋数者,谓瞋对治,无恚为性,《百法光疏》:"于诸有情,心无损害,慈愍在怀,名曰无瞋。"作善为业。瞋数行相深广,无瞋翻彼,其用殊胜。

六曰无痴。无痴数者,谓痴对治,明解为性,《述记》三十四第十三页:"无痴于理及一切事,明解不迷。"作善为业。原无痴以慧为其因相,由慧方生明解,故说无痴以慧为因。还以慧为其果相,明解复生净慧,故无痴还以慧为果。《集论》遂说无痴以慧为体。《集论》举无痴之因及果,以显无痴自体。说详《识论》。无痴能对治痴,如光破暗,胜用难思。

又《瑜伽》五十七说:"大悲以彼无瞋、无痴二法为体。"此则慈愍与明解合流,方名大悲,世俗言爱者,稽以唯识,则是痴与贪之合流,而不得与大悲相比傅,其详当别论之。究极无漏,常无穷尽。

七曰精进。一作勤。精进数者,勇悍为性,《三十论》六说于修善断恶,勇悍为性。对治懈怠,满善为业。此相差别,略说有五:一、被甲精进。最初发起猛利乐欲,名之被甲,如著甲入阵,有大威势。古代战士著甲,故以为喻。二、加行精进。次起坚固策勤方便,基云:"坚固其心,自策勤也。"名之加行。三、无下精进。又次为证得,不自轻蔑,亦无怯惧,名无下。基云:"不自卑下,更增勇锐。"四、无退精进。又次能忍受诸苦,猛利而前,名无退。世亲《识论》七第十页:"心虽无怯,逢生死苦,心或退转,为对治彼,故立无退。"五、无足精进。又次更蕲大果,不为少得,便生喜足,名无足。世亲《摄论》:"有虽逢苦能不退转,而得少善,便生喜足,由此不证无上菩提,故次无足。"原夫精进唯善性摄者,以其念念高胜,离一切染。基云:"进谓进成圣者身故。"若恶增长以望于善,即名坠堕。精进必趣无上菩提,无上正觉之义。故唯是善也。

八曰轻安。轻安数者，远离粗重，一切能障定之法，名为粗重。调畅身心，堪任为性，言堪任者，有所堪能，有所任受。对治昏沉，转依转有二义：转去、转得。令所依身转去粗重，转得安隐，故名转依。为业。然此轻安，欲界有无，颇为诸师聚讼。基师依《瑜伽》文，以无为正。《述记》三十五第十三页"然返覆文理，不言欲界得有轻安"云云。斯则守文而过，理实欲界但无上界胜妙轻安，非无欲界轻安。如坐禅者，虽不得定，亦微有调畅义故。即欲界有轻安，义自极成。

九曰不放逸。不放逸数者，即无贪、无瞋、无痴、精进四法，于所断修，所断谓恶，所修谓善。防修为性，防修者，于所断恶法防令不起，所修善法修令增长，故名防修。对治放逸，满善一切世出世善。为业。精进遍策发一切善心，《解深密经》言："我说精进遍于一切。"无贪等三，无贪、无瞋、无痴三法。普依持一切善心，依持者。无贪等三法，普为一切善心所依，即由彼三法，持令一切善心增长也。故依此四功用，假立不放逸。《正理》异义，顺正理师说：不放逸别有自体。大乘所遮。大乘破正理，详《述记》三十四第二十一页。

十曰舍。舍数者，即无贪、无瞋、无痴、精进四法，令心言心亦摄余数。平等、正直、无功用住为性，对治沉掉，昏沉、掉举。静住为业。谓依四法，离沉没等，等谓掉举。最初获得心平等性。心沉没或掉举，名不平等。若离沉掉，即是平等。由心平等，不待勉励，但顺前转，《集论》云："自然相续故。"无高无下，高者掉举，不者沉没。故次获得心正直性。由心正直，念念相续，不虑染生，任运恒时，住无功用，最后获得心无功用住性。此舍依四法假立，亦无别体，如不放逸。

十一曰不害。不害数者，即依无瞋，于有情不损恼为性，能对治害，悲愍为业。此依无瞋一分假立，由无瞋上有一分拔苦之义，假立不害。非别有体。

如上十一法，前六识中皆得俱起，如眼识中，信等十一法俱起，乃至身识中，信等十一法俱起；第六意识中，信等十一法俱起。虽天竺诸师有不许俱起者，要非正义也。又《识论》六许信等十法俱起，唯除轻安一法，以轻安欲界不遍故。今此许欲界有轻安，故许十一法俱起。于一念善上，有多相故。如信是净相，惭是崇善相，乃至不害是无损恼相。有说五识无轻安者，斯不应理。由定引故，五有轻安，不相违也。五识由定中意识所引，非无调畅。又此十一与别境五，皆得相应，思之可知。信等欲等，互不相违，故得相应。然此中唯举别境者，以遍行五法遍四一切，故不须说。不定四法至后详之。

四烦恼六法。一曰贪。贪数者，于境贪之所缘，总名为境。起爱，爱者，贪之因相。染着为性，《集论》说："贪者爱为体。"盖举贪之因，以显其自相。理实染着为贪之自相。《识论》六及《瑜伽》八，并云贪者染着为体，今从之。能障无贪，生苦为业。苦者，贪之果相。《缘起经》说，贪有四种：一爱，二后有爱，三喜贪俱行爱，四彼彼喜乐爱。《大论》五十五释曰："爱云何？谓于自体亲昵藏护。此言众生于己生命深为爱着，此爱极难形容，强状其情，曰于自体亲昵藏护。众生即以此爱润生。后有爱云何？谓求当来自体差别。世有持断见者，以谓死后当断灭，宜若无后有爱可言。然其人固有此后有爱为之阴驱潜率而不自觉耳。藉曰不然，则明知当来断灭而胡为厚爱其生耶？夫其历今日之生，而更希明日之生，则爱力非断见所移，既有征矣。今日之生方尽，即明日之生方有，爱力不竭故也。然则后有爱为有生所同，无可疑已。喜贪俱行爱云何？谓于现前或于已得可爱色、声、香、味、触、法，起贪着爱。彼彼希望爱云何？谓于所余即不现前或非已得者，名所余。可爱色等，起希求爱。"此明贪相差别，亦已审谛。《瑜伽》又说十贪，谓事贪、事者体义，有情于自体染爱耽著，云事贪。见贪、乐着诸见名为见贪，诸邪见或边执见者皆有此贪。贪贪、《伦记》五十九第十五页："未得境是无故，贪心自现境相而贪，故名贪贪。"悭贪、于财利等坚着不舍，名悭贪。盖贪、《伦记》云："于前已所受用过去境生恋著，即有盖覆义故，名盖贪。"恶行贪、乐着诸染，名恶行贪。子息贪、一云男女贪。理实子息贪与男女贪，应析言之。亲友贪、亲友于己顺益故，缘之起贪。资具贪、田宅、财货、食色，乃至势位、名誉，通称资具。乐着一切资具，名资具贪。有无有贪。《伦记》云："有无有贪即常断二见贪也。"据此则有无有贪者，即是于见贪中别出之。一切见中，常断二见众生尤易深著，故别而言之也。实亦见贪所摄。众生有见贪，故其执不易破，法人黎朋有所谓感情之判断者，即原于见贪也。斯则剖别贪相，至昭晰矣。十贪见《大论》五十五。由贪势用贪之势用，即是爱力。发业谓能发起身、语、意业。润生，由贪爱为加行故，润曾诸业，令起现行。故异生之生，贪爱所润。令众苦生，所以名为常害也。贪等亦名常害，常能为害故。见《大论》八。

$$
贪 \begin{cases} 因相……爱 \\ 自相……染著 \\ 果相……苦 \end{cases}
$$

二曰瞋。瞋数者，于诸有情，憎恚为性，于有情言，显瞋之境，理实于非情亦起瞋。此但举胜者说故。能障无瞋，不安隐性、恶行所依为业。瞋略有三：一、有情瞋。于有情起瞋，故名。如从他闻，昨者某甲毁我已身_{起瞋之一}。及我亲友，_{起瞋之二}。赞我怨家，_{起瞋之三}。遂于彼情所，_{谓某甲处}。有三瞋生，是其例也。_{如嫉妒他人名闻利养，乃至因族类之异而起瞋者，皆名有情瞋}。二、**境界瞋**。_{《伦记》五十九："缘山河大地起瞋，名境界瞋。"于不可意境，即生瞋故。诗人写愁，大地穹苍，丹霞皓月，皆其所憎}。三、**见瞋**。_{于他见生瞋故。见瞋者，于有情瞋中别离出之。此土孟轲有云："杨氏为我，是无君也；墨氏兼爱，是无父也。无父无君，是禽兽也。"孟轲因墨主兼爱、杨主为我，缘彼异见，遂生瞋心，而以禽兽诋之，即所谓见瞋也。然以群生有见瞋故，则有睿哲独到之见，众乃不喻，而共瞋之者矣。又凡物论不齐，是非蜂起，祸极于玄黄而无悔者，亦见瞋为之也}。《识论》有言："瞋必令身心热恼，_{故不安隐}。起诸恶业，_{故与贪等俱}得火名。"_{瞋与贪等均名为火，烧所积集诸善根薪故。见《大论》八}。

三曰痴。_{痴者，无明之异名}。痴数者，于诸理事，迷暗为性，_{凡对道理上生起烦恼，如于无我计我，而生贪爱，即是迷理。亦对法体上生起烦恼，如执第八见为我，而生贪爱，即是迷事}。能障无痴，一切杂染所依为业。凡痴数视其相应王、所如何，区为二种：与七识_{前七}。相应，亦与贪等惑俱者曰相应无明。_{此摄恒行不共无明。《大论》五十八"又此无明总有二种：一相应无明，二独行无明"云云。《伦记》六十五："依此文判，末那无明即相应摄。"}兼迷理事，与六识相应，不与贪等惑俱者，曰独行无明。此复有二：一、不与忿等十随惑俱，名主独行，但迷理。二、与忿等随惑俱，名非主独行，亦兼迷理事。_{独行无明，以不与贪等惑俱故，亦名独行不共无明。今但名独行无明}。斯则约举统类，犹未委悉者已。《瑜伽·本地分》乃稍详痴相差别，_{但约六识相应者说}。凡有十九无知。_{无知亦痴之异名}。其略曰：于前际无知云何？谓于过去诸行，起不如理分别，谓我于过去为曾有耶、为曾无耶？曾何体性、曾何种类？所有无知。于后际无知云何？谓于未来诸行，起不如理分别，谓我于未来为当有耶、为当无耶？当何体性、当何种类？所有无知。于前后际无知云何？谓于内，起不如理犹预，谓何等是我、我为何等？今此有情从何所来，于此没已，当往何所？所有无知。于内无知云何？谓于各别诸行，即色心诸蕴。起不如理作意，谓之为我，所有无知。于外无知云何？谓于外非有情数诸行，即色声等尘。起不如理作意，谓为我所，所有无知。于内外无知云何？谓于他相续诸行，他相续者，犹言他人或他有情。起不如理分别，谓怨、亲、中，非亲非怨名中。所有无知。于内非我而计为我，由计我故，于我以外诸有情，或见为顺而亲之，或见为违而怨之，或见非顺违而为中焉，此谓于内外无知。于苦无知云何？谓于苦是苦性，或不思唯，或邪思唯，或由放逸，所有无知。异生见为可乐者，大氐于苦不了是苦，横计是乐。五色令人目盲，五声令人耳聋。乐声色者，不辨聋盲之苦。于因无知云何？谓起不如理分别，或计无因，自然外道或无因论师作是计。或计自在、世、性等为因，自在者，谓大自在天。世者，时间外道计时间为诸行因。性者，谓数论自性。所有无知。晚世哲学家有一元、众元诸论，皆是于因无知。于佛无知云何？谓于佛菩提，或不思唯，或邪思唯，或由放逸，或由疑惑，或由毁谤，所有无知。于法无知云何？谓于正法善说性，如来以种种方便，令诸众生趣求无上菩提，如是教法，名为正法。宣说此法，名为善说。克指正法善说之体性，故置性言。或不思唯，或邪思唯，或由放逸，或由疑惑，或由毁谤，所有无知。详彼十九无知，据胜者说。但约六识相应无明胜者说之。理实痴相，类别甚繁，未可枚举。更有总略，而谈五愚：愚亦痴之异名。一义愚，通摄一切所有无知。二见愚，如于因无知，即见愚摄。哲学家探寻宇宙人生，探寻愈深，迷暗愈增，皆见愚也。**三放逸愚，**如起邪解、邪行。**四真实义愚，**如迷二空理。**五增上慢愚。**《伦记》五十九："景云：所得世间善根，谓得圣道，起增上慢。"即一切得少为足者，皆此愚摄。**如是五愚，所包络者至广。**前十九无知，皆可摄入五愚。《胜鬘经》又依别义，即依见修所断。**通取六识相应痴，析以五住地，**此五种痴，能生起一切烦恼，如地能生万物，故名住地也。**曰见一处住地、**此唯分别起，见道位中，一时顿断，名见一处。**曰欲爱住地、**欲界之痴，立欲爱名。自此至第五皆修道所断。**曰色爱住地、**色界之痴，立色爱名。**曰有爱住地、**无色界之痴，立有爱名。破外道计为涅槃，为名有爱。**曰无明住地。**是相极微细，唯佛能断故。**前四烦恼障，能发诸业；第五所知障，不能发业。**见《述记》四十八第一页。**痴相差别，略如上述。原夫痴之异名，乃曰无明。无明者有实体性，非是明无，**若言由明无故名无明者，则无明便属分位而无体性。**亦非邪智，**参考《大论》五十六。按邪智者，即是萨迦耶等见。然彼诸见不离无明，非无明即是诸见。**由迷暗势力现起故。**迷暗势力谓痴之功能。痴相类别甚多，即每一痴相有自功能，方乃现起，非唯一功能能转成多种痴相也。**胜用无边，能起贪等，**等者，谓其余烦恼及随烦恼。一切烦恼皆由痴增上，而得起故。**为诸惑之导首，负有情而长驱，**此中有情谓异生。一切异生，由无明发业，以有其生，故常为迷暗系之而趋。**虽旋岚转岳之猛，未足以喻其烈也。**

四曰慢。慢数者，依止我见，高举为性，能障不慢，生苦为业。慢相差别略有七种：一慢，二过慢，三慢过慢，四我慢，五增上慢，六卑慢，七邪慢。

于劣谓胜，如于材智劣于己者，即谓我胜彼。**于等谓等，**如于材智等于己者，即谓我与彼相等。**令心高举，**言心，摄心所。下准知。**总说为慢。**

设有难言："方劣言胜，方者比方。方等言等，称量而知，何失名慢？"应答彼言：此慢于境转时，非但称量，而能令心高举染恼，高举即是染恼，持重言之耳。不同明鉴照物，壹任澄明。以故过重，为锡慢名。

于等谓胜，如于材智等于我者，而谓我胜彼。于胜谓等，如于材智胜于我者，而谓我与彼相等。妄进一阶，慢过重前，斯名过慢。

于胜己者，反计己胜，高前过慢，名慢过慢。

于五取蕴，随计为我，自恃高举，名为我慢。五蕴名取者，取有二义：一、执取。谓一切有情由贪着故，执取现在五蕴为自体，令不舍离。二、引取。谓一切有情由欲爱故，引取当来五蕴也。

于未证得者，谓已证得，于少证得，谓已证多，心生高举，名增上慢。

于他多分胜己谓已少劣，于他无劣谓我极劣，并名卑慢。虽自知卑劣而犹起慢，故名卑慢。颇有难言："如于他人多分胜者，我顾自谓少分不及，心有高处，卑慢诚然。若自居极劣，谓他无劣，心无高处，岂成卑慢？"应知彼于胜者之前，反顾己身，虽知极劣，其心还复深自尊重，慢相隐微，非是全无，故成卑慢。

于无德中言无德者，谓诸恶行违功德故。谓己有德，恃恶高举，名为邪慢。

慢多者，不敬有德，《杂集述记》六："敬者，或信或舍或惭所摄。"造诸恶行，即身、语、意诸恶业。故能招苦。然修道谓修道位。圣者犹起我慢，则对治之难也。

五曰疑。疑数者，依止无明，犹豫为性，于所知不决，如立衢路，名之曰疑。能障真智为业。印土诸师有说疑体即慧，简择不决，说为疑故。有说疑别有体，令慧不决，非即是慧。据理而言，后说为胜。犹豫、疑之体相。简择，慧之体相。体相异故，不可谓同，但疑容有慧俱耳。疑心起时，亦有推求，推求即慧。故疑容与慧俱。又世智尊疑，以为疑者不厌反复推寻，固可由之以得理。不悟推寻属慧，原非是疑，但疑得与慧俱。推寻而得，疑实无功，推寻不得，乃多疑之罪已。多者不尽之词。至理昭著，近在眉睫，如理思唯，思唯即慧。以无颠倒，称实而知，故名如理。是称相应。然慧方起用，疑亦俱来，疑令慧纷，纷者然否不决之谓。遂难如理。盖理不滞迹，唯慧可以无私遇之，疑挟其近习以乘慧，则慧眩其目，故任疑者终疑，必不可入正理。此尝与吾友林宰平言之也。原疑依痴即迷暗。起，痴势本盛，而慧时欲破其迷暗，则又盘旋于疑网之中。以在有漏，慧用尚劣，故疑易乘，自非真慧现行，未有不旷劫长疑者已。世俗言学多主怀疑，吾谓学者但当尽其简择之能事，徒疑无益。众生一向狐疑，岂劳公等提倡耶？

　　六曰恶见。一名不正见。恶见者，依止痴等，颠倒推度，染慧为性，慧由痴等惑引令成染，故名染慧。义详后。能障正见，招苦为业。此见差别，略说有三：

　　一、萨迦耶见。义即身见，亦即我见。又身者自体之异名，应言自体见。于五取蕴注见前。执我、我所者是也。依蕴计执为我者，《述记》四说有总有别。遍依识蕴而执之为我，名别缘五蕴为我。通依五蕴而执之为我，名总缘五蕴为我。由依蕴执我故，遂亦执我所，我之所有，名我所故。如依色蕴而执为我之根身、我之资具，依受蕴而执为我之领纳，依想蕴而执为我之取像，依行蕴而执为我之造作，依识蕴而执为我之了别。此皆依蕴而执我所。第六意识，内外门转，于一念顷宛尔外驰，宛尔内顾。内顾外驰为一心上之两面。内顾即我执,外驰即我所执。**外驰则若有实物,内顾则宛如常一,不称所缘,过乃在执。**夫心不孤起,必有所缘。所缘者何?由能缘心,仗五蕴法为质,变自影像,即影为亲所缘,质为疏所缘。而彼能缘,于所缘影质,不能称实而知,乃妄作我、我所解,而深取着,是名为执。所执之我、我所本无,而我、我所执之所依以起者,即所缘影质,此固未尝无也。世俗以为我见,乃意识作用间统一之形式,固未了我见之所由起尔。

　二、边见。亦云边执见。又略分二,曰常边、断边。**常边者,由我见增上力故,计有现前诸物,攀援不舍,俱时亦复追忆过去,希冀未来,由斯发起常见,以谓万物常住。笔曰更矣,而视之若旧;指曰易矣,而视之若前。此皆堕常边也。**今人罗素尝谓诸行有暂时而无永久,乃吾人依日常实用之便利,常连[1]续其片片段段之经验,而为永久云尔。此其持论虽已超越恒情,然不悟永久之执,原依我见而起。又其暂时之云,亦违吾宗刹那灭义,非真能察变者。**断边者,由我见增上力故,于所取物怙常不得,更计为断。**大风卒起,忽尔止息;瀑河弥漫,忽尔空竭;万木敷荣,飒然衰瘁。世间果有何物可以恒存?则又离常边而堕断边已。迹世所谓物者,称实而谈,本无少物,唯是一变一变之势用,诸行于前刹那才起便灭,名为一变;后刹那续前而起,亦无间即灭,又名为一变。**变变相续,非断非常。而众生染慧,**由我执故,令慧成染。于变不得证知,乃于非物取物,执为断常,二边更堕,染慧恒堕二边,有时离常,即复堕断,有时离断,即复堕常,故云更堕。更者迭也。哲学家探穷宇宙人生,而不能舍其常断二边之见,所以长夜昏迷。如蚕缚茧,了无出期。嗟尔狂慧,染慧,犹如病狂也。其何可任!《识论》边见,本列举当时外道诸论,今不复据,但约恒人边见为言。识者当谅此意。其有乐征故

---

[1] 常连,原作"尝边",盖形近而误。

说，则《述记》三十六，及《瑜伽》《婆沙》诸文，皆可检寻。

三、邪见。又略为二，曰增益见、损减见。增益见者，于本无事妄构为有。如于色等法上，增益瓶相，世所谓瓶者，据实言之，眼识所取唯白色，乃至身识所取唯坚触，本无有瓶，意识妄分别故，遂于色等法上增益瓶相耳。转增益瓶无常相。乃至于五取蕴，增益我相，转增益我常、无常相。外道有计我是常，即增益我常相；有计我当断灭，即增益我无常相。又于缘起法不如实知故，妄增益梵天、自性等相。晚世哲学家一元、多元诸论，凡所计执，皆由增益。譬彼病目，幻起空华。损减见者，于本有事妄计为无。治故籍者，于古人确实之纪事或不信忍；如孟轲说《武成》之篇，判流杵为淫词，以仁人伐暴，不应有此事故。征以仲尼武未尽善之谈，《诗》《书》皆有殷顽抗周之事，则武王与纣仁暴且未易分，遽谓武之仁，断无流杵事，适堕损减见耳。生长僻陋者，闻殊方异物则拟之齐谐志怪。即俗为征，既已如此。若夫清净法界法尔本然，不容增减，而众生不自证得，妄拨为无，斯上智所以恻然悲闵。大抵损减依三事生：诸法实性无上无容，众生染慧，拘碍垢污，照了不及，遂起损减，一也。理境至广、至深、至微，除前诸法实性，余或广、或深、或微一切理境。染慧钝劣，皆弗周澈，遂起损减，二也。事不现前，谓过去及当来。染慧推校未精，遂起损减，三也。凡增益见，以无为有；凡损减见，以有为无。鹿迷焰而狂奔，鹿热渴则迷阳焰为水而奔赴之，增益见犹是也。譬背光而长暗。光本非无，瞽者不见光则谓之无，损减见犹是也。增损二执，更起迭用，有情于是乃大苦。《识论》邪见，本列举外道诸论，今此不尔，但义亦相会。

如上三见，一我见、二边见、三邪见。邪见最宽，一切谬解，皆邪见摄。我、边二见，约胜别谈，故不摄于邪见。又复应知，综前恶见，皆依慧假立。慧者，即别境中慧数，依慧上别用，假立恶见。原夫未转依位，即有漏位。诸慧自体，每一念慧，由自功能现起，即慧之体相。念念各别，非唯是一，遂名诸慧。性唯无记。不违染故，非善性摄；善中无痴，能对治痴，慧非痴之对治，故云不违染。体非即障，应不名恶。凡恶法自体即是障，故能障圣道令不起。慧者简择，就简择自体言，固非即是障。但由痴等惑引故，令简择成颠倒，方名为障。非可说障为慧所固具也。《识论》慧通三性，实未应理。《百法光疏》亦依《识论》，谓别境五法，皆通三性。然欲等通三性，吾无间然，至谓慧亦如欲等，通恶及有漏善，则未知其可。然慧自体，是无记故，无逆无违，乃能随顺善染诸法。有漏善心、心所起时，慧数得与之相应；染心、心所起时，慧数亦得与之相应。由善增令成净，净者明净。慧与善心、心所相应时，由彼善法引令慧相明净增盛。即此慧复能引生俱时或后念无痴。前言无痴以慧为因者，以此。由染增令成恶，恶者毁责之词。慧与染心、心所相应，为其所引，而成邪谬，故以恶名毁责之，非谓恶见定是恶性。《识论》六亦云："俱生我边二见，唯无记摄。"学者宜详焉。以故恶见，离慧无体。有难："有漏慧唯无记者，何可引生无漏善慧耶？"答言：有漏慧由定或精进等善法增盛故，能引生有漏善中无痴。即此无痴，复能引生无漏善慧。非有漏慧直引无漏。然慧相详谈，俟诸《量论》。

综前六烦恼，有是俱生，与生俱生，故曰俱生。有分别起。由思察而生，名分别起。俱生复分为二：一、本来俱生。众生无始已有此生，实由无始已有此惑。惑者，烦恼之异名。昔先尼问佛："为生先烦恼有，生者，谓众生之生。为烦恼先生有？若言生在前者，云何说言因烦恼故方得有生？若烦恼在前，此谁所作？复住何处?"佛答先尼:"烦恼与生,俱时而有。于湛然真常之中,忽然惑起即忽然有生。虽复生因惑有,而生与惑一时顿俱,无有前后。等是空华,焉得横分次第耶? 虽无前后,要因烦恼得有生,终不因生而有烦恼。"因惑有生,不因生而有惑,故生非可厌,而惑乃当断。问:"生因惑有,断惑非即以断生乎?"答:此据众生之生,说因惑有,岂其断惑遂无有生。外道复就始有为难,佛还就彼无始而答。以上见《涅槃经》。此惑无始法尔与生俱有,故曰俱生。二、等流俱生。此言等者相似义,相似而流名等流。众生自有生来,历劫现惑,虽复各各刹那坏灭,而通有熏习等流不已。是故今劫以过去惑习随逐故,不假恶缘,不由筹度,常任运起,虽非本具,有生以后,新熏随逐方起,故非本来固具。亦是俱生。分别起者,待筹度方起。意识筹度时,由三缘故,引令惑生,遂名此惑,曰分别起。三缘云何? 一恶友力,所谓恶友者,不限于所承之师,所信之友已也。群众有其锢蔽之恶俗,则尤为恶友之大者。天下有真理所在,皎然易明,而役于群俗者,终其身大惑不解。若夫前识之伦,大心之士,离群而特出者,又旷劫不可一遇,此则慈尊所以有无尽之悲。二邪教力,凡学说之不究于真实者,皆谓之邪。三不如理作意。前二属外缘,第三属内缘。《识论》于第三本云自审思察。然泛言思察,即不得说为惑缘。今依《瑜伽》卷八说疑及边见等文,以不如理作意为第三缘。作意者,即前遍行心所之一。若如理作意,能引同聚心、心所如理思察,则惑无自生。唯不如理作意,方引令同聚心、心所起不如理分别,如于无常计常等,乃名为惑耳。夫作意者为一聚心、心所全体之动之几也,故必于此致慎。而世之足与语此者鲜矣。逢缘创起,故异俱生。分别、俱生,义如上述。六烦恼中,有通此二,通二者,如贪有任运而起者,即俱生贪;有由筹度而起者,即分别贪。瞋、痴乃至我、边见,皆可准知。有唯分别。条其流类,而为二图。

（甲图）

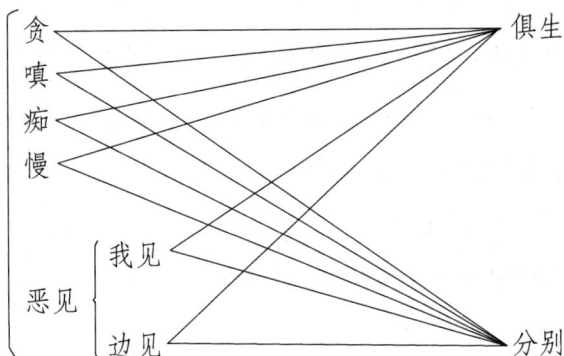

（乙图）

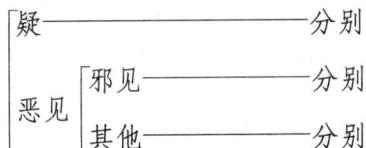

复有异义："俱生边见，唯有于断。如《瑜伽》言，学现观者，起如是怖：今者我，我何所在耶？谓得现观者，入无我观已，分别我执即断。出观之时，便生恐怖云：今者我，我何所在耶？缘彼一向坚执有我，于入观时，分别我执骤断。及出观之一刹那，即是执心继起，返缘前刹那观心，遂起我断见，而怖之云云。初句"今者我"之"我"字，直是不假筹度而出，即俱生我见。次句"我何所在耶"之"我"字，则是从筹度而生。正由于不如理作意为之缘，方起如是我见。故次句之"我"即分别我见。此"我何所在"之云，即是于分别所执之我上计为断，亦即分别断见。今论者不察，乃举此以为俱生断见之证。又如禽兽等，若遇违缘，皆恐我断，而起惊怖。故知断见，通于俱生。若常见者，其相粗显，必恶友等力，引令生起。以是俱生，在常非有。"其为说如此。然俱生通断，我本无诤。彼引《瑜伽》，反成非据。"我何在耶"一语，已是分别，汝何勿思？至禽兽怖断，证是俱生，义固无违。但执此类征禽兽亦复执我常存，炽然造集长时资具。如蜂蚁等，炽然造集长时窟穴资具及饮食资具。盖其执我常存之见，恒任运起，故尝阴驱潜率，令其造集而不已也。顷有难言："禽兽但有造集之动作可见而已，若由动作而比度其有计我、计常诸见之隐于后，得毋虚构耶？"此其持论，直以有情之动作等于机械之运转。又必限于官感所接，而后信其非虚。如斯之心习，更何足与谈理。此其人固习于浮浅之美国学人之说，置之可耳。岂此常见，不属俱生？禽兽等常见不由筹度而生，唯有俱生。当知边见，为断为常，并通俱生，何可承其一而否其一耶？

　　复次，六烦恼自类相应云何？贪与瞋、疑，决不俱起。于可爱境，不生憎故；于犹预境，无染着故。

　　贪与慢，不定俱起。或俱或不俱，故言不定。于他起爱，必不相陵；于所恃我，亦复深爱。贪与我慢俱故。

　　贪与诸见，我、边等见。皆得相应。于自所见，必乐著故。

　　瞋与慢、疑，容有俱起。容者不尽之词。所蔑所憎，其境可同。如慢他时，必于他起瞋；唯我慢自恃，定无瞋俱。久思不决，憎或乘焉。

　　瞋与诸见，容有相应。于所推求，或憎恚故。

　　慢于境定，疑则不然。慢则于他胜负决定知，故名境定。疑则于他胜负未决。故慢与疑，无相应义。于他胜负尚犹预故，自不起慢。

　　慢与诸见，俱起无违。于自所见，恒高举故。《识论》说慢与断见不俱生，执我断时，定无陵他而自恃故。此不应理。圣者犹有我慢，凡外起我断见时，未必遂无我慢。

　　疑不审决，虽复俱慧，终与见违。见虽慧上别用，而审决故，理不容疑。见既审决，岂得同时更容疑起。

痴与贪等惑，等者，谓瞋、慢、疑、恶见等。皆定相应。一切惑生，必由痴故。

凡一识于一刹那顿起，其宛然一体之上，如初刹那顿起之眼识一聚心、心所，总名一体，此于初刹那便灭。第二刹那顿起之眼识一聚心、心所，亦总名一体，仍于第二刹那灭。第三刹那以往准知。眼识如是，耳等识皆可类推。必无自相乖返之行相。故贪等相望，有俱不俱焉。世俗有计爱憎可俱起者，此乃误以多刹那心为一体故也。盖心起迅速，刹那刹那差别而转，彼乃不察迭移屡更之次第也。

此六烦恼与别境五，相应云何？遍行具四一切，故不待问。贪、瞋痴、慢，容与五数俱起，容者不尽之词。如贪或时与五数俱起，或时亦弗与五数俱起。贪如是，瞋、痴、慢皆可例知。皆不相违故。有难"贪等不得有定"者，此不应理。定者专注义，贪等亦尝专注一境，即由定数作用引令专注故。得有定俱明矣。

疑于五数，唯除胜解，即与余四数皆容俱起。不决定故。故与胜解相违。见于五数，唯除慧，亦与余四数皆容俱起。非异慧故。见之自体即慧，不可说自体与自体相应。

此六烦恼，意识通具。五识唯三，曰贪、瞋、痴。如眼识于可意境，任运生爱，名为贪；于不可意境，任运生憎，名为瞋；于一切境任运生迷，名为痴。眼识如是，耳识乃至身识准知。五无分别，以无粗猛分别故，说为无分别。故无慢等也。然五贪等，唯任运起。唯有俱生贪等。基存异义，弗可据已。《述记》三十七第七页"五识中亦有分别所起贪等，由意识分别贪等之所引故"云云。按基师顺《瑜伽》文，故存斯解。不知分别行相粗猛，五识安得有此耶？

157

附识：有难"五识不应有贪、瞋、痴"者。余报之书云：贪、瞋、痴者，但是动作，而非思辩。与来问所谓五识任运者，初无乖返。贪等动作，即是任运于境转故。设问："动作为有意义为无意义？"吾则曰：即动作，即意义。虽然，固不可以世俗所谓机械动作相拟耳。五识于色等境任运起贪等时，此贪等即是行于境之一种动作，亦即是行于境之一种意义。意义者，为心法之特征。世俗谈五官感觉者，或不了此。

此六烦恼，复有分位差别如忿依瞋上一分之用别立，余可例知。及其等流此言等流者同类义。如无惭等别有体，以其势用非胜，必依俱时或前念贪等烦恼为因，方得生故，即无惭等是贪等烦恼之同类。相随而生，名随烦恼。以随贪等烦恼而生，故名。将更论之。

五随烦恼二十法。一曰忿。忿数者，依对现前不顺益境，瞋之一分愤发为性，能障不忿，执仗为业。仗者器械。如于他有情，或他见起瞋者，他有情于己为不饶益事，或他见与己违反者，皆对之起瞋。若极愤发，威势至猛，烈焰狂风，曾无足喻。于此之时，必有身语二不善业从其忿心，直发于外，勃然莫之能御。甚乃丑诋腾于文书，执仗至于合众。其端至微，其流甚广，喧阗流沔，四海澜翻，渫血践尸，动以千万。此则忿心之害，巨征乎人类历史攻战之事，细察之禽兽微虫爪牙格斗之间，所随在可见者也。

二曰恨。恨数者，由忿为先，怀恶不舍，结怨为性，能障不恨，热恼为业。结恨者，于前所忿境不能含忍，故恒令身心热恼。恨亦瞋之一分，但势用深猛，较前忿位又过之矣。

三曰恼。恼数者，忿恨为先，追触追者，谓追往恶；触者，谓触现违缘。**暴热**，于所追触而起暴热，暴者凶暴，热者谓凶恶之毒若烈火内煎也。**很戾为性**，很戾者，凶毒至极，毫无回向慈善之几。**能障不恼，蛆螫为业。**恼亦瞋之一分，其势用较恨位尤烈。忿、恨、恼三法皆瞋之差别，离瞋无三法自体。

四曰覆。覆数者，依贪痴分，谓依贪之一分及痴之一分。**于所作罪隐藏为性，能障不覆，忧悔为业。**《杂集述记》七："覆藏罪者，或近或远法尔忧悔，心不安稳。"**有谓此覆，痴一分摄。一以文证，《瑜伽》卷五十五。《对法》皆作是说。二以理征，覆罪招苦，曾不知惧。**故是痴也。**此其所持，但为得半。诸覆罪者，亦有恐失财利名誉，谓无贪分，如何尽理？故覆依贪痴假立，**离贪、痴分，即无覆之自体。**诚不容疑。**

五曰嫉。嫉数者，殉自名利，不耐他荣，妒忌为性，《显扬》云："于他所有功德、名誉、恭敬、利养心妒为嫉。"**能障不嫉，忧戚为业。嫉与喜违，怀嫉妒者，闻见他荣，深结忧戚，恒不安隐，故无喜悦。**《显扬》云："喜是不嫉。"**然嫉亦瞋之一分，离瞋无别嫉之体相。**

六曰悭。悭数者，耽著财法，资具荣位等事，皆名为财。一切学术，皆名为法。**不能惠舍，秘吝为性，能障不悭，鄙畜为业。**悭吝者心多鄙猥，吝涩畜积，非所用物，亦恒聚积。**悭者贪之一分，离贪无别悭之体相。**

七曰诳。诳数者，为获利养，资具、权位、名誉、恭敬、及一切便己事，皆名利养。**矫现不实，诡诈为性，能障不诳，恶依为业。**言恶依者，一切恶行依诳起故。**诸矫诳者希图利养，必由贪故；诈作伪事，必由痴故。**由迷暗故，方起诈伪，若无痴，则诈伪无容生。**诳依贪痴假立，非别有体。**诳之行相，不可胜穷。历史所纪，权要阴谋，臣妾谗惑，宦途污诈，方术神怪，士类标榜，工商售伪，兵家奇计，外交纵横，皆诳也。下逮齐民，匹耦相处，亦多行诳。如《孟子》载齐人乞食墦间，而骄其妻妾曰："所与饮食者，尽富贵也。"此缘希图妻妾恭敬，始为此诳。然今之学人有矫称远西显学以取誉流俗者，与乞人诈称富贵之情，复无少异。又征之民族心理，则有豪强兼并小弱，而诡谈正谊，矫托文明，斯亦诳之最著。总之众生一向贪痴流行，即欺骗虚伪所以炽盛而无已。大觉鉴此，如何勿悲！

八曰谄。谄数者，为罔他故，矫设方便，险曲为性，能障不谄为业。凡谄者，必无真见，不自树立，耽着利誉，权位、荣宠、资具皆利也。誉者，名誉。患得患失。于是习为揣摩，多设罗网。或侦一人好恶，恣为诡遇；或伺群众风尚，巧与迎合。秉政之夫，承学之士，每如此矣。此所以为险曲矣。然谄依贪、痴假立，亦犹于诳。谄者无真见故，是痴分。耽利誉故，是贪分。

九曰害。害数者，于诸有情，心无悲愍，损恼为性，损者损害，恼者逼恼。能障不害为业。众生由有害故，惨毒横溢。禽兽无不相吞噬，人猎禽兽而食，又残同类。害亦瞋之一分，非别有体。

十曰骄。骄数者，贪、痴、我慢一分，耽醉傲逸为性，耽醉者，昏迷异名，即痴之一分。傲者，心恃高举，即我慢之一分。逸者，悦豫，即贪之一分。依此三分，假立为骄。能障不骄，染依为业。骄者，生长一切染污法，能令善根不起。《唯识》说骄于盛事生。《对法》说随一荣利之事，如族姓、色力、聪睿、财富、自在等事，皆令骄生。族谓族类，姓谓姓望，色谓妍美，力谓强盛，聪谓易悟，睿谓明敏，实货曰财富，纵任曰自在。两《论》所谈，等无差异。然骄之行相最宽，不唯于盛事始生。人固有不知己为何等，不知即痴分。于己所有，虽非盛事，亦心怀高处，恃我所故，即我慢分。深自悦豫。悦豫者染著貌，即是贪分。无知少年、顽固老朽，辞气骄逸，不可一世，则其例之著者已。又《唯识》《对法》，骄唯贪分，亦不应理。骄必昏迷，即是痴分；必恃我所，即我慢分；必生染著，有贪无疑。骄依三法假立，此义极成。

十一曰无惭。无惭数者，轻拒贤善为性，能障于惭，恶依为业。恶依者，由无惭故，一切恶行依之生长。凡人不自贵爱，贵者尊贵，爱者爱惜。甘居污下，必于贤德善道，轻忽抵拒，轻忽之，必抵拒之也，轻拒定相连属。而莫肯率由。犹如粪土，喻无惭者。曾不任坸；坸喻贤善。亦若簧音，喻贤善。对牛喻无惭。难鼓。

十二曰无愧。无愧数者，崇重暴恶为性，能障于愧，恶依为业。凡人于世间正论都无敬畏，即一切暴行恶德皆其所欣然崇重，而若将不及已。鸡鸣而起，孳孳何心？如狼贪，如狐疑，如鹿豕痴，如豺虎厉，如魑魅魍魉，昏昏冥冥，陷溺深渊亿万千仞。问谁大力，翻然知愧？

无惭、无愧，通谓不耻，经论皆以不耻过恶为此二数之通相。拒善崇恶二相仍别。但二数必俱起，随一染心生时，皆有拒善崇恶二方面故。然皆实有，《瑜伽》五十五说为实有。不由假立。非依贪等分位假立故。

十三曰掉举。掉举数者，嚣动为性，能障舍及奢摩他为业。奢摩他者，止义。此依不正寻求，或复追念曾所经见戏乐等事，方起嚣动。由嚣动力，能令同聚心、心所于境不寂静而转。有说掉举亦假有者，如《识论》破。《杂集》等说掉举依贪之一分假立，《识论》则谓离贪等有别自体。

十四曰昏沉。昏沉数者，瞢重为性，瞢者瞢瞢，重者沉重。能障轻安及毗钵舍那为业。毗钵舍那者，观义。由痴增上，令瞢重生。此瞢重力，能令同聚心、心所无堪任。无所堪能，无所任受，名无堪任。

161

人愚劣者,曾重相增。下逮极劣动物,意识作用若不显现,亦曾重极盛使然。昏沉离痴等有别自性,如《识论》说。

十五曰不信。不信数者,浑浊为性,能障于信,惰即懈怠。依为业。于染法起邪忍者,邪忍,即别境中胜解之属于恶性者。即不信因;于染法起邪乐欲者,邪乐邪欲者,即别境中欲之属于恶性者。即不信果。不信正翻于信。于实、德、能此三详前信中。不忍不乐不欲,故懈怠依之而起矣。

十六曰懈怠。懈怠数者,懒惰为性,能障精进,增染为业。精进有二义:一曰胜进,健而高往,如日方升,油然迥然,峻极无上。油然者,生生不息义;迥然者,高远义。二曰精纯,如金出矿,如米遗秕,真净离垢,胜用难思。懈怠亦二义:一曰退坠,心无策励,怖畏升进,如流趋下,势不可挽。二曰杂染,心惰弛故,起缚犹境,心惰弛,则犹境之拘碍而起执自缚。诸杂染法,依之滋长。凡于染法而策勤者正是懈怠。违精进故,方滋长染。懈怠、精进两敌不并,犹如明暗曾不俱生。

十七曰放逸。放逸数者,纵荡为性,障不放逸,增染为业。依止懈怠及贪、瞋、痴,无有防修功用。于净法不能修,于染法不能防,名为无有防修功用。防修只是一事上之两面,非于修善之外别有防恶一段工夫也。假立放逸,非别有体,三毒普为一切染法所依,贪、瞋、痴名三毒。懈怠滋长一切染,颓荡纵恣此四为甚。

十八曰失念。失念数者,于诸所缘不能明记为性,能障正念,散乱所依为业。依止懈怠、不信、昏沉、痴,假立失念。离懈怠等四法即无别失念之体性。心惰弛故,势用若断,懈怠起时,心若无势用者然,故言若断。若断者,非真断也。不信、昏沉,皆可类知。不忆曾受;心浑浊故，势用若断，不忆曾受；心瞢重故，势用若断，不忆曾受；心迷暗故，无明解用，不忆曾受。故失念一数，依四法立。掉举等起时，亦能忘念，然不依掉举等上立失念者，以四法忘念最胜，故偏依四法立。《识论》说依痴及念者，亦依念者，由染污念于善不能明记，说此种失念，依染污念而立。非尽理也。

十九曰散乱。散乱数者，于诸所缘令心纷驰为性；驰者驰流，纷者纷乱。能障正定，谬解所依为业。散乱离贪等实有，躁扰即其别相。躁者散义，扰者乱义。或说依贪等立者，非也。散乱与掉举有异，掉令心于境嚣，嚣者浮举，若巨波掀起。乱令心于境纷。一心纷驰众境，声色名利，宛尔杂乘，行相纷纭，愚者恒不自照。一切染污心生时，掉乱常俱。然或由念定力制伏，念者念数，定者定数，此二得与掉乱俱生。如系猿猴，得令暂住。住者止也。念力定力增故，掉力乱力微，故心得暂止其纷嚣也。掉乱之势盛已。一僧为余言"初习静坐，欲摄心令住，苦恒不得住，若大海潮力猛然压来"云。盖念定方欲制伏掉乱，而其力犹未盛，则掉乱必出其力以与之抗。斯时念定方面益增努力，乃足以制伏掉乱，否则反为掉乱所制矣。

二十曰不正知。不正知数者，于所观境谬解为性，能障正知，起恶行为业。此但慧之一分为体。不正知即慧上别用故。《识论》六说不正知以慧及痴为体者，非是。由痴等增上，等者谓贪等惑，及无惭、无愧、掉举、昏沉、散乱等随惑。令慧于境错谬邪解，名不正知。问："不正知与本惑中邪见何别？"答：彼是根本，行相深细；此随彼起，行相转粗。粗细虽殊，要皆慧上别相而已。诸不正知，不皆发恶行，如误解大地为静而非动者，此亦不正知也，固无所谓发恶行矣。行者，业之异名。而恶行则未有非起于不正知者。如今凶猘拥重兵，以不了知杀盗淫戒之不可犯，遂发起身语意种种恶业。**此可惧也。**

　　右二十法，七是实有，无惭、无愧、昏沉、掉举、不信、懈怠、散乱，凡七法并离贪等有别自体，故通名实有。**十三法除无惭等七法。皆假有。**如忿即瞋上别相，离瞋无别忿之体。忿如是，余十二法均可类知。**假法者，贪等分位；实法者，贪等等流。根本既强，**贪等六法对随而名根本。**随亦滋长。**忿等二十法对根本名随。**有情惑缚，**惑者烦恼之异名。**固若结绳。**有情由本惑随惑，重重锢缚，若绳结在身，牢固不解。**孰是智人，忍此终古。**

　　此二十法，通俱生、分别。随俱生烦恼即贪等。**势力起者，俱生摄故；随分别烦恼**即贪等。**势力起者，分别摄故。**俱生、分别二义详前。

　　忿、恨、恼、覆、嫉、悭、诳、谄、害、骄，此十多不俱起，《识论》六说"此十展转相望，定不俱起"。吾谓不尽然。如诳与谄，容有于一刹那心中俱起者。云十不俱，此约多分。**行相猛者，各为主故。**十中猛者，互不和杂。**无惭、无愧二法，起必相俱，复遍染心。**谓与忿等十法，及掉举等八法，皆得俱起。**掉举、昏沉、不信、懈怠、放逸、失念、散乱、不正知，此八容俱，**八法展转相望，容俱起。**亦遍染心，**八法与忿等十及无惭、无愧二，皆容俱起。**互不相违故。**有难："掉举相高，昏沉相下，高下相违，如何容俱？"答言：昏掉别体，俱起无违。虽复高下有殊，若一增盛一微劣者，仍不相违，故容俱起。但无有昏掉并盛而得俱耳。

　　此二十法，无惭等十，无惭至不正知，凡十法。**多与本惑俱起。**根本烦恼省称本惑。**忿等十，不与见、疑相应。**见者慧分，疑相沉细。忿等于境粗猛而转，故无见及疑俱。**忿、恨、恼、嫉、害，与慢、痴俱，与贪不并。**忿等五法，皆是瞋分。一刹那心于一境上，断无憎爱并生者，故忿等不与贪并。**悭与痴、慢俱。覆者，贪、痴互俱。**依贪与痴，假立覆数。故此覆者，其痴之一分与贪俱，即其贪之一分与痴俱，名为互俱。**诳、谄与骄，亦足准知。**

二十随具云随烦恼或随惑。**与别境五法，行相无违，便得相应。**唯不正知与慧无所谓相应，不正知体即是慧故。失念一法，有依染念上假立者，此与念亦无所谓相应。

第六意识随惑通有，五识但容九法俱。《识论》少别，应更研详。据《识论》六："五识但无忿等十，以彼行相粗猛，五识望彼即细，故不俱。若无惭等十，五识容有，遍不善故。"吾谓五识止有无惭至散乱九法，除不正知，故无十也。五识容有微劣慧，已如别境中说。然随中不正知，行相转粗，此唯在意识，非五识有如是粗慧故。

六不定四法。此四法，非如触等定遍一切心故，不名遍行；非如欲等定遍三地故，不名别境；非如信等定唯善故，不名善；非如贪等定唯染故，不名烦恼及随烦恼。由斯立不定名。**一曰悔，二曰眠，**或云睡眠。**三曰寻，四曰伺。**

悔数者，于已作未作善不善事，追悔为性，障止为业。依止惭愧，于善事恶先不作，于不善事恶先已作，此悔善性摄。恶者，嫌也厌也。凡于先已作或未作事而起嫌恶者，即是追悔。《识论》等说嫌恶为因，悔为果者，则是翻弄名词而已。**依止无惭无愧，于不善事恶先未作，于善事恶先已作，此悔不善性摄。悔者，令心怅怏不安，故能障止。**善悔，离惭愧无别自体；染悔，离无惭无愧无别自体。《成唯识论》七说悔别有体性者，非是。

眠数者，令身不自在，昧略为性，障观为业。眠相差别，略有二种：一半觉眠，二梦位眠。且谈梦者。应先征诘梦中意识，有无五识俱转。此在《识论》无文可考。《楞严经》说："如重睡人，眠熟床枕。其家有人于彼睡时，捣练春米。其人梦中闻声，别作他解，或为击鼓，或为撞钟。"据此，则梦意具云梦中意识。容有五识俱转。言容有者，不尽之词。梦中五识不转，即五根不取境，而意识独起作用者，其事恒有。曾视友人之病，心知其危，不忍绝望，夜则梦见友人病愈，方梦醒时，亦不觉五根有何接触，则纯为意识独构矣。然梦位眠，必依忆念。《大毗婆沙论》三十七："梦所见事，皆是曾更。问："若尔，云何梦见有角人耶？岂曾有时见人有角？"答：彼于觉时，异处见人，异处见角；梦中昏乱，见在一处。故无有失。"人与角非未曾更，故言曾更者，无失。此即明言依念。又以理征，梦眠亦复依欲。觉时希望起已，希望即欲。便有熏习，等流隐伏，等流者不断义。乘梦腾跃，世固不乏其例。《论语》记孔子梦见周公。盖凡人于其所爱敬之先哲精诚遥契，而希望一亲其謦咳，此觉时之欲。自有熏习，等流不已。忽于梦中涌现，宛若亲见其人也。有僧自言梦中见佛者，亦此例耳。又吾乡某翁言：前清应茂才试，辄下第。一夕，梦试获中，及期果然。此梦亦依求试之欲，其后试而竟中，特偶合耳。又梦眠亦用思想为体，思想种种梦境相故。《识论》一师曾作是说。参考《述记》三十九第七页。犹复应知，梦眠定依懈怠、昏、昏沉。乱。散乱。由三法增盛故，三法者，懈怠、昏沉、散乱。觉时亦有此三，但梦位则增盛。令思想与念错乱而转。如前所引见有角人，闻春练声变为钟鼓，皆其征也。欲之熏习，梦中诈现，诈现者，本无实事，妄见为有。亦由懈怠昏乱则然。觉时懈怠昏乱力微，而定力胜。定者专注不散，故心不错乱。梦位则无定，唯是懈怠昏乱而已。梦眠行相，奥渺难言，如上所陈，但堪略睹。梦眠亦有不可以常理测者。丁巳复辟变后，余于役荆襄，遂及湘粤，历八月余，未通家问。一夕忽梦见吾五弟僵卧吾榻，已气绝，吾抚之痛哭，忽然而醒，情极怆恻。时在广州也。然弟年尚少，平日殊不觉其当夭。又数月，归家，则弟竟于吾梦之前数日死。呜乎，天伦之感，无间存没。此岂可谓之偶合耶？**半觉眠者，亦依懈怠等，令心不明利，然眠相宛尔似起，寐相犹未全舍，若明若昧，故谓半觉。总之，眠心所，依余数假立，**余数者，谓懈怠、昏沉、散乱、思、想、欲、念。**义极成就。《识论》说别有体，斯何可据。**眠离念等无别体，故通三性。依善念等者，即善性摄；依染念等者，即恶性摄。无记性准知。

寻数者，寻谓寻求。**于意言境**第六心、心所取境时，其行解相，同言说相，故名意言。意识所取之境，名意言境。此境即是其相。**粗转为性，**浅推度名粗。**安不安住所依为业。**令心匆遽，即不安住。令心徐缓，即安住故。

伺数者，伺谓伺察。**于意言境细转为性，**深推度名细。**安不安住所依为业。寻伺皆依思慧假立。**离思慧无别寻之体，亦复离思慧无别伺之体。《显扬论》一：寻者，谓或时由思，于法造作，或时由慧，于法推求。伺如寻说。此则思慧若不俱转。然惠沼释此，以为据**增相说，**意云：《显扬》言"或时由思"者，思相增盛故，非谓其无俱生之慧也。又言"或时由慧"者，慧相增盛故，非谓其无俱生之思也。**义极符顺。当知每念寻，合用思慧为体；每念伺，亦合用思慧为体。**

寻伺通相，唯是推度。推度略有二术：察其曲而知其全，执其微以会其通，此一术也。据公理以断众事，设定数以逆未然，此又一术也。二术互相为用，乃成推度。然以二术操之至熟，则常若无所资于是者。人心思慧之能事，所为不可测耳。

又寻伺之用，有消有息。于诸法别别共相而转，共相非一，故云别别。如瓶共相也，衣亦共相也；坚共相也，暖亦共相也；无常共相也，苦亦

167

共相也。**世界秩然，如大网罟**，网罟者，为至纷繁而有秩序之全体。**名言诠表，于是滋多，息之用也。于诸法一一作无相观**，无相者，亦可说为诸法最大共相，更无共相与之对待。盖无者，非真无也。诸法皆如，所谓无相。此义俟《识性篇》详之。**随顺证智，实性离言**，证智必假寻伺为方便故。**消之用也。**

然则寻伺何别耶？曰：思慧于境推度，初念行解尚浅，后乃入深。浅者全体计画，犹如作模。深者于全体计画之中又复文理密察，文理，谓分畛也。亲切有味，如依模填采，令媚好出。附说一。盖后念思慧续初念思慧而起，历位异故，非复一相。初浅后深，故非一相。深推度位，目之为伺；浅推度位，名之以寻。

附说一：世俗以为推度之用，先观于分，后理其全。此大误也。实则吾人于境，才起推度是即全体计画。此全体计画本藉忆念缘合呈现，方其呈现也，固在变动不居之中，且有趋于分畛之势焉。次念以往，则分畛以渐至明著。然此分畛在未抵于明著之历程中，固挟全计画以趋进，而又时时得以其力左右全计画而增损之，迄于分畛明著。则其时，相与俱转之全计画，大概为初念之等流，此以相似而流，名等流。可也；或悉反于其初念，亦可也。而心工之所以不测者，亦在是耳。

于一念寻中，复分初、中、后三位，于一念伺中亦尔。寻之初位，计画萌动，尚为浑然暧昧之全体，行相不猛利，故令心徐缓。寻之中位，犹是初位等流。唯寻之后位，以迄伺之初中位，正由浅入深，即自全体趋于分畛。尔时行相猛利，令心匆遽，如猎人之有所追逐者然。至伺之后位则分畛已明，猛利行相遂入过去，心复徐缓。寻伺业用，若循环已。寻以徐缓始，伺以徐缓终故。

如上四法，悔、眠、寻、伺。复以六事勘定：一、此四相望，悔眠二法容并生，行相不相违故。寻伺定不俱起。前念思慧于境粗转名寻，后念思慧于境细转名伺，前后何可言俱？二、此四与别境，行相不违，方得俱转。三、此四与善十一数，或得相应。四、此四与本惑亦容俱起。五、此四与随惑有俱不俱。悔不与忿等十法俱起。六、此四，意识通具，唯眠数亦五识有。《识论》不说五识有眠数。吾谓梦中意识或时有五识俱转，故许眠数五识亦有。然五识相应眠与意识相应眠，体性非一。意识眠妄分别故，名为非量；五识眠得自相故，仍是现量。《楞严经》说梦中闻舂练声变为钟鼓者，此但意识妄解。其时五识亲得声之自相，并未起舂练声解，更不作钟鼓声解也。或说寻伺与五识俱者，义弗可从。寻伺者推度，五识不推度，故无寻伺俱。

如上六位心所，性类差别：善、恶、无记。顺益名善，心寂静相，随顺清净本然，故名为顺；无逼迫相，名之为益。违损名恶，心不寂静相，弗顺清净本然，故名为违；逼迫相故，名之为损。非善非恶，是名无记。无记又二：有覆、无覆。覆谓覆障，体即染法，能障圣道，故说为覆。又蔽心令不净名覆。信等十一，唯善性摄；贪等六、忿等二十，唯染性摄。染者谓恶。贪等唯染者，就欲界言。若上界贪等，亦通无记。余通三性。余者，谓遍行五、别境五、不定四。通三性者，如遍行法，有是善性，即与善心、心所相应者是。有是恶性，即与染心、心所相应者是。有是无记性。[1]

---

[1] 原本至此结束。

因明大疏删注

题 记

　　本书系熊先生在北京大学讲授因明学的讲义，删注窥基《因明入正理论疏》，为治因明之津梁。1926 年由北大印成讲义，并于同年 7 月经熊先生稍加修订后由商务印书馆出版发行。此据商务印书馆本点校。

因明大疏删注

林志钧题

林志钧（宰平）先生为此书 1926 年商务印书馆版所题书名

揭　旨

简端揭旨，略有二事。一者，吾删注窥基大师《因明大疏》甫脱稿，颇有要义，格于体制，书中未畅，须于篇首揭之。二者，此之删注，既自为例，而订文督义，所历甘苦亦有可言者，当举其旨明告学人。

窃窥要义，总略谈三：一曰现量但约五识，二曰比量三术，三曰二喻即因。

云何现量但约五识耶？现量一词，现量亦云证量，亦云现知。迹其所自，当出因明。本就五根取境，而立此名。尼耶也宗，外道之一。旧云那耶，此翻正理。劫初足目，肇开此宗。因明开山，建立量谛，首曰现知，谓眼见色耳闻声等，名现知故。胜数两宗，皆立现量，义复近此。数论宗《金七十论》颂说现量云："对尘解证量。"释曰"证量者，是智从根尘生"云云。意说五根于五尘境，有证解生，是名证量。胜论宗《十句论》云："现量者，于至实色等、根等和合时，有了相生，是名现量。"《成唯识述记》云"此宗意说眼根舒光，至于色境，方始取之，如灯照物。声香味触四境来

175

至于根，方始取之，故远见打钟，久方闻声，声来入耳，方可闻也"云云。爰及大乘，《瑜伽》《显扬》等论，称说现量相貌，盖亦据五识而谈。《显扬》十一："现量者，有三种相：一非不现见相，《论》自释云："谓由诸根不坏，作意现前时，无障碍等。无障碍者，复有四种：一非覆障所碍，二非隐障所碍，三非映障所碍，四非惑障所碍。覆障所碍者，谓黑暗、无明障、不澄净色之所覆隔。隐障所碍者，谓或药草力，或咒术力，或神通力之所隐蔽。映障所碍者，谓少为多物之所映夺，故不可见。或饮食等为诸毒药之所映夺，或发毛端为余尘物之所映夺，如是等类，无量无边。又如能治映夺所治，令不可得，如无相观力映夺众相。惑障所碍者，谓幻化所作，或相貌差别，或复相似，或内所作，目眩昏愦，闷乱酒醉，放逸癫狂，如是等类，名为惑障。若不为此四障所碍，名无障碍。"二非思构所成相，此谓现量所取境界，非是思构所成也。三非错乱所见相。"《论》自释云："错乱略有七种：一想错乱，谓于非彼相起彼相想，如于阳焰相，起于水想。二数错乱，谓于少数起多增上慢，如瞖眩者，于一月处见多月像。三形错乱，谓于此形起余形增上慢，如于旋火，见彼轮形。四显错乱，谓于此显色起余显色增上慢，如为迦末罗病，损坏眼根，于非黄色，悉见黄相。五业错乱，谓于无业起有业增上慢，如执拳驰走，见树奔流。六心错乱，谓即于前五种所错乱义，心生喜乐。七见错乱，谓于前五种所错乱义，妄想坚执。若非如是错乱所见者，即名现量。"《瑜伽》等说，大概从同。准此，现量本义但约五识明证现境为言，别无玄解。其后大乘引申以言定心现量，或佛位现量，则是摹拟智相，深妙难知。凡情强测，痴人说梦，贫子谈金，惘迷虚揣，夫何益矣！关于现量义，吾所著《唯识论》卷二别详之。然因明现量，但作比依，比量推知，必有现量为根据故。设无现据，比亦悬虚。又复应知，现量既是比量所依，即此现量，必非至人独得之境，而当为世所共有。五识现量，世共有故，由斯比量，可用为依。《论》说现量，本但举五识，《疏》

复广以四类。详见本书说二量处。据大乘义，《疏》释为详；谈因明理，《论》非故略。《疏》举四类现量中，第二俱意，第三自证，事实上本为世俗所有。然世俗于此不分析故，《论》略不言。至定心现量，则世俗一向无之，自不须谈也。

云何比量三术耶？比量有二类：一为自义比，自心推度，唯自开悟。二为他义比，说自所悟，晓喻于他，即三支是。今此但约自义比说。穷理致知，是唯比量，因明精采，于焉独寄。粤稽大乘，古师尝立五种：一相，相者相状。二体，体者体性。三业，业者业用。四法，法者轨范。五因果。若由此故有彼，即说此为彼因，彼为此果。相比量者，谓随其所有相状相属，或由现在，及先所见，推度境界。如见幢故，比知有车，由见烟故，比知有火，名相比量。体比量者，谓现见彼自体性故，比类彼物不现见体，或现见彼一分自体，比类余分。如以现在比类过去，或以过去比类未来，或以现在近事比远，或以现在比于未来，如是等类，名体比量。业比量者，谓以作用，比业所依。如见远物无有动摇，鸟居其上，由是等事，比知是杌；若有动摇等事，比知是人。见比于眼，由有见色之业用故，比知有眼根能发生识也。余准知。闻比于耳，乃至识比于意。由意识有思虑等业用故，比知别有心法而为意根。如是等类，以业比度，名业比量。法比量者，谓以相邻相属之法，比余相邻相属之法。如属无常，比知有苦，以属苦故，比空无我，以属生故，比有老死，如是等类，名法比量。因果比量者，谓以因果展转相比。执因求果，或即果穷因，故云展转。如见有行，比至余方，见至余方，比先有行，是名因果比量。见《瑜伽师地论》十五、《显扬》等论亦同。详此五种，于比量方法，未有发明。又五量之分，难为楷式，举例徒淆，抑何可哂！如见幢比车，得言相比，又何不可属体比？幢亦车体上之一分故。且又得言业比，由载幢用，比有车故。且又得言法比，幢属车故。且又得言因果比，车为能载，幢为所载，说车为因，目幢为果，故由幢果得比车因。审此，则五种比量之分，实无所据。迹古师本意，盖以相、体、业、法、因果，为比量所藉以构成，由有相故、体故、业故、法故、因果故，心依于此，成其比量。遂乃以是分类云尔。过此以往，发挥未及。逮至陈那，肇基鸿绪，显因三相，比量方法，的然可明。因三相者，一遍是宗法性，二同品定有性，三异品遍无性。广如论疏说。实则三相之义，盖可诠之为比量三术：初相陈因，但云设臆，次乃汇同，第三简异。简者简别。三术者备，证义圆成。篝灯兀坐，闻有声来，声浪奔腾，知是无常。此岂漫然，良由比度，而此比度，略由三术。初臆无常，因所作故，即以此因，遍在声上。设声有非所作者，此因便非，必须更作他臆，今无不遍，此臆或然。次乃汇同，历观声外余处，有无所作，亦是无常。又次简异，复验声外余处，有无其常，亦是所作。乃果于瓶于空，同有异无，于瓶等见是所作与无常，名同品定有。于空等见是其常而非所作，名异品遍无。合证所作，无常必随，声所作故，应是无常。即前设臆，至此决定。夫是三术，晚世名家，方知显发。而在印土，导源盖远，要至陈那，始综纲纪。或谓如由所作知声无常，岂待征验瓶空耶？曰：当其于声知所作无常时，旧所习知瓶空上之义，由忆念力，刹那集显，乃若不待征验，实则非不待征验而知。又凡思维应有任运、作意之分，此所云若不待征验者，就任运言之耳。若作意思维，固必经设臆而博求征验也。

　　云何二喻即因耶？《大疏》有言："古因明师，因外有喻。如胜论云：'声无常宗，所作性因，同喻如瓶，异喻如空。'不举诸所作者皆无常等，贯于二处，等者，谓异喻云，若是其常，见非所作。二处者，瓶空二处。**故因非喻,瓶为同喻体,空为异喻体。陈那已后,说因三相,即摄二喻。**陈那显同喻体云:"若是所作,便见无常。"即此同喻,是因之第二相同品定有性。显异喻体云:"若是其常,见非所作。"即此异喻,是因之第三相异品遍无性。以故二喻即摄于因。盖古师以瓶空为喻体,陈那反之,唯以因之后二相为喻体,而不以瓶空为喻体,但名瓶空为喻依,以因之义依瓶空而显故。故瓶等名同喻依,空等名异喻依。陈那与古师天地悬隔,其辨在此,学者真当细心求之。**二喻即因,俱显宗故,所作性等,贯二处故。"**

古师三支	陈那三支实即宗因二支
声无常宗	声无常宗
所作性因	所作性因
犹如瓶等同喻	若是所作,便见无常,如瓶等
犹如空等异喻	若是其常,见非所作,如空等

陈那变古,独此一事,堪称大事。经此改革,思有其术,理以之明,慧日当空,弥天拨雾。略陈其要,爰以两端:一曰于物辩义。义之为言共相,格物致知,观共相故。智囿实物,而绝贯通,窒碍僻坚,伊何穷理?常人但观一一实物,而鲜能作共相观。维孩稚亦然,叩以所知,必举实物对。虽在学人,亦或如此。王伯安因《大学》言格物,而去竹园格竹,七日不得其理,遂致大病。以其观物而不知取共相故也。**古师二喻,但举其物,**瓶空为二喻体故。**陈那取义,**于瓶等上,正取所作无常相似之义为同喻体;于空等上,正取常非所作之义为异喻体。**两相持校,长幼天渊。二曰不以譬喻而为证明。义有凭依,须经实测。**陈那以瓶等为喻依,大有精意。如所作无常等义,设无瓶等可征,由何凭依,见其有

此？陈那虽以喻摄因，而仍三支，存其喻依，此见陈那深心所寄。后来法称辈，直谓喻分可全废，其见乃下。吾尝有言，立义不根事实，如鸟画虚空，漫尔惊文章。悬空构画，矫立譬喻，如言尊主，取譬天高，此土《易传》，以天高地下，证君民贵贱有定位。如成神我，喻如卧具，数论宗以卧具为人用，证明眼等必为神我用。横以比况，证成臆说，此在思维，最称大蠹。古师瓶空二譬，证声无常，此有何能，可为诚证？《疏》引《理门》："是故但有类所立义，然无功能等文。"此段甚精，从来讲者，不知留意。义晦千载，智眼难期。若作喻依，陈那以瓶空改作喻依。据以测义，义不虚构，信有其征。综上两端，足知陈那改喻，于思唯界，扫荡纵横，除一切障，葱岭翔空，大观足畅。吾尝言，陈那述作，特详量论。犹今云认识论或方法论。《缘论》《观所缘缘论》。《因明》，《正理门论》。此土俱来。四十余部，惜未备至。《集量》有翻，而竟亡佚。但唯识疏时见称引。窥豹一斑，尝鼎一脔，求其全者，如何如何？

上来已说要义略尽。次及删注，择二而谈：一者，何为取《大疏》耶？二者，何为亦删亦注耶？

将明《大疏》重要，不可不知《因明入正理论》，是所依故。《因明入正理论》者，以后简称《入论》。本继陈那《因明正理门论》以后简称《正理》，或《理门》，或《门论》。而作。案《大疏》云："陈那所造四十余部，其中要最，《正理》为先。"又云："陈那以外道等等者谓内宗古师。妄说浮翳，遂申趣解之由，名为《门论》。天主一作商羯罗主。以旨微词奥，恐后学难穷，乃综括纪纲，以为此论。即《入论》。作因明之阶渐，为正理之源由，称之为入。"基师叙《入论》缘起盖如此。推迹奘师翻译因明书籍，独取陈那师弟大小二论，《理门》亦名大论，《入论》亦名小论。其间抉择，谅有权衡。诚以古今学派纽于陈

那，大乘因明学分今古，陈那以前为古学，陈那师弟为今学开山。陈那精要
汇归《正理》。《入论》者，则又《正理》之要删，简明博大，肯綮总
揽。基师称其纂二悟之妙，鸠群籍之玄，奥义咸殚，深机并控，匪
唯提综周备，实亦易叶成功。此盖亲承奘旨，当未过誉。唯是义
繁文约，孤译无疏，行将霾秘终古，难以钻研。唐贤疏述，虽累十
家，独有基文，世称《大疏》，夫岂无故？略抉其长：提控纪纲，妙
得《论》旨，征文选义，虽有繁芜，经纬堪寻，仍殊滥漫，其善一。
义实异古，《论》但直申，先无别破，如古说能立有八，或四，或三，《入论》
唯以因喻为能立。然但直申自义，不会环列古义而别破之。诸如此例，在《论》
中屡见不一见也。殊使读者探稽未广，莫测源流。《大疏》则详征古
义，环列洋洒，今古沿革，略可推原，其善二。《理门》奥旨，抉择无
遗，《理门》废譬喻、圣教等量，唯立现比，又以喻摄于因，此其根本义，《大疏》无
不采撷。然世俗徒颂美陈那废教量，不知譬喻量尤当废。法户枢机，舍此
莫属，其善三。综是三者，《大疏》重要，何待致论。陈那、天主、
玄奘、窥基，薪火无间，遗文足征，胜范鸿徽，于焉倾取。

　　更谈删注，亦有由来。吾尝以为治法相典籍，当理大端，捐
其苛节。苛节者，谓悬空或琐碎之推析。盖有宗末流往往铺陈名相，
辩析繁琐，将令学者浮虚破碎，莫究其原。自非神勇睿智，阔斧
大刀，纵横破阵，便当陷没，出拔无期。吾尝言，读相宗一本十支，正如
披沙拣金，披沙愈多愈深，而得金愈乐愈妙。读世间哲学或宗教典籍，只可披
沙得沙耳。然或者以为佛书字字皆金，则是谤佛，必未曾得金者也。《大疏》
虽备三善，然舛词碎义时复错见，学者病焉。若豁神思，必应删
削。唯是临笔，辄求语意贯穿易晓，遂有改易原文，颇属创例。
吾友闽侯林宰平（志钧）以为事异存真，且慢古德，非董理故籍所

宜。其说信善，吾无以难。然删订者，为利始学计，义当从权。且删本原本并行，夫何忧失真矣。尝谓基师译笔宏整，如《成唯识论》等。韵语沉雄，如《唯识述记序》等。独为疏记乃多凌乱无序，不易解了。意者百部，但取材纂类，未及刊定也欤？基师卒年才逾五十，而疏号百部，必未经详定可知。即如《大疏》终卷，解能破似破，义例不具，明是未成之作。吾友丹阳吕秋逸《因明讲要》，于能似破搜讨颇详，读者自宜参看。又在删本，科文可略，内典有科判名句章段者，此名科文，其法至精至密。今此仍存者，则以决判精严，垂范始学，特为揭出。思唯方法精密者，文法亦自精密。印度因明、声明二学俱时发达，此土如清代诸儒治学特重方法，而文法之学亦自此成立。凡斯删定，备有权衡。乃若注释，复尝难阻。触及例证，义涉各宗。征引繁博，固嫌支蔓；训释过简，又惧奄昧。综练显了，其事已难。疏文质直，绝少虚字，属辞比事，复务周纳，体制违俗，以故难了。援笔为注，词义斟酌，几经往返，恒难畅意。间遇险涩，不过数字，一发全身，竟日短趣。注之为事，不便驰骤，此复干枯，因明偏详论辩之术，多陈法式，颇少冲旨，非若唯识等属在内明，广大深妙。又且增苦。是则删非得已，注亦愈艰。千载而下，《大疏》可读。方鲁胜之订《墨辩》，意实同符；拟稷若之读《仪礼》，敢为导窾。

此书创始，特缘北京大学授课而作。随讲随书，自秋涉冬，以毕其事。览之，仍多未惬，异时有暇，容当审理。

中华十四年十二月三十日黄冈熊十力

识于北京什刹海东梅厂广大坚固瑜伽精舍

凡　　例

一、此书所据原本,系金陵刻经处清光绪年间松岩上人校刊本,原名《因明入正理论疏》(世称《大疏》)。

二、书中改易原文处,或时注明,或时未注,读者务取原本对勘。

三、注中有时援引旧解者,必举其书名或人名,或存用疏主自注者,亦标原注字样,皆以别于己注。

四、原本分为八卷(合订仅二本),今总成一本,不分卷数。

附读法二则

一、基师文字,辞气朴重,读者必须心气澄定,方可悟入。凡佛家经论及著名疏记,译述者皆神解超特,从其大心深心静心而流为文字,读者亦必具相当之心情，始可与之相应。世俗好以浅见谤深语，如犬吠尧，何足算也。因明虽少冲旨，然《大疏》文字，辞气朴重，自非心气粗浮者可入。

　　二、初读不了，勿便置之，一往直前，了一义便记取一义，于所不了，但知存疑。存疑非易事，浅人读书，若明若昧，犹如梦境，全说不出疑问来。如此读竟，又往复数番，则凡宗庙百官之富美，莫不尽见。此不独读因明书宜然，一切内外典籍，皆须以此法读之。

因明大疏删注

　　因明论者，源唯佛说。文广义散，备在众经。故《地持》云："菩萨求法，当于何求？当于一切五明处求。"五明者，一内明，二因明，三声明，四医方明，五工巧明。详见《大论》三十八。求因明者，为破邪论，安立正道。劫初足目，创标真似，佛家因明学，虽就自宗推源佛说，然迹其本始，仍属外宗。佛氏盖因外宗而别详之。足目学派即外宗也。爰暨世亲，咸陈轨式。虽纲纪已列，而幽致未分，故使宾主对扬，犹疑立破之则。有陈那菩萨者，是称命世，贤劫之一佛也。匿迹岩薮，栖虑等持，等持者，定也。观述作之利害，审文义之繁约，于是覃思研精，作《因明正理门论》。其弟子商羯罗主，善穷三量，妙尽二因，生了二因。启以八门，谓八义。通以两益，自悟，他悟。考核前哲，规模后颖，总括纲纪，为《因明入正理论》云。

　　梵云醯都、费陀、那耶、钵罗吠奢、奢萨怛罗。醯都，言因。费陀，云明。那耶，称正理。钵罗吠奢，翻入。奢萨怛罗，论也。

唐云，因明正理入论。今顺此方言，称《因明入正理论》。依此标名，合为五释。

一云：明者，五明之通名；五明见上。因者，一明之别称；入正理者，此论之别目。因体有二，所谓生了，广如下释。今明此因义，故曰因明。入者，达解。正理者，诸法本真。诸法自性差别，法尔如是，名为本真。法尔，犹言自然也。自性者，体义。如直斥色法之体而名之，是为自性。差别者，即此色法体上所有无常及无我等义是也。由明此二因，入解诸法之正理。

二云：因明者，一明之都名；入正理者，此轴之别目。因谓立论者言，建本宗之鸿绪；明谓敌证者智，照义言之嘉由。非言无以显宗，含智义而标因称；非智无以洞妙，苞言义而举明名。立破幽致，称为正理；智解融贯，名之为入。由立论者，立因等言；敌证智起，解立破义。明家因故，名曰因明。依主释也。

三云：因者言生因，明者智了因。由言生故，未生之智得生；由智了故，未晓之义今晓。所晓宗称正理，所生智名为入。因与明异，俱是因名；正理入殊，咸为果称。由言生因故，敌者入解所宗；由智了明故，立者正理方显。应云正理之入，亦入正理之因明。并依主释也。

四云：因明者，本佛经之名；正理者，陈那论之称；入论者，天主教之号。教者言教，非今俗名宗教之谓。因谓智了，照解所宗。明谓明显，因即是明，持业释也。正理简邪，即诸法本真。陈那以外道等妄说浮翳，遂申趣解之由，名为《门论》。天主以旨微词奥，恐后学难穷，乃综括纪纲，以为此论。作因明之阶渐，为正理之源由，称之为入，故依梵语曰《因明正理入论》。依主释也。

五云：因明正理，俱陈那本论之名，入论者，方是此论之称，由达此论，故能入因明正理也。或因明者，即入论名，正理者，陈那教称，由此因明论，能入彼正理故。

论者，量也、议也。量定真似；议详立破；决择性相，教诫学徒，名之为论。欲令随论，生因之明，而入正理，故说此论。或此辨说因明正理之能入，立此论名。或依能入正理因明，而说此论。

商羯罗主菩萨，梵云商羯罗，塞缚弥，菩提萨埵。商羯罗者，此云骨琐。塞缚弥者，此云主。菩提萨埵，义如常释。唐音应云骨琐主菩萨。外道有言，成劫之始，大自在天人间化导二十四相，匡利既毕，自在归天。事者倾恋，遂立其像。像其苦行，疲焠饥羸，骨节相连，形状如琐，故标此像，名骨琐天。菩萨之亲，少无子息，因从像乞，便诞异灵。用天为尊，因自立号，以天为主，名骨琐主。亦称天主。即是《因明入正理论》之作者也。

颂：能立与能破，及似唯悟他；现量与比量，及似唯自悟。

一部之中，大文有二。初一颂及长行，标宗随释分。末后一颂，显略指广分。《论》首韵语，开宗明义，是为颂。释此颂文，名曰长行，即《论》之正文也。最终又以一颂结之。故《论》之全部判以二分：初一颂及诸长行，总称标宗随释分；结尾但一颂，名显略指广分。

初分有二。前之一颂，举类标宗。条贯义类，举标《论》宗。后诸长行，随标别释。于前所标，随应释故。

初颂之中，彰悟有二，明义有八。悟他、自悟，《论》各别显。四真、能立、能破、现量、比量，对四似而名四真也。四似，似能立、似能破、似现量、似比量，名为四似。即为八义。一者能立。因喻具正，宗义圆成，显以悟他，故名能立。原注：陈那能立，唯取因喻，古兼宗等也。因喻二义：一者具而无阙，离七等故；二者正而无邪，离十四等故。宗亦二义：一者支圆，能依所依皆满足故；二者成就，能依所依俱无过故。由此《论》显真而无妄，义亦兼彰具而无阙，发此诚言，生他正解。宗由言显，故名能立。由此似立，决定相违。虽无阙过，非正能立，不能令他正智生故也。

　　基注离七等故者，九句因中，唯二与八为正因，余七皆过。又离十四等故者，似因十四过，大类为三：不定、不成及与相违。又能依所依者，法为能依，有法为所依。如后当知。

　　二者能破。敌申过量，善斥其非，或妙征宗，故名能破。原注：此有二义：一显他过，他立不成；二立量非他，他宗不立。诸论唯彰显他过破，理亦兼有立量征诘。发言申义，证敌俱明，败彼由言，故名能破也。

　　三者似能立。三支互阙，多言有过，虚功自陷，故名似立。原注：此有二义：一者阙支，宗因喻三，随应阙减；二者有过，设立具足，诸过随生。伪立妄陈，邪宗谬显，兴言自陷，故名似立。

　　四者似能破。敌者量圆，妄生弹诘，原注：敌无过量，妄生弹诘，十四过类等。所申过起，原注：自量有过，谓为破他，伪言谓胜。故名似破。

　　文说与字，表多体相违。原注：立破真似，体义有异，说与字者，显体相违。置及似言，并显通能立破。原注：显前能立，有似能立。显彼能破，有似能破。举真等似，故称及也。宗义各定，邪正难知。由况既彰，原注：由，因也。况，喻也。彰者显也。是非遂著。原注：宗能成立曰是，不成曰非。著者明也。真似言兴，是非宗晓。功成胜负，彼此俱明。原注：能立能破，由自发言，功既成胜，证敌俱解。似立似破，自功成负，由他指述，证立俱明。故从多分，皆悟他也。《理门论》云："随其所应，为开悟他，说此能立及似能立。能立，悟敌及证义者，立者、敌者、证者，凡有三方。立敌对诤，证者同闻证义，由能立言令敌者证者皆悟。由自立者。发言，生他敌、证。解故。似立，悟证及立论主，立者若为似立，必遭敌破。由此证者及立者俱悟也。由他敌者。显己，立者。证者解生，故言随应。能破似破，准知亦尔。"此《论》下文，能立能破，皆能悟他，似立似破，不能悟他，正与彼《理门》。同。故此颂中，据其多分，皆悟证者，言唯悟他，不言自悟。问：似立似破，亦令自悟，云何悟他摄？答：悟他之言，不唯悟敌，悟证者亦名悟他。凡诸能立、能破、似立、似破，皆有令证者悟之义。即此证者悟，较诸立者自悟及悟敌，偏号多分。今似立破，亦随多分，说为悟他，不言自悟。又真立破，唯悟于他。似虽亦自，亦自悟也。从真能立能破。名唯。以似随真，名唯悟他。

五者现量。行离动摇，明证众境，亲冥自体，自体者，谓所缘境之自体。故名现量。原注：能缘行相，不动不摇，自唯照境，不筹不度，离分别心，照符前境，明局自体，故名现量。然有二类：一定位，二散心。定心澄湛，境皆明证，随缘何法，皆名现量。一切散心，若亲于境冥得自体，亦皆现量。

六者比量。用已极成，证非先许，共相智决，故名比量。原注：因喻已成，宗非先许。用已许法，成未许宗。如缕贯华，因义通被，共相智起，印决先宗。分别解生，故名比量。虽将已许，成未许宗，智生不决，非比量摄。

七者似现量。行有筹度，非明证境，妄谓得体，名似现量。原注：散心有二：一有分别，二无分别。诸似现量，遍在二心。有分别心妄谓分明得境自体，无分别心不能分明冥证境故，名似现量。论据决定，唯说分别，非无分别心，皆唯现量故。

基注无分别心亦似现者，按智周云："如泛缘地水等，不作余分别，亦自谓证彼地水等自相故。此无分别心是似现量也。"详此云无分别者，唯约第六识说。意识泛尔取境，行相微劣，筹度不著，名无分别。岂可以此泛缘者名证自相耶？

八者似比量。妄兴由因也。况，喻也。谬成邪宗，相违智起，名似比量。原注：妄起因喻，谬建邪宗，顺智不生，违解便起。所立设成，此彼乖角，异生分别，名似比量。

及似等言，等者，谓与字也。皆准前释。

法有幽显。原注：幽，微也。显，著也。若现量境，理幽事显；若比量境，所立为幽，能立为显。智周《记》："现量境理幽事显者，色等之上，有无常及空等理，名之为幽；色等则事，名为显也。"行分明昧。原注：行谓能缘心之行相。真现比于境，幽显俱明；似现比于境，幽显俱昧。

有难：色等境上所有无常等理，五识不缘，如何言现量于境，幽显俱明耶？答：由五识亲证事故，虽不缘理，然于事无倒，于理亦得言明。周《记》有文，义应可取。

故此二现比量。刊定，唯悟自非他。虽自不晓，无以悟他，理应颂中，后他先自。但以权衡之制，本以利人，故先悟他，后方自悟。

商羯罗秉陈那造此《论》，其为说特详立破，先悟他而后自悟，仅以现比二量为立破所依已耳。于此可见因明之学注重论辩，学者倘欲详佛家量论，必不可以求之因明为已足，而当于内明潜探博究之也。内明者，《瑜伽》三十八说："诸佛语言，名内明处。即通目三乘教理，名内明。"

又颂中八义，据实而言，但有七种。真似相形，故义成八。似现似比，总入非量，即唯七义。《疏》有明文，此姑不录，学者可勘原本。

论：如是总摄诸论要义。

自下，随标别释，于中有三：初总缩群机，次依标随释，后且止斯事，方隅略示，显息繁文。此即初也。

如是者，指颂所说。总摄者，以略贯多。诸论者，今古所制一切因明。要义者，立破正邪，纪纲道理。

论：此中宗等多言，名为能立。

自下，依标随释，于中分六：一明能立，二明似立，三明二真量，四明二似量，五明能破，六明似能破。

问：何故长行，牒前颂文，不依次释，又与前颂，开合不同？

答：略有三释。一云，前颂标宗，二悟类别。立破真似，相对次明，所以八义，次第如是。长行广释，逐便即牒。性相求之，何须次牒？颂以真似各别，开成八义。长行，以体类同，现量比量，俱是真量，名为类同。似现似比，体即非量，名为体同。合成六段，颂分八义，而长行则以二真合明，二似合明，故止六段。亦不相违也。

二云，颂中以因明之旨，本欲立正破邪，故先能立，次陈能破。所申无过，立破义成；所述过生，何成立破？故立破后，次陈二似。刊定法体，要须二量。现量则得境亲明，比量亦度义无谬，故先现量，比量后陈。刊定之则虽成，谬妄还难楷准，故对二真，次明二似。故颂八义，次弟如是。长行，同于《理门》所说，以因明法，先立后破。免脱他论，智周《记》："意云自立道理，免被他斥，脱其过失，即真能立。"摧伏他论，为胜利故。立义之法，一者真立，正成义故；二者立具，立所依故。真因喻等，名为真立。现比二量，名为立具。故诸先师，正称能立。《显扬》十一、《喻伽》十五皆说能立有八种，现量比量并名能立云。陈那以后，非真能立，但为立具，陈那则以现比二量，但名立具，非真能立也。能立所须。立具为能立之所须故。故能破前，先明二量。亲疏能立，因喻等正成义故，名亲能立，二量即立具，亦名疏能立。皆有真似，故真立后，即明似立，二真量后，明二似量。立义成已，次方破他，故后方明，能破似破。

三云，真立似立，真量似量，各有别体。若真能立，若能立具，皆能立故，先首明之。能破之境，体即似立；似破之境，即真能立。须识立境，方可申破。立已方破，故后明之。开合别明，体类同故，详第一释。长行与颂，由此不同。合观三释，全书脉络分明，读者无忽。

初解能立中，大文有三：初举体释义，次示相广陈，后总结成前，简择同异。初中复二：一举体，二释义。此举体也。

总举多法，方成能立；梵能立义，多言中说。故《理门论》陈那指彼天亲《论》云："故此多言，于《论式》等，说名能立。"《论式》者，即天亲所造三论之一。陈那立一因二喻为多言，名能立，引天亲《论式》等文以证之。言此中者，起论端义。凡发论端，泛词标举，故称此中，起论端义。《疏》更有释，恐繁削之。

宗是何义？所尊、所崇、所主、所立之义。

等者，等取因之与喻。

天亲以前，宗为能立。应云：天亲以前，宗等为能立。等因喻故。今不言等者，《疏》文略也。古师本以宗因喻三，俱是能立。陈那但以因之三相，因同异喻，应云：及因之同异喻。而为能立。以能立者必多言故。多言，显彼所立便足故。问：既须多言，云何但说因喻二法以为能立？答：陈那释云，因有三相，一因二喻，岂非多言？《疏》文卷一，原本堪详。今言宗等名能立者，略有二释。一云，宗是所立，因等能立，若不举宗以显能立，不知因喻谁之能立，恐谓同古自性差别二之能立。

古师以宗因喻三法为能立，宗法中之自性差别乃为所立。意云：宗法是总，于中自性差别则是其别，以总非别故。故宗与因喻望自宗别中自性差别而为其能立，即自性差别望其总宗及因喻为所立。古师既以宗法中之自性差别为所立,不言宗是所立,故今若不标定因喻为宗之能立,则恐闻者不察,仍谓同古,以自性差别为所立,而以因喻为自性差别之能立也。

今标其宗,显是所立,即能立之因喻,是此所立宗之能立。虽举其宗,意取所等之一因二喻为能立体。《论》文于宗字下,置以等言,即目因喻。虽则标举其宗,而意实正取因喻为宗之能立体,即明宗为此能立之所立也。若不尔者,即有所立滥于古释,能立亦滥彼能立过。为简彼失,故举宗等。

二云,陈那等意,先古皆以宗为能立,自性差别二为所立。陈那遂以二为宗依,非所乖诤,说非所立。如声是无常宗,声自性也,无常差别也。此二虽是宗依,而非兴诤之处。何者? 但举声,固立敌所许也,但举无常,亦立敌所许也,既非所诤,何成所立? 陈那斥之,允矣哉! 所立即宗,有许不许,所诤义故。如声是无常宗,此即诤端,以有不许声是无常者故。立者用因喻以成立敌所未许之宗,故宗是所立也。《理门论》云:"以所成立性说,是名为宗。"此《论》亦言:"随自乐为所成立性,是名为宗。因及二喻,成此宗故,而为能立。"陈那、天主,二意皆同。但以禀先贤而为后论,文不乖古,举宗为能。唯等之一言,义别先师。原文颇晦,稍有删易。实取所等因喻为能立性,故能立中,举其宗等。

以上二释,皆能曲达论主之意,然其周折费词已足苦人。盖由论主本意,其文应云:此中因喻多言名为能立,然以不欲显乖古文,致成诤竞之故,遂顺古为言,举其宗等,而于等字之中,特含微意,藉伸己义已耳。自来新义之立,恒恐被哗于泥古者之口,立说之所以难也。然则何以征论主之意耶? 曰释家盖由论主余处之文,推寻得此。如第二释,举《理门论》"以所成立性说,是名为宗",此《论》言"随自乐为所成立性,是名为宗"云云。以是证知,陈那、天主本意,宗但所立,即此中举宗,非是能立,貌顺古而实非也。读书于一字一义,须

博观其全而刊定之,盖可忽哉! 又能所立义,本为法式上之解释,古今沿革,得失攸关,故两相对照,为图如左:

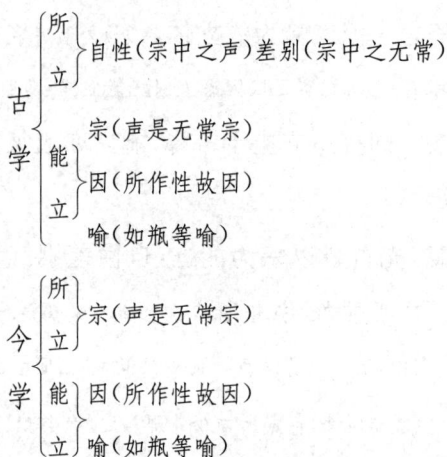

```
        ┌ 所 ┌
        │ 立 ┤自性(宗中之声)差别(宗中之无常)
  古     │    └
  学 ┤   ┌ 宗(声是无常宗)
        │ 能 ┤
        └ 立 ┤因(所作性故因)
             └ 喻(如瓶等喻)

        ┌ 所 ┌
        │ 立 └ 宗(声是无常宗)
  今 ┤
  学     ┌ 能 ┌ 因(所作性故因)
        └ 立 └ 喻(如瓶等喻)
```

问:何故能立要在多言,一二之言定非能立? 答:《理门论》言:"又比量中,唯见此理,若所比处,此相定遍。于余同类,念此定有;于彼无处,即非其所比之处。念此遍无。是故由此生决定解。"因之三相,既宗法性,同有异无。显义圆具,必藉多言,故说多言,名为能立。又一二之言,宗由未立;多言义具,所立方成。若但说因,无同喻比,义不明显,何得见边? 世智极际,莫起异知,谓曰见边。若但同无异,虽比附宗,能立之因,或返成异法。无异止滥,何能建宗? 设有两喻,阙遍宗因。宗法既自不成,宗义何由得立? 果宗不立,因比徒施。空致纷纭,兢何由消? 故详今古,能立具足,要藉多言。

论: 由宗因喻多言,开示诸有问者未了义故。

释能立义。《理门》亦云:"由宗因喻多言,辨说他未了义。"诸有问者,谓敌证等。未了义者,立论者宗。其敌论者,一由无知,二为疑惑,三各宗学,未了立者立何义旨,而有所问。故以宗等如是多言,成立宗义,除彼无知、犹预、僻执,令了立者所立宗义。

论：此中宗者,

自下,示相广陈。于中有三：初示宗相,二示因相,三示喻相。

初中复三：初牒章,次示相,后指法。此即初也。

论：谓极成有法,极成能别。

次示相有四：一显依,二出体,三简滥,四结成。此显依也。

一切法中,略有二种：一体,二义。且如五蕴,蕴者积聚义。色受想行识,名为五蕴。质碍之谓色,领纳之谓受,取像之谓想,造作之谓行,了别之谓识。前一色法,后四皆心法。依此色心五蕴积聚,假名曰有情或人云。色等是体,等者,谓受等四。此上有漏无漏等义,名之为义。有漏谓杂染,无漏谓清净。今依因明,体之与义,各有三名。

体三名者,一自性,《瑜伽论》等古师所说自性是也。二有法,即此云有法者是。三所别。如下宗过中名所别不成是。义三名者,一差别,《瑜伽》等古师所说差别是。二法,下相违中云法自相相违因等是。三能别。此云能别者是。

《佛地论》云："彼因明论,诸法自相,唯局自体,不通他上,名为自性。如缕贯华,贯通他上,诸法差别义,名为差别。此之二种,不定属一门。准相违中,有法及法,复各别有自性差别,云不定属一门。不同大乘,以一切法不可言说一切为自性,自性亦云自相,后准知。可说为共相。"不同至此为句。

《疏》引《佛地论》,稍省原文。今考彼《论》卷六,"彼因明论立自共相,与此少异。彼说一切法上实义皆名自相，以诸法上自相共相，各附己体，不共他故。若分别心立一种类，能诠所诠通在诸法，如缕贯华，名为共相。此要散心分别假立，是比量境。一切定心离此分别，皆名现量"云云。

如可说中，五蕴等为自，无常等为共。色蕴之中，色处为自，色蕴为共。色处之中，青等为自，色处为共。青等之中，衣华为自，青等为共。衣华之中，极微为自，衣华为共。如是乃至离言为自，极微为共。离言之中，圣智内冥，得本真故，名之为自；说为离言，名之为共。共相假有，假智起分别故，名假智。变故。自相可真，现量亲依，圣智证故。除此以外，说为自性，皆假自性，非真自性。非离假智及于言诠故。今此因明，但局自体，名为自性。通他之上，名为差别。

准相违中，有法及法，复各别有自性、差别。谓言所陈，一作带。名为自相，不通他故。意所许义，名为差别，以通他故。详见后四相违中。

今凭因明，总有三种：一者局通。局体名自性，狭故；通他名差别，宽故。二者先后。先陈名自性，前未有法可分别故；后说名差别，以前有法可分别故。三者言许。言中所陈名自性；意中所许名差别，言中所申之别义故。

《疏》释自共相，文义纷淆，至不可理，即《佛地论》，亦未能详。考之他处，又无精解。余以为稽诸经论，察类秉要，凡言自共，当分三种，义各有据，不容淆杂一处而谭。三种云何？

一、于量中，凡由分别心，于境安立分齐相貌者，此为共相，比量境及非量境皆是也。自相，则有二义：一约世俗，凡有体显现、得有力用、引生能缘者，是谓自相。二约胜义，凡离假智及诠、恒如其性，谓之自相。恒如其性者，谓一一法，法尔本然，不由想立，不由诠显。自相虽有二义，而皆现量境也。

二、于名言中，凡概称者为共相，特举者为自相。如于色中，而特举其青，则青为自，而色为共。于青中，而特举衣青华青，则衣青华青为自，而青为共。此一例也。

三、于因明法中，立一义类，通在多法，如以因法贯通宗喻，若缕贯华，此为共相。特举一法，匪用通他，是为自相。

自性、差别二名，已如前释。

次释自性亦名有法，差别亦名法者。法有二义：一能持自体，谓能任持自体而不失也。**二轨生物解。**轨谓轨范，物者人也，言具有轨范，可令人生解也。**故诸论云：法谓轨持。前持自体，一切皆通。后轨生解，要有屈曲。**有声韵屈曲，要以显义也。**初之所陈，前未有说，**如声是无常宗，此声法体，居在先陈，先陈之前，更未有说故。**径挺持体，未有屈曲生他异解。**先陈之声，但是径挺任持自体，尚无后陈无常多言，既是直尔一名，故云未有屈曲。于此之时，自不能令他敌者及证者，生起常或无常之异解也。**后之所陈，前已有说，可以后说分别前陈，方有屈曲，生他异解。其异解生，唯待后说。**先陈后陈已具，有多声故，云屈曲。由后说分别前陈声是无常，非是其常，便生轨解。**故初所陈，唯具一义，能持自体，义不殊胜，不得法名。后之所陈，具足两义，能持复轨，义殊胜故，独得法名。前之所陈，能有后法，复名有法。此中释法者，与诸论有异。诸论但泛说法之一名具轨持二义，故以法者为广被一切有为无为、若体若义之最大公名也。今此中唯约宗以辨轨持，宗之前陈，直立法体，但具持义，必至后陈，始有屈曲，既立法义，方生轨解。故谓后陈，具足轨持，乃名为法，此其所以异诸论也。

又次释自性亦名所别，差别亦名为能别者。立敌所诤，不在先陈。诤先陈上有后所说，以后所说别彼先陈，不以先陈别于后，故先陈自性名为所别，后陈差别名为能别。

若尔，此三名皆有失。难者发端。其失者何？《疏》主返诘，令彼纵言之。

难初名云：若体名自性，义名差别者，何故下云，如数论师，立我是思，我为自性，思为差别。彼文便以义为自性，体为差别。我无我等，分别思故？有我无我，是思上之差别义，思则此义所依之体也。今如立我是思之文，便以义为自性，体为差别。以此难破体名自性、义名差别之说也。

答：《疏》主答也。此因明宗，不同诸论。此中但以局守自体，名为自性，不通他故。先陈之声，只是直尔任持自体，局在本位，云不通他。义贯于他，如缕贯华，即名差别。先所陈者，局在自体；后所说者，义贯于他。后陈之无常，随其能立之所作性因，而贯通于同喻瓶等之上，故云通他。贯于他者，义对众多；局自体者，义对便少。以后法解前，不以前解后，故前陈名自性，后陈者名差别。《疏》文原本，三难以次前叙，三答以次后述，今此将三难三答如次分属，使问答语气较易清楚。

难次名云：若具一义，得有法名，若具二义，但名法者。如数论师立我是思，何故思唯一义，乃名为法，我具二义，得有法名？难者意以思是自性，唯具持体一义，我是差别，应具轨持二义也。

答：先陈有法，立敌无违；此上谓有法上。别义，两家乖竞。乖竞之义，彼此相违，可生轨解，名之为法。彼此无轨，非所诤竞，径挺自体，无别轨解，但名有法。谈其实理，先陈后说，皆具二义；依其增胜，《论》与别名。故前陈者名有法，后陈者名法。故《理门论》云："观所成故，立法、有法，非德、有德。法与有法，一切不定。但先陈皆有法，后说皆名法，观所立故。非如胜论，德及有德，一切决定。"胜论立实德业，实谓地水火风空等，德谓色味香等，

即实上所具有也。业如别说。胜论以实为能有，德属所有，一向决定，今此法
与有法，则一切不定，唯视所立。

难后名云：若以后陈，别彼前说，前为所别，后为能别。如
世说言，青色莲华。但言青色，不言莲华，不知何青，为衣、为树、
为瓶等青？唯言莲华，不言青色，不知何华，为赤、为白、为红等
华？今言青者，简赤等华；言莲华者，简衣等青。先陈后说，更互
为简；互为所别，互为能别。此亦应尔。后陈别前，前陈别后，应
互名为能别所别。

答：前陈者，非所乖诤；后说于上，彼此相违。今陈两诤，但
体上义。故以前陈名为所别，后名能别，亦约增胜，以得其名。

《瑜伽》十五说所立有二：一立法体，二立法义。体之与义，各有三名，既如
《疏》说，今取一例，列示如左：

声	是	无常（宗）
体		义
自性		差别
有法		法
所别		能别
前陈		后陈

极者至也，成者就也，至极成就，故名极成。

有法、宗之前陈。能别，宗之后陈。但是宗依，而非是宗。此依
有法与能别二依。必须两宗共许，至极成就。两宗谓立敌两家。为依
义立，宗体方成。所依有法、能别。若无，能依宗也。何立？由此宗

依，必须共许。共许名为至极成就，至理有故，法本真故。设数论对佛家立神我为受者，宗之有法曰神我，佛家既不许有，即此宗无由立。又如佛家对数论立声灭坏。宗之能别曰灭坏，数论本不许世间有灭坏法，即此宗亦无由立。若许有法、能别二种，非两共许，便有二过。

一成异义过。谓能立本欲立此二上不相离性、合和之宗，不欲成立此宗之所依。所依，若非先两共许，便须更立此不成之依。则能立乃成于异义，非成本宗。如前第一例，宗之有法神我，敌者不许有，更何论其为受者否耶？立者必须更举因喻，以成立神我。如此，则非成本宗矣。又如前第二例，宗之能别曰灭坏，敌者不许有，即无从论声之是灭坏与否，立者必更举因喻，以成立灭坏之义。如此，则亦非成本宗矣。故宗所依，必须共许。依之宗性，方非极成，极成便是立无果故。依之宗性以下，意谓有法及能别，为宗之所依，固须极成，而宗则反此，须是不极成也。由宗不极成，立者乃得以因喻成立此宗。若此宗一向共许极成，便不须立。故云极成便是立无果。

更有余过。若许能别非两极成，缺宗支故，非为圆成。因中，必有是因同品非定有性之过，必缺同喻。同喻皆有所立不成，异喻一分或遍转过。

若许有法非两极成，缺宗支故，亦非圆成。能别无依，是谁之法。因中亦有所依，随一两俱不成，义皆详后。由此宗依，必依共许。

问：既两共许，何故不名共成，而言极成？答：自性差别，乃是诸法至极成理，由彼不悟，能立立之。故以因喻成立之耳。能立谓因喻。若言共成，非显真极。又因明法，有自比量及他比量能立能破，自比能立，他比能破，义皆详后。若言共成，应无有此。又显宗依，先须至于理极究竟，能依宗性，方是所诤。故言极成，而不言共。

问：宗依有法与能别。须两许，言成简不成；言极成者以简别于不极成也。因喻必共成，因喻必共许极成也。言极简不极。谓于因喻亦应言极成，以简别于不极成也。何因犹言故也。因喻不标极成，独于宗依致极成简？答：《理门论》云："此中宗法，谓因法也。以是有法宗上之法，故名宗法，解见因三相中。唯取立论及敌论者决定同许。于同品中，有非有等，亦复如是。"谓喻亦须决定同许也。故知因喻，必须极成，但此《论》略耳。以上多删易原文，读者对勘。

论：差别性故。

出宗体。差别者，谓以一切有法及法互相差别。性者体也。此取二中互相差别不相离性，以为宗体。如言色蕴无我。色蕴者，有法也；无我者，法也。此之二种，若体若义，互相差别。谓以色蕴简别无我，色蕴无我，非受蕴无我，及以无我简别色蕴，无我色蕴，非我色蕴。以此二种互相差别，合之一处，不相离性，方是其宗。《疏》以有法及法二互差别不相离性为宗体，可谓深得《论》旨。吾友吕秋逸尝驳之，以为主语不能反解叙述语，故差别义无有相互。在因明中，必叙语之范围较主语为大，乃成其为宗。何也？因宗中能别须通同品，乃得立也。使叙语范围适等于主语，则成缺同喻过，而况更小者乎？故能别差别所别，而所别必不得差别能别，是为通则。观其能、所立名，已知之矣。吕君此说，但约能所相望为言，吾无间然。不知言匪一端，义各有当。此中所谓二互差别者，本就体义相对而明其互相限制。如曰军阀政客官僚是狗马，主语军阀政客官僚，即对于叙语狗马而差别之，明其不属于他。叙语狗马，亦对于主语军阀政客官僚而差别之，明其是狗马之军阀政客官僚也。吕君所驳者，其为义各别，何可并为一谈？吕君又言：不相离性，在因明中，乃谓因不离宗，说宗中有，嫌于相混。不知此言宗中有法与法不相离，彼言宗因不相离，何至相混耶？

问：先陈能别，唯在法中，何故今言互相差别？答：立敌相形，法为能别；如声是无常宗，声属有法，无常属法，以法上无常能别此有法上声是无常声故。立敌所诤在此，故法名能别。体义相待，互通能所。如前宗，声是体，无常是义，体义相对而互相限制，即是互为能别所别。对望有异，亦不相违。二者各据一义，何所谓相违耶？

论：随自乐为所成立性，

此简滥失。随自者，简别于宗。乐为所成立性者，简别因喻。故《理门论》云："随自意，显不顾论宗，随自意立。乐为所立，谓不乐为能成立性。若异此者，说所成立似因似喻，应亦名宗。"参看神泰《理门论疏》卷一。

凡宗有四：一遍所许宗，如眼见色，彼此两宗皆共许故。

二先业禀宗，如佛弟子习诸法空，鸺鹠弟子立有实我。

三傍凭义宗，如立声无常，傍凭显无我。

四不顾论宗，随立者情，所乐便立，如佛弟子立佛法义。或若善外宗，乐之便立，不须定顾。《义范》云："《疏》有二意：一随立者情所乐便立等者，此即唯立自宗所爱乐义，于余三宗，非所爱乐，决定不立。唯随自意不顾彼三，故此第四名不顾宗。二若善外宗乐之便立等者，此据就彼外宗立量破斥，于彼敌论不须顾恋，亦名不顾宗。"

此中前三，不可建立。初遍许宗，若许立者，便立已成，先来共许，何须建立？

次禀业者，若二外道，共禀僧佉，对诤本宗，亦空无果，立已成故。

次义凭宗，非言所诤，此复何用？本诤由言，望他解起，傍显别义，非为本成，故亦不可立为正论。然于因明，未见其过。既于因过，说法差别相违之因，即傍准宗，可成宗义。然非正立。

今简前三，皆不可立，唯有第四不顾论宗，可以为宗。是随立者自意所乐，前三皆是自不乐故。

乐为所成立性，简能成立者。能成立法者，谓即因喻。因喻成立自义，亦应名宗。但名能立，非所成立，旧已成故，不得名宗。因喻必是先已共许至极成就，故得据之以成新宗，而因喻非宗。今显乐为新所成立，方是其宗。虽乐因喻，非新成立，立便相符，故不名宗。既尔，似宗、似因、似喻，应得名宗。先所未成，应更成故。此问也。当时所竞，方是真宗。因喻时申，故须简别。因喻与宗，同一时申，名为时申。由同一时，互有滥故，故于宗言为所成立，以简别因。能立所立，不相滥故。似宗因喻，虽更可成，非是所乐。属第二时，所可成故。非今所诤，疏故，非宗。此解，依《理门论》。

问：何独宗标所成立性，因喻不说能成立也？答：宗言所立，已显因喻是能成立，显法已周，更不须说。又宗违古，古以宗为能立故。言所成立，以别古今。今以宗为所立，故与古违。因喻不违，不说能立言以简别也。

论：是名为宗。

此结成也。

论：如有成立声是无常。

指法也。如佛弟子，对声论师，立声无常。声是有法，无常为能别。彼此共许有声及无常，名极成有法，极成能别，为宗所依。彼声论师不许声上有此无常。今佛弟子合之一处，互相差别不相离性，云声无常。声论不许，故得成宗。既成随自，_{随自意}_故。亦是乐为所成立性，故名真宗。恐义不明，指此令解。

论：因有三相。

上示宗相，此示因相。此相，略以四门分别：一出体，二释名，三辨差别，四明废立。_{《疏》分四门，今此唯节取前二。}

初出体者，因有二种：一生，二了。

如种生芽，能别起用故，名为生因。故《理门》云："非如生因，由能起用。"_{《理门》中释了因云："非如生因，由能起用。"故知此因，有能起用，即名生因。}

如灯照物，能显果故，名为了因。

生因有三：一言生因，二智生因，三义生因。言生因者，谓立论者立因等言，能生敌论决定解故，名曰生因。故此前云：此中宗等多言，名为能立。由此多言，开示诸有问者未了义故。

智生因者，谓立论者发言之智。正生他解，寔在多言。智能起言，言生因因，_{智为言生因之因也。}故名生因。

义生因者，义有二种：一道理名义，二境界名义。道理义者，谓立论者言所诠义。生因诠故，名为生因。境界义者，为境能生敌证者智，亦名生因。_{即立者言所诠道理，望敌者证者能缘之智而名为境。此境能引生敌证者智，故名生因。}根本立义，拟生他解。他智解起，本藉言生。故言为正生，智义兼生摄。_{以上明三生因，下明三了因。}

智了因者，谓证敌者，_{证者、敌者。}能解能立言，了宗之智。照解所说，名为了因。故《理门》云："但由智力，了所说义。"

言了因者，谓立论主能立之言。由此言故，敌证二徒，了解所立。了因因故,名为了因。非但由智了能照解,亦由言故,照显所宗,名为了因。故《理门》云:"若尔,既取智为了因,是言便失能立义。此亦不然,令彼忆念本极成故。"因喻旧许,名本极成。由能立言,成所立义,令彼智忆本成因喻,故名了因。举例明之,若是所作,便见无常,瓶等所作故,瓶等是无常,今声所作,故亦无常。此理本至显明,然立论主成立声是无常,而敌论者乃不许何耶?盖所作故无常之理,虽是敌者凤所征验,共许本成,但彼疏忽蒙昧,不能据所本成者以推之当前之声。今立者说所作因、瓶等喻之多言,以引起敌者之智,令其忆本成因喻,贯通宗上,得有新知,而许声是无常。此立论主能立之言,所以不失为能立也。

义了因者,谓立论主,能立言下所诠之义,即上云道理名义。为境,能生他敌证。之智了。即上云境界名义。了因因故,名为了因。亦由能立义,成自所立宗,照显宗故,亦名了因。故《理门》云:"如前二因,于义所立,立者之智,久已解宗。能立成宗,本生他解。故他智解,正是了因。言义兼之,亦了因摄。"

分别生了,虽成六因,正意唯取言生、智了。由言生故,敌证解生;由智了故,隐义今显。故正取二,为因相体。兼余无失。

次释名者,因者所由,释所立宗义之所由也。或所以义,由此所以,所立义成。又建立义,能建立彼所立宗故。或顺益义,由立此因,顺益宗义,令宗义立。是故名因。

示因相中有五:一标举,二征数,三列名,四别释,五示法。此即初也。因三相之相,《疏》解为向为边,此未及录,可勘原本。吾友吕秋逸释相即表征,甚是。

论: 何等为三?

征数也。

论：谓遍是宗法性，同品定有性，异品遍无性。

列名也。遍是宗法性，此列初相。显因之体，以成宗故，必须遍是宗之法性。此中宗言，唯诠有法。本以法及有法合名为宗，然今此中宗言，唯取有法名宗，读者辨之。有法之上所有别义，名之为法。此法有二：一者不共有，宗中法是。宗中之法，立敌不共许有法上所有故。二者共有，即因体是。《理门论》云："此中宗法，唯取立论及敌论者决定同许。"参看《理门泰疏》。意以因体共许法，成宗中之不共有法。故此二法，皆是有法之上别义。故今唯以有法名宗。《理门论》云："岂不总以乐所成立合说为宗，意云：谈因明者，总是以随自乐为所成立性即法及有法和合名为宗也。云何此中乃言宗者唯取有法？此中单取有法一分名宗，故可疑也。此无有失。以其总声，于别亦转，有法为宗之一分，名之为别。宗之总名，亦得于别有法上转。如言烧衣。衣是总名，今言烧衣，即其一分亦言烧衣。以此例言，宗之一分有法，亦得名宗。或有宗声，唯诠于法。"宗之后陈名法，亦是宗之一分。而有处举宗声者，唯取宗中法以名宗，与此以有法名宗，其例一也。

今因名法，宗之法性，唯依主释。性者体也，此唯义性，非是体性，此中性者，犹言义理也，不同他处以目法之自体者名性。义相应故。如所作因，有三相之义，与宗相顺名相应。余二同异喻。亦然。亦义与宗相顺。此共许因，唯得遍是有法宗性。以宗之法，因也。即成宗法故。此中宗法，谓后陈法。《疏》原本，成字在即字上，难通，盖错简也。不遍是宗法后陈。之性，因犯两俱不成过故。义详后。又不欲成宗有法故。因法唯遍有法，故得以成立宗之法，却非以因法成宗之有法。

《理门》颂云："但由法因法。故成其法，宗后陈法。如是成立于有法。"谓有法因法，二俱极成。如宗之有法声及所作性故因，此二俱共许极成。**宗中之法**，谓无常。**敌先不许**。此语有病，应改云：宗中之法，敌先不许有法上有。盖敌非不许无常，乃不许无常属有法声上耳。**但得共许因，在宗中有法之上，成不共许宗中之法**，意云以共许因，遍在共许之有法宗性，故得成所不共许有之法。**如是资益有法义成**，如是以因法成立宗之法时，亦兼成立宗之有法，但不可以因法正成有法。**何得因不在共许中耶**？不共许中者，即宗之法。此法，立者许有法上有，敌不许有，名不共许。因法必须遍在宗之有法，以有法是立敌共许故。因在共许法中，方可用之以成所未许，故非可在不共许中。**许在彼中，不共许中。何所成立？**

若共许之因，依不共许法，宗后陈。**凡所立因，皆有他随一所依不成过**。宗后陈法，敌不共有，因若依彼，即有随一所依不成。不说有法而为所依，但以其法而为所依。法非共许，纵唯立许，岂定无此过？如立声是无常宗，所作性故因，无常灭义，所作生义。声有灭者，以有生故。一切生者，皆有灭故。声既因生，明有果灭。若因所作，不遍声宗，岂得遍在无常上有？一切正因中，皆应有两俱不成。无常之上，本无生故。生应在声上，以声有生必有灭，故声是无常义成。无常者由于生，而非生即在无常之上。约声而谈其相属之理法，则声有生故无常；约生与无常而谈其义相，则生灭相反也。**由此故知因，但是宗有法之法，非法法也**。因非宗后陈法之法。

问：称为宗法，即已是因，何须言遍？初既言遍，因义已明，何须复云是宗法性？

答：若因不遍宗有法上，此所不遍，便非因成。秋篠云：若立宗宽，立其因狭，非因成宗。如外道师立一切卉木应有心识，以有眠觉故，如合欢树。此因不遍宗有法上，便非能成宗。盖宗有法一切卉木便宽，其眠觉因非一切卉木上有，即狭也。**有所不立，显皆因立，是故称遍**。如声上无常，敌未许，名有所不立。今言遍者，显此不立，因皆能立。**若但言遍，不言宗法，即不能显因是有法宗之法性，能成于法。**

又因于宗过，名为不成。于二喻中，俱有俱无，名为不定。于二喻中，有无相违，名曰相违。义皆详后。若唯言法性，不言遍者，因于宗过即是不成。或两俱不遍，或随一不遍，或犹豫不遍，或所依不遍，全分一分等，随应有之。至后当知。为简此失，是故言遍。

若但言遍，不言宗法，不知此因，谁家之因。为显是宗有法之因，成于宗法，成宗之后陈法。**故言法性。**宗之有法性。

但遍有法，若有别体，若无别体，并能成宗。义相关故，必是宗法。如立量云：原本举萨婆多对大乘立命根实量，初学难解，故易之如次。

此山谷处有火宗

有烟故因

犹如余有烟处喻

岂以山处宗之有法。与烟因也。**别体，即非正因？故有别体，**如上述因中烟，即离宗有法中山处有别体故。**若无别体，**智周《后记》云："若无别体因，即所作因，声外无体，名无别体。"**义相关带，必是宗法。皆得说为宗之法性，非无体是，非有体非。**智周《后记》云："总意而言，离有法外，别有体者，义相关涉，得为因。不离有法，名无别体，亦得为因。所以言：非无体是，非有体非。"

言同品定有性者，显第二相。同是相似义，品是体类义，相

似体类，名为同品。

《疏》以体类释品，似不妥。应云：品者义类，义之类故。盖言同者，非取法之自体，但取法体上所有之义。如瓶上有是所作与无常义，声上亦有所作与无常义，义类相似。故言同品，实非取瓶与声名同品。

故《理门》云："此中若品，与所立法，邻近均等，说名同品。以一切义皆名品故。"彼言意说：虽一切义皆名为品，今取其因正所成法，宗之后陈法是因正所成也。若言所显，法之自相，若非言显，意之所许，但是两宗所诤义法，皆名所立。随应有此所立法处，说名同品。言陈意许，如下相违中说。

问：何故此因，于宗异品皆说遍字，三相中，初言遍是宗法性，后言异品遍无性。于同品上独说定言？答：因本成宗，不遍成者非立；异喻止滥，不遍止者非遮。成不遍故，不成过生；遮不尽故，不定等起。此初后言遍之所以。同喻本顺成宗，宗成即名同喻，岂由喻遍，能顺所立，方成宗义？若因于异品有，同品半有半无，即此因于异有故，成不定过，非因于同不遍为失。即九句内，后三句中，初后句是。后三中句，后三句中之中句。正因所摄，于异品中止滥尽故。初后二句，不定过收，皆止异品滥不尽故。由此同品，说定有性；宗及异品中，皆说遍也。其九句者，《理门论》云："宗法于同品，谓有、非有、俱。于异品各三，有、非有、及二。"言宗法者，谓宗之法，即因是也。于同品者，谓能立因于同品喻，成其三种：一有，二非有，三亦有亦非有，彼名为俱。此三种因，于异品喻上，亦各有三：一有，二非有，三亦有亦非有，彼名及二。且同品有、异品三者，谓因于同品有，异品亦有，于同品有，异品非有，于同品有，异品有非有。如是因于同品非有，异品亦三。

于同品有非有,异品亦三。故成九句。

一、同品有,异品有。如声论师立声为常,所量性故,喻如虚空。此中常宗,瓶为异品。所量性因,于同异品,皆遍共有。

二、同品有,异品非有。如胜论师立声无常,所作性故,喻如瓶等。无常之宗,空为异品。所作性因,于同品有,于异品无。

三、同品有,异品有非有。如胜论师立声勤勇无间所发,无常性故,喻如瓶等。勤勇之宗,以电空等而为异喻。无常性因,于同品亦有。于异品喻,电等上有,空等上无。此初三句。中三句者:

一、同品非有,异品有。如声论师立声为常,所作性故,喻若虚空。此中常宗,瓶为异喻。所作性因,于同品空上无,于异品瓶上有。

二、同品非有,异品非有。如声论师对佛弟子,立声为常,所闻性故,喻若虚空。此中常宗,瓶为异喻。所闻性因,同异品中,二俱非有。

三、同品非有,异品有非有。如声论师立声为常,勤勇无间所发性故,喻若虚空。此中常宗,以电瓶等为异品。勤勇之因,于同品空,一向非有。于其异品,瓶等上有,电等上无。此中三句。后三句者:

一、同品有非有,异品有。如声论师立声非勤勇无间所发,无常性故,喻若电空。此非勤宗,瓶为异喻。无常性因,于同品电上有,空上非有,异品瓶中一向是有。

二、同品有非有,异品非有。如胜论师立内声无常,勤勇无间所发性故,喻若电瓶。此无常宗,空为异喻。勤勇之因,于同品瓶等上有，电等上无，异品空中一向非有。

三、同品有非有，异品有非有。如声论师对胜论师立声为常，无质碍故，喻若极微及大虚空。此中常宗，以瓶乐等而为异喻。无质碍因，于其同品虚空上有，极微上无，亦于异品瓶等上无，乐受等有。乐受，即快乐之情，心所之一也。

是名九句。然《理门论》料简此云："于同有及二，在异无是因。翻此名相违，所余皆不定。"于同有者，谓能立因，于同品有。言及二者，于同品中亦有非有。在异无者，此能立因，于同品有，在异品无，及同品中亦有非有，于异品无。言是因者，此之二句，皆是正因。于九句中，第二初三句中第二。第八后三句中第二。两句所摄。

翻此名相违者，翻此二正因，即名相违。翻初因云：于同非有，于异品有。翻次因云：于同非有，于异品中亦有非有。即九句中，第四第六两句所摄，皆相违因，是法自相相违因故，摄余不尽。

所余皆不定者，余之五句，皆为不定。谓九句中，第一、第三、第五、第七、第九句。第一句者，共不定摄。第三句者，异品一分转，同品遍转。第五句者，不共不定。第七句者，同品一分转，异品遍转。第九句者，俱品一分转。此等诸句，至下当知。

异品遍无性者，显第三相。异者别义，所立无处，即名别异。品者聚类，聚亦类也，但复词耳。非体类义。《疏》释同品之品为体类，异品之品为聚类，此自为纷歧耳。实则两品字皆应作类解，义之类故。同品异品，只就因所立有无而说。若处有此所立义，说彼相似名同品；若处无此所立义，

211

说彼别异名异品。

许无体故，不同同品体类解品。 智周《后记》"此中意说：同品必须所立宗因有体无体皆须相似，异即不尔。但止其相滥良尽是真异喻也，非要有体无体皆同。故言许无体故，不同同品体类解品也"云云。吾以为同异喻有体无体与宗因相似与否，此是别一问题，可在喻中说明。今解因相中品字，何须夹杂此义致起体类聚类纷歧之解耶？

随体有无，但与所立别异聚类，即名异品。 应云：但是处无其所立，即为别异聚类，名之异品。今云但与所立别异聚类名异品者，便与古师第二义混。

古因明云：与其同品相违或异，说名异品。如立善宗，不善违害，故名相违。苦乐、明暗、冷热、大小、常无常等，一切皆尔。要别有体，违害于宗，方名异品。 此以与同品相违名异，古师第一义也。

或说与前所立有异，名为异品。如立无常，除无常外，自余一切苦无我等、虑碍等义，皆名异品。 此以与宗别异故名异，古师第二义也。智周《后记》："此与第一义何别耶？答：初狭后宽。初解狭者，如立无常，但是常者，即是异喻。第二解宽者，如立声无常，所作性因，瓶为同喻，空为异喻，即声上无我等义，亦复是异。所作性因，于彼无我等上亦许有故，即此因于异品有，成其不定。"准此，若与所立别异即名异者，应一切量无有正者。故今应依陈那所说。但是所立宗无之处，即名异品，非要一切别异方名也。

陈那以后，皆不许然。如无常宗，无常无处，即名异品， 如立无常宗，其空等品上但无此所立无常宗义，即名异品。**不同先古。**

设不言异品遍无，此因将成不定等，非定成宗。今显此因，定成于宗，同品定有，于异品上决定遍无，故说异品遍无性也。

《疏》解同品，区为宗同品、因同品，于异品亦尔。词义纠纷，此姑不录。秋逸《因明讲要》尝驳之，甚是。

论：云何名为同品异品？

别释有二：初问，后答。此问也。

论：谓所立法，均等义品，说名同品。

答：前征问也。有二，初同后异。同中复二：一总出体，二别指法。此出体也。所立法者，所立谓宗，自性差别，不相离性，总合名宗。为因所成，故名所立。法谓能别。均谓齐均，等谓相似；义谓义理，品谓品类。此义总言：谓若一物有与所立宗中法，原本作总宗中法，今去总字。此中宗言，乃目于总，读者自知随文取义，何须增置总言？齐均相似义理品类，说名同品。原文略有删改。

若与所立宗相似一切义品，名同品者，若尔，应一切名同。如立声是无常，其异品虚空上无我，与声意许无我相似，应名同品。此第一难。若与所立宗中有法相似义品，名为同品，即一切宗多无同品，如声有法，瓶非同故。声与瓶体不相似，瓶即四尘，可烧可见，声不然故。此第二难。为遮此二，标所立法而简别之。若处有敌所正诤之因所立法相似义品，即名同品。今取其与敌所诤之因所立法有相似之义品，方名同品，即非取一切相似名同。此遮第一难。又相似者正取其义，非取瓶与声之体名同。复遮第二难也。原本文句亦略有删易。

论：如立无常，瓶等无常，是名同品。

此别指法。如立宗中，陈无常法，瓶等之上亦有无常，故瓶等聚，聚者，类也。名为同品。此中但取因所成法聚，名同品也。实非取瓶等名同品，但取瓶等上有因之所成无常义，名为同品。从义所属，故举瓶等耳。

论：异品者，谓于是处无其所立。

解异品亦二：初总出体，次别指法。此初也。处谓处所，即除宗外余一切法。体通有无。谓若诸法处，无因之所立，即名异品。《理门》亦云："若所立无，说名异品。但无所立，即是异品。"《瑜伽》说言："异类者，异类，犹异品也。谓所有法即所立法。望所余法，即所立无处。其相展转少不相似，故非一切全不相似。但无随应因所成故。"

论：若有是常，见非所作，如虚空等。

此别指法。如立无常宗，所作性为因，若有处所，是常法聚，见非是所作，如虚空等，说名异品。

论：此中所作性，或勤勇无间所发性，

示法也。于中有三：初举两因，次成三相，后显所成。此初也。

此中者，发端义。双举两因者，略有三义：一对二师，二释遍定，三举二正。

对二师者，声论师中总有二种：一声生论，二声显论。一、声从缘生，即常不灭。此声生师。二、声本常住，从缘所显，今方可闻，缘响若息，还不可闻。此声显师。声生亦尔，缘息不闻，缘在故闻。生显二师俱计缘响息故声不闻，非声体无名为不闻。智周《后记》："问：生显二计何别？答：显师声性本有，故常，显发之后，其声亦常；生师谓声从缘生已，方是常住。此其别也。"此二师，皆有一分一切内外异性，一体多体，能诠别故。智周《前记》："且声生中有其二类：一执内外声皆常，二执内声常、外声无常。第二复有二类：一者执内声常，其体是一，如大乘真如；二者执内声是常，其体是多，一一法上有一声体，如萨婆多无为，体有多故。此二类，俱不执外一分无常声是一是多，俱执内声为一多故。声显师中亦有四类，壹准声

生，无别。"

若佛弟子，对声生论，谓对生师执内外声皆常者。立声无常，所作性因，便具三相。所作即生义，声皆从缘生故，声生师亦共许。即此因遍是有法声宗性，瓶等上定有因所立无常义，空等上遍无因之所立，故三相皆具。

对声显论，言所作性，随一不成。显师声性本有，不许是所作故。一许一不许，名随一不成。若对声显，言勤勇因，便具三相。勤勇解见下。如对显师，立内声是无常，勤勇所发因，立敌共许此因遍在有法内声之上，其同品瓶等定有因所立无常义，异品空等遍无因之所立，三相亦具。显师原不许外声是所作，而许内声是勤勇发，由斯立者先用勤勇因成一切内声为无常，方可以此为喻而成外声无常。对声生论，立一切声皆是无常，勤勇为因。宗法非遍，两俱不成。此中宗之有法一切声，即该内外声。立者敌者共许内声是勤勇发，无许外声有勤勇者，故云宗法非遍。立敌皆不许此因得成外声是无常，即是两俱一分不成。《疏》但言两俱，不言一分，略也。

今显对声生，所作为因；若对声显，勤勇为因。又立内外声皆无常，因言所作；若立内声无常，因言勤勇。为对计别，故陈二因。

释遍定者，所作性因，成无常宗，三相俱遍。

勤勇因成，同定余遍。智周《记》："以勤勇因，成内声无常。瓶电为同喻，瓶有电无，即同品定有，而非遍有。余二皆遍，谓遍是宗法及异品遍无。"显顺成宗，因定亦得。今显示因顺成宗，同品定有即得。不要三遍，因之第二相，但须定有，不须亦遍故。故举二因。

举二正者，显九句中，此中所作，彼第二因。此勤勇因，彼第八句。陈那说二，俱是正因。具三相故，今双陈之。

所作性者，因缘所作，彰其生义。

215

勤勇无间所发性者，勤勇谓策发，体即作意，作动意，故名作意。原本举精进等，似不必。作意通三性，且为一切心所之导首，举此已足。由作意故，击脐轮等风，乃至展转击咽喉唇舌等，勇锐无间之所显发。此言内声是勤勇发也。云何勤勇因亦通外瓶等耶？盖由作意故，击手筋等力，乃至转击四尘等，以造作瓶等，故勤勇因，瓶等上有。

论：遍是宗法，于同品定有，于异品遍无。

显成三相。如上所说，生显二因，应云：对生显立之二因。皆具三相，故成正因。纂山云："谓此二因，要具三相，方是正因，阙则似因。"

论：是无常等因。

显因所成。等者，等取空无我等。此上二因，不但能成宗无常法，亦能成立空无我等。随其所应，非取一切。

若所作因，成立声亦是苦。此以无漏法，清净心。而为异品。清净离染，无苦故也。所作因，于其异品一分上转，便为不定。无漏法是因之所立苦法之异品，然无漏法为因缘所作，即此因于异品一分转，故成不定。此所成声，应云：此所作性，因所成立之声是苦宗。为如于瓶，所作性故，体是其苦。为如自宗道谛等法，谓无漏法。所作性故，体非是苦。

此既正因，此者，谓如上所说二因。无不定过。故此言等，随其所应。智周《后记》："所作性因，随成苦等，乃犯不定，由此随应，除苦以外，即无其过。"

故《瑜伽》说同异喻云，少分相似及不相似，不说一切皆相似，一切皆不相似。不尔，一切，便无异品。

因狭，若能成立狭法，如勤勇狭因，成得无常狭宗。其因亦能成立宽法。即前狭因亦得成无我宽宗，无我通所作与非所作，故宽也。同品之上虽因不遍，于异品中定遍无故。前狭因成无我宽宗，取瓶空双为同喻，但定有即得，虽无异喻，因无滥故。

因宽，若能成立宽法，此必不能定成狭法。若举所量性宽因，唯得成无我宽宗，不可成得无常狭宗。于异品有，不定过等，随此生故。是故于此，应设劬劳也。劝勉后徒，验识臧否，故披斯《疏》，应设劬劳。秋篠云："因成于宗，略有四句：一宽因成狭宗，如所作因成于内声。二狭因成宽宗，如勤勇因成内外声。三宽因成宽宗，如所作性因成于内外声。四狭因成狭宗，如勤勇因成于内声。"此四例中，勤勇成内外声非正，余三容是。

论：喻有二种：

示喻之相。文段有三：初标举，次列名，三随释。此初也。

梵云达利瑟致案多，达利瑟致云见，案多云边。由此比况，令宗成立究竟名边。他智解起，照此宗极，名之为见。故无着云："立喻者，谓以所见边与未所见边，和合喻属能立，宗是所立，能立所立共相随顺，名为和合。正说。"因及喻无过，此为正说。师子觉言："所见边者，谓已显了分。未所见边者，谓未显了分。以显了分，显未显了分，令义平等，所有正说，是名立喻。"今顺方言，名之为喻。喻者，譬也，况也，晓也。由此譬况，晓明所宗，故名为喻。

前虽举因，亦晓宗义。未举譬况，令极明了。今由比况，宗义明极。故离因立，独得喻名。若约三相，喻亦名因；若约三支，因喻可别。

论：一者同法，二者异法。

列名也。同者相似，法谓差别，《义范》云："有法宗上所有因法，名为差别。"非也。差别者，即宗之后陈法，此法亦名差别也。共许自性，宗之

217

前陈自性,是立敌之所共许,故云。**名为有法。**自性亦名有法也。**此上差别,所立名法。**智周《后记》释云:"此上差别所立名法者,谓所作性因,即是有法声上差别所建立法。"秋篠则又谓无常宗法与所作因法,俱是此有法上差别所立,故名为法。以此二法皆于有法上而所安立故。吾谓二家之说皆嫌牵强。今释此上差别所立名法者,此者有法,即宗之前陈声是。有法之上所有差别义,即宗之后陈无常是。敌者先不许声上有无常,今立者以所作性因成立之,即名此因之所立无常为法。以是有法上所有之法故。由斯说言,此上差别所立名法也。智周、秋篠附会基公因同品之说,故其释此文也,失之牵强而不觉耳。

　　今与彼所立差别相似,名同法。彼者谓因法,若有与因所立差别义相似之义,是名同品。**无彼差别,名为异法。**异者别也。思之可知。

此中《疏》释,义颇圆足。更无须分立宗同异品、因同异品,名义纷歧,转增纠轕。乃基公不能自持其说,必欲多立名词,兹足怪也。吕秋逸《因明讲要》,虽斥基公之失,然其解同异品义,似犹未尽。吾以为论说同异品,唯就所立有无为言,足征精意。盖言所立者,正目宗法,即兼显其能立之因法。若处有所立法,说名同品,即此同品,正取宗同,兼显亦不离因。若处无此所立,说名异品,即此异品,正取宗无,兼显亦无其因。以故但言同品异品,义极周到。更析为宗同异、因同异,便苦支离。盖于宗因各立同异,则必无常宗唯取常、无常法为同异品,所作因唯取作、非作法为同异品。若此,则何以见无常与所作之定相,属著而不离乎? 学者欲悉此中得失,应披原本。

　　论:同法者,若于是处显因同品决定有性,

　　随释有二:一解同,二解异。解同有二:初总显,次别指。**此初也。**《疏》以因同品为名词,解作因同品处决定有宗,甚谬。同品当属下,谓显示因之同品定有性,即显因之第二相也。《疏》文烦芜,今不录。

论：谓若所作，见彼无常，譬如瓶等。

别指法也。如立声无常宗，所作性因，瓶为同喻。此中指法，以相明故。智周《后记》："相者义相。将此同喻义相，证宗无常，令宗义立，所以言以相明故。"合结总陈，合结后解。若是所作，其立敌证等，见彼无常。所作生义，无常灭义。诸有生处，决定有灭。立敌证三，皆共见故，非由一己，妄情臆测。如瓶等者，举其喻依有法，结也。喻依者，喻中分喻体及喻依。因三相中后二相，为同异喻体，如瓶空等，则喻依也。有法说见下。

前宗以声为有法，无常所作为法。前立声是无常宗，宗之前陈声，即是有法。宗之后陈无常，及所作性因，皆是属着于有法声上之法。即此法之一字，非用为宗中后陈差别之异名。学者详之。今喻以瓶等为有法，所作无常为法。喻中亦应准前声是无常宗之作法，而立宗言：瓶等是无常。因云：所作性故。如此，则瓶等是宗之有法，所作无常为属着于有法瓶等上之法。思之。正以所作无常为喻，正取宗外余处有无所作无常之义，为同异喻故。兼举瓶等喻依，合方具矣。等者，等取盆罂等。

《理门论》云："若尔，喻言应非异分，显因义故。"此设为古师难云：若汝言二喻即是因后二相者，喻言应离因外非有。所以者何？以喻言即是显因义故。古因明师，因外有喻。如胜论云：声无常宗，所作性因，同喻如瓶，异喻如空。不举诸所作者皆无常等贯于二处，故因非喻。不说喻体即因相故。瓶为同喻体，空为异喻体。陈那已后，方说因三相即摄二喻，二喻体即是因后之二相。二喻即因，俱显宗故，所作性等贯二处故。

古师说喻在因外，今师陈那等说喻即因后二相，比列于左，则得失较然矣。

古　　师	今　　师
声是无常宗	声是无常宗
所作性故因	所作性故因
如瓶等同喻	若是所作，见彼无常，如瓶等
如空等异喻	若是其常，见非所作，如空等

古师难云：若喻亦是因所摄者，喻言应非因外异分，显因义故。应唯二支，何须二喻？陈那释云："事虽实尔，然此因言，唯为显了是宗法性，非为显了同品异品有性无性，故须别说同异喻言。"以上陈那《理门论》。意答：喻体实是因尔，不应别说。然立因言，正唯为显宗家法性，是宗之因。非正为显同有异无，顺返成于所立宗义。因之第二相，同品定有，即是顺成所立宗义。因之第三相，异品遍无，即是返成所立宗义。然但举所作性因，不别说二喻，则所言因者，只足显其是宗之因，不能正显此因之同有异无二相，顺返成于所立宗义。此徒举其因所以未足也。故于因外，别说二喻。显因有处，宗必随逐。但举其因，已显宗不离因。并反成故，令宗义成。复举其喻者，并以反成因之同有异无二相，方令所立宗义圆成。

彼复难言：彼者，古师。若唯因言所诠表义，说名为因，斯有何失？基云：如所作言所诠表义，唯名为因，瓶同空异，名喻非因，斯有何失？复问彼言：复有何得？陈那问也。彼古答言：别说喻分，是名为得。陈那复难：应如世间所说方便，与其因义都不相应。基云：如世间外道胜论师等，亦说因外别有二喻，汝于因外说喻亦尔。二喻非是正因，但为方便助成因义。此喻方便既与因别，则与因义都不相应。古师复云：若尔，何失？纵同外道，亦何过耶？如外道说，有五根识，佛法亦有，非为失故。陈那难云：**此说，但应类所立义，无有功能，非能立义。**基云：若说瓶体空体为喻，但应以瓶类于所立无常之义，既喻不言诸所作者皆是无常，则举瓶证声，乃无有功能，其喻便非能立之义。

又若以瓶即为喻体，瓶即四尘，可烧可见，声亦应尔。若如我说，若是所作，见彼无常，譬如瓶等。此即正取所作无常义同，举义所依，故言瓶等。便无一切皆相类失。所言同者，本非取瓶与声一切皆相类，故无失也。汝既不然，故有前过。

陈那又难：**又因喻别，此有所立同法异法，终不能显因与所立宗也。不相离性，是故但有类所立义，然无功能。**基云：因喻既别，同喻但有所立无常，异喻无此。汝同喻不说诸所作者皆是无常，异喻不双无，终不能显所作性因与所立无常宗不相离性。是故但有类所立义，然无功能，非能立义。古师复问：何故无能？陈那难云：**以同喻中，不必宗法**因也。**宗义**宗后陈无常也。**相类，此复余譬所成立故，应成无穷。**基云：汝既不言诸所作者皆是无常，故彼同喻不必以因宗法及无常宗义相类，但云如瓶。他若有问：瓶复如何无常？复言如灯。如是展转，应成无穷，是无能义也。我若喻言，诸所作者皆是无常，譬如瓶等，既以宗法宗义相类，总遍一切瓶灯等尽，不须更问。故非无穷，还成有能。

又难言：**若唯宗法是因性者，其有不定，应亦成因。**基云：若唯以所作遍宗法性，是其因性，同有异无，但喻非因，是故瓶空喻，非是因者。即不定因，应亦成因，但有遍宗性，而无后二相故。

反复推征，二喻实非因外异分。二喻体即是因之后二相故。**但据偏胜，**由立三支以比况坚成宗义，故胜也。**别得喻名。**原文略有删易。陈那以喻摄于因，变更古义，实著殊绩。盖二喻即显因后二相，因不妄立，必求同求异，于同定有，于异遍无，其因既正，方成宗义。是故言因即已摄喻也。然则何不但立宗因二支耶？曰：别设喻支，为显因相，以坚成宗义。能立功能，于斯始著。

问：因陈所作，已贯瓶中，同喻再申，岂非郑重？答：因虽总说，宗义未明，指事明前，非为郑重。智周《后记》："再三重陈，名为郑重。"

古师合云：瓶有所作性，瓶是无常；声有所作性，声亦无常。今陈那云，诸所作者皆是无常，显略除繁，喻宗双贯，何劳长议，故改前师。《后记》："议者，语也。总意而言，不烦多语，义成即得，故改前师也。"

古师结云：是故得知声是无常。今陈那云譬如瓶等，显义已成，何劳重述。故于喻中，双陈因宗二种，明矣。喻云，若是所作，见彼无常，即双陈因宗二种也。至后当知。

古师量式，元是五分，曰宗、因、喻、合、结。陈那省其合、结，但立三支。请举一例，比列两式。

五分依《正理》疏列		三支依本《论》列
声是无常。———————宗———		声是无常。
所作性故。———————因———		所作性故。
犹如瓶等，于瓶见 是所作与无常。————同喻———		若是所作，见彼 无常，犹如瓶等。
声亦如是，是所作性，———合		
故声无常。———————结		
犹如空等，于空见 是常住与非所作。———异喻———		若是其常，见非 所作，犹如空等。
声不如是，是所作性，———合		
故声无常。———————结		

　　如右两式，繁简攸殊。实则五分之义，已极精审，三支之所本也。五分者，实示吾人以思唯之术，而可由之以入正理者也。姑仍前例，以明其指。长风鼓窍，悚尔闻声，是声也，为常无常？从是观察，须为臆决，于是臆决此声是乃无常。即此臆决，名之为宗。方其臆决，岂曰漫然？谓声无常，必有其由，故出因云：所作性故。所作义，无常灭义。有生之物，法尔必灭，声有生故，亦必有灭。以其生因，断知灭果。如是臆决，理或不爽，然犹未也。设无同喻，云何可证声生必灭？故应遍观宗外余处，有无是中所作无常相似之义。果其于瓶、于盆、于灯、于案种种法上，见是所作与无常，即为合云：声亦如是，是所作性。结云：故声无常。由斯臆决，庶成定论。又复应知，既征同喻，还当求异。设复有处所作是常，即前同喻，不足证成声是所作故无常，遮滥不尽，其前同喻，悉皆摧毁。故复遍观宗外余处，有无常住法亦是所作。果其于空等品上，见是常住与非所作，遂为合云：声不如是，是所作性。结云：故声无常。即此异喻，遮滥已尽。如是所作性因，成立声是无常宗，无不定过。即前臆决，乃是真宗。由合与结，宗方真故。此五分义，颇合锐世名学内籀之术。今俗有诋因明为无足与于逻辑者，无知妄谈，何足选也。五分，始见《正理经》，其源盖莫得而详。至陈那改作三支，以喻摄因，特对胜论及自宗古师，有所规正。语其凭藉，则在五分，形式虽更，实质未甚异也。

　　论：异法者，若于是处，说所立无，因遍非有，

　　解异有三：初总显，次别指，三释成。此初也。处谓处所，除宗已外，有无法处。谓若有体、若无体法，但说无前所立之宗，前能立因亦遍非有，即名异品。《理门》颂云："宗无因不有，是名异法。"

　　论：谓若是常，见非所作，如虚空等。

　　别指法也。返显义言，于常品中，既见非作，明所作者，定见无常。同成宗故，同品所以顺成宗也。先因后宗；前于同品中说，若是所

作，见彼无常，先顺因，后顺宗也。**异法离前**，异品，即离于前所成无常宗义故。**宗先因后**。此中于异品说，若是其常见非所作，先离宗，后离因也。**若异离中，因先宗后，如言非作，定是常住，翻成本来非诤空常住**，空是常住，立敌本来无诤。今若言非作定是常住者，其语势反若对本来非诤之空常住而成之也。非是离前成于无常之宗义也。

　　同既成立，先因后宗。异既离前，随宗先后，意欲翻显前成立义。今者宗无，因既不转，明因有处，宗必定随。异但说离，离成即得，言异品但离前所成无常宗义即得也。**必先宗无，后因无也。故《理门》云："说因宗所随，宗无因不有。"**

　　如空等者，此举喻依，以彰喻体。等者，等取虚空以外常法，谓非择灭等也。用《略纂》语。非择灭，详《百法明门论》。

　　论：此中常言，表非无常。非所作言，表无所作。

　　释成义。显异无体，成第三相，原本无第字，今依《后记》补之，谓成因之第三相也。**正因所摄。**

　　因明之法，以无为宗，以无为宗者，谓无体宗。无体宗者，有法无体，能别复遣。如佛家立神我是无宗，有法神我，本无是物，能别曰无，即对于神我而遮遣之。故此宗是无体宗也。更有别义，恐烦不述。**无能成立**。此言无体因喻，能成无体宗也。无体因者，谓彼因言，但遮于有。如立神我是无宗，因云：不可得故。此不可得因，但遮于可得，而别无所表，故此因无体。无体喻者，谓彼喻是无体法，即前宗因而为喻云，如兔角等。此喻无体，思之可知。

　　以有为宗，以有为宗者，谓有体宗。此复为二：有法有体，能别别遮。如立心、心所非质碍宗，有法心、心所本是有体，能别质碍之上，冠以联词曰非，即是遮也。然能别虽遮，却不遣有法，故此宗是有体宗也。其次，有法有体，能别复表。如立声是无常宗，有法声是有体法，能别无常之上，冠以联词曰是，实表声体为无常之法也，此宗自是有体宗。**有能成立。**此言有体因喻能成有体宗也。有体因者，谓彼因言，匪是其遮，而有所表。如声是无常宗，因云所作性故，此所作言，不但遮于非所作，实乃表有因缘所作义也，故此因是有体。有体喻者，谓彼喻是有体法，即前宗因而为喻云，犹如瓶等。此喻有体，思之可知。

原本无"以有为宗，有能成立"二语，似脱落也，今为补出。此下云"有无皆异"。若单承上文"以无为宗，无能成立"二语，似不可通。细玩下文，亦以有无对明，读者宜详。

有无皆异。有法以无法为异法，无法以有法为异法，故言皆异也。

如《论》云：和合非实。宗也。**许六句中，随一摄故。**因也。**如前五句。**喻也。前破五句体非实有，故得为喻。此中以无而成无故，应以有法而为异品，无其体故。于无法上无彼有法体故。

胜论师立六句义：一实，二德，三业，四大有，五同异，六和合。彼计六种皆是实物，大乘一一破斥，详《成唯识》等论。今此破和合句，立和合非实宗。有法和合，本是无体，能别曰非实，复为遮遣，故此是无体宗。因云：许六句中随一摄故。胜论六句义，佛法都不许为实有。今此因，但遮于非六句所摄法，别无表故，是无体因，与宗相顺。喻云：如前五句。前五既是所破，喻亦无体，复顺成宗。又复应知，宗有法和合是别，因法之六句是总，此因以总成别，亦是一例。

还以无法而为异云，诸是实者，非六句摄，无其异体。诸实有之法，非六句所摄者。六句是无法，无法则是有法之异体故。

若无为宗，有非能成。智周《前记》："此意有体因喻，不能成无体宗。"**因无所依，**意云：有体因不可依无体宗。**喻无所立。**《前记》："举喻既是有体，不与宗相似，故言无所立也"。**故可有为异，**《前记》："言可以有体法为其异法也。"**异于无故。**

225

　　无体因喻成无体宗，此是正理，然亦不可拘定。其在破量，亦得用有体因喻成无体宗也。如大乘破经部立极微非实宗，有方分故因，如瓶等喻。此宗之有法极微大乘不许为有体，能别曰非实，即是遮遣。《义范》说此非无体宗，谬也。因云有方分，不但遮于无方分，实表有有方分，故因有体。瓶等喻，有体可知。原经部执有实极微，一一和合而成瓶等粗色，其瓶等粗色，即是和合假法而非实有。但彼复计极微有方分，而瓶等有方分，彼亦不遮，故大乘曲就彼计，以有方分因、瓶等喻，破彼极微实有之执也。意云：汝许瓶等有方分，而非实有，即汝所执实极微，亦应如之。此量，在大乘虽以有体因喻成无体宗，但用之破量，则曲就彼说之范围内，以其矛攻其盾，故无过。

　　以有为宗，有为能成，顺成有故。无非能立，无体因喻，即非有体宗之能立。**因非能成，喻无所立。**

　　故有无并异，皆止滥故。篆山云："有体无体，互为异品。"

　　无常之宗，既是有体，所作、因法。**瓶等，**同喻。**有皆有体故。为能立。**

　　故于异品，若萨婆多立，有体空为异，若经部等立，以无体空为异，但止宗因诸滥尽故，不要异喻必有所依。

　　同喻能立，成有必有，成有体宗，同喻必有体，如立声是无常宗，设无瓶等有体法为同喻，则所作无常义，由何凭依？见其同有。义若虚构，于物无验，如鸟画虚空，漫尔惊文章。因明之法，同喻成有必有，其义精矣。**成无必无。**成无体宗，同喻顺宗，但为遮用，故亦无体。**表诠遮诠，二种皆得。**智周《后记》："意云：同喻有体，具遮表二，若无体同喻，但有遮而无表也。问：何意不同？答：如大乘对萨婆多云：第六意识非真异熟，以间断故，如电光等。此即是有体同喻，具遮具表也。遮非真异熟，表有第八真异熟也。若如陈那破胜论师有非是有，此即但遮而非是表。何以然者？意但遮大有应非有，不别表有体也。"

异喻不尔，有体无体，一向皆遮。性止滥故。智周《前记》："若言异喻但遮非表者，何故《论》云表非无常等？答：此是遮表，非诠表也，亦不相违。"案遮表之表，即遮义；诠表之表，是表义。

故常言者，遮非无常宗；非所作言，表遮表之表。非所作因。不要常、非作，别诠二有体，意显异喻通无体故。

《理门论》云："前是遮诠，诠即表也。后唯止滥。由合同喻。及离，异喻。比度义故。前之同喻，亦遮亦诠。由成无以无，成有以有故。后之异喻，一向止滥，遮而不诠。由同喻合，比度义故。由义喻离，比度义故。"

彼《理门论》。复结云："由是虽对不立实有大虚空等，而得显示无有宗处，无因义成。"

古说声无常宗，异喻如虚空。《理门》难云："非异品中不显无性有所简别，能为譬喻。"此下所云，即《疏》主申释之词。谓于无常异品，应言：谓若是常，见非所作，如虚空等。正以常为异品，兼非所作，空为喻依。要此简别，显异品无，返显有所作因，无常宗必随逐。汝但云如空者，今返难云：非于异品不显无宗及无因性，即有简别故，能为异喻。长读文势，义道亦远。《后记》："此所引《理门》云'非异品中'至'能为譬喻'，一非字直通于下，须长读之，其义方得显著也。"

论：如有非有，说名非有。

如有者，设举大凡之词。非有者，如名可知。说名非有者，但非于有，非有所目。智周《前记》："如言彼处无此物，但显物无，非有所目。"恐异喻遮义不明，故以例显。此中《疏》有两释，次释又分二义，今取次释中第二义也。原本须对勘之。

中道大乘，一切法性皆离假智及言诠表。言与假智，俱不得真。一向遮诠，都无所表，唯于诸法共相而转。此言共相者谓如相。因明之法，即不同彼，然共相中可有诠表义。此言共相者，谓一切比量境。同喻成立有无二法：有成于有，可许诠即表。也；无成于无，即可遮也。异喻必遮，故言此遮，非有所表。异不同同，异喻不同同喻。理如前说。

《理门论》云："问言：为要具二譬喻言词，方成能立，为如其因，但随说一？此间二喻，为要具说二，方成能立，成所立宗，为如所作，勤勇二因，但随说一，即成能立，成所立宗？"彼《理门论》。有答言："若就正理，应具说二。应具说二喻也。由是具足，显示所立不离其因，显宗不离因。以具显示同品定有，异品遍无，能正对治相违、不定。"此上《理门》文。由具显二，具显二喻。故能显示宗不离因，亦显同品定有，异品遍无。二喻既足，故能正除相违、不定二过。相违之因，同无异有；不定之因，二有二无。故说二喻具，以除二过。

彼《理门论》。复又言："若有于此，一分已成，《后记》："两喻之中，随解于一，名一分已成。如下言有已解同，应但说异等，此是释一分已成之所以也。"随说一分，亦能成立。谓于二喻，有已解同，应但说异。有已解异，应但说同。不具说二，亦成能立。"

声谓有法，所作性因，依此声有。若敌证等闻此宗因，谓闻说无常宗及所作性因。如其声上两义同许，即解因上二喻之义，谓于声上所作无常两义同许，即已解因上之二喻也。同异二喻，俱不须说。或立论者，已说一喻，义准显二，敌证生解，《后记》："如有一人，举因举同喻，而即义准解于异喻也"。但为说一。

此上意说：二俱不说，或随说一，或二具说，随对时机，一切皆得。

论：已说宗等如是多言开悟他时，说名能立。

总结成前也。于中又二：初总结成，后别牒结。此即初也。陈那举宗等，取其所等一因二喻，名为能立。宗是能立之所立，故于能立，总结明之。

论：如说声无常，是立宗言。

下别牒结能立，文势有四。此文初也。牒前宗后指法云：如有成立声是无常者，此是所诤立宗之言。

论：所作性故者，是宗法言。

第二文也。牒前因后指法云：此中所作性者，是宗之法能立因言。由是宗法，故能成前声无常宗，名为因也。故者所以，是标宗之所以也。

论：若是所作，见彼无常，如瓶等者，是随同品言。

第三文也。牒前同喻后指法云：谓若有所作因，见有无常宗，犹如瓶等，是无常宗随同品之言。虽所作因，举声上有，以显无常，无常犹未随所作因。今举瓶上所作故无常，显声无常，亦随同品，义决定故。故所作因，通声瓶两处。原文分宗同品、因同品，今略有删改。

论：若是其常，见非所作，如虚空者，是远离言。

第四文也。牒前异喻后指法云：若是其常，离所立宗。见非所作，离能立因。如虚空者，指异喻依。此止于前宗因二滥，名远离言。离者别离，远亦离也。异喻于宗及因，通远离故。

论：唯此三分，说名能立。

此简异古师。古师说八为能立，或说宗等为能立，今说一因二喻为三能立，故异古也。《理门论》云："又比量中，唯见此理：若所比处，此相审定；遍是宗法性也。于余同类，念此定有；同品定有性也。于彼无处，念此遍无。异品遍无性也。是故由此，生决定解。即是此中唯举三能立。"一因二喻名三能立，二喻体即是因后二相故。

外道及古师于立破前，加审察支。《婆沙》二十七云"若不审他宗，不应说过"，是此义也。如佛家审声论师云：汝立声为常耶？声师答云：如是。声是常住，无触对故，譬如虚空。佛家审定彼宗已，即反诘云：汝何所欲，汝岂不见声是无常、所作性故、如瓶等耶？从此方得说彼因中不定过失。如是审察，立之为支。陈那《集量论》破此繁立云："由汝父母生汝身故，方能立义，或由证义人及床座等，方得立论，岂并立支耶？"如是驳难，可谓至谳！然审察立支固不可，但在实际，其义自存。

论：虽乐成立，由与现量等相违故，名似立宗：

次解似立，文段有二：初别解似，后结非真。

初中有三：一解似宗，二解似因，三解似喻。

解似宗复有二：初牒前总显，后列指释结。此即初也。文轨云："乐所成立义统真似，虽复乐为所立之宗，然与现量等九义相违，故似非真也。"《略纂》云："与现等九相违故，名似立宗。"

论：现量相违、比量相违、自教相违、世间相违、自语相违，

下列指释结有三：初列名，次指法，后释结。此初也。

列名有二：初随旧列，旧谓天主[1]。后随新列。新谓下之四种，《论》主新立。此随旧也。此中现量等五，陈那旧已说故。

论：能别不极成、所别不极成、俱不极成、相符极成。

---

[1]　天主，似误，应为"陈那"。

此随新列,陈那唯立前五,天主又加此四。

论:此中现量相违者,如说声非所闻。

自下随列指法。随前所列,指法明之。**此中简持唯且明一。现量体者,立敌亲证法自相智。**亲证法自相智者。自相者,体义。亲者,谓能缘智于所缘法体,冥合若一,能所不分。证者,知义。虽能所不分,而非无能缘所缘,由能缘智于所缘境,冥冥证故,无筹度分别,是名亲证法自相智。**以相成宗,本符智境,**立者以因三相,成所立宗,本须符应现量智之境,方无邪谬。立宗已乖正智,即现量智。令智谓比量智。**那得会真?耳为现体,**《义范》云:"问:现量体者,谓证自相智,云何色根名为现体?答:如《瑜伽》第十五说"如是现量,谁所有耶?答:略说四种所有,一色根现量"云云。故知耳等色根,得为现体,非唯智也。"**彼此极成;**立者、敌者、证者,共许耳根是现量体,耳识依之亲取境故。**声为现得,本来共许。**耳闻声时,即是亲证声自相故,立敌本来共许。**今随何宗所立,但言声非所闻,便违立敌证智,故名现量相违。**

此有全分、一分四句。

全分四句者,有违自现,非他。立者全违自现,非违他现。**如胜论师对大乘云:同异、大有,非五根得。**胜论六句义,见前注。**彼宗自许现量得故。**《前记》云:"胜论本计大有能有一切物,但观境时,即现量得大有。其同异能同能异一切物,但观境时,亦即现得同异。今立宗言,同异大有非五根得,故违自现。"**虽此亦有违教、相符,**胜论宗本说同异大有是现量得,今自云非得,故违自教。又大乘为胜论之敌者,本不许胜论之同异大有是现量得,今胜论自立宗言非五根得,便立敌所已许,故有相符之失。**今者但彰违自现量。**

有违他现非自。立者全违他现,非违自现。**如佛弟子对胜论云:**

觉、乐、欲、瞋，非我现境。**彼宗说为我现得故。**胜论说觉乐等为我现得，今佛家对彼立非我现境，故违他现。**虽此亦有自能别不成，今此但取违他现量。**

　　《疏》举此例，大谬。细检佛家此宗，更有两失，不止违他现过。两失者：一自能别不成。佛家本不许有我，今宗之能别曰我，故是自能别不成。二违自现。宗之有法，曰觉乐欲瞋，觉通心、心所，乐即受，欲与瞋在佛家亦均是心所。佛家大乘说一切心、心所皆为自证分现证，特不以为我之所现得耳。虽非我之所得，而未始不许觉乐欲瞋是现境。今宗言非现境，便有违自现失。云何可言违他现非自耶？

　　有违共现。自他皆违，名共。**谓《论》所陈，**即此中论文云，**如说声非所闻。一切皆许声所闻故。**立敌本共许声是所闻，今立者忽言非所闻，便全违自他现量，名违共现。**虽此亦有违教、世间，**此非所闻宗，亦违自教，内外教莫不许声是所闻故，亦违世间，以世间极成声是所闻故。**今者但取违共现量。**

　　有俱不违。如前所说：声是无常。

　　一分四句者，有违自一分现，非他。如胜论立：一切四大，非眼根境。彼说风大及诸极微，非眼根得，三地水火三大也。**粗可得。**地等三大由彼极微合成粗色，则眼根可得。**今说一切，违自一分。**胜论本计，于一切四大中有非眼根得，有眼根可得，今言一切非眼根境，并未简别其可得之一分，故违自一分现。虽此亦有违教等失，今取违现。

　　有违他一分现，非自。如佛弟子对胜论云：地水火三，非眼所见。彼说粗三是眼所见，极微非见，但地等三极微非可见耳。**故违一分。**

　　有俱违一分现。立者，于自于他，俱违一分。**如胜论师对佛弟子**

立：色香味，皆非眼见。唯色眼见，彼此共知，余皆非见，名违共一分。虽此亦有一分违教、相符，言色非见，亦即违教；言香味非见，过犯相符。今者但取俱违一分。

俱不违一分者，如佛弟子对数论云：汝自性、我体，皆转变无常。虽违彼教，非现量故。《后记》云："自性我体皆转变无常者，自他皆不违现量也，故言俱不违一分。"数论说有自性及神我，是实是常，为诸法之因，然非现量得。佛弟子本不许有自性神我，今对数论说彼自性我体转变无常，虽违彼教，而俱不违现，以彼此皆不曾许自性神我是现量得故。

此二四句中，全分、一分各有四句，故二也。违他及俱不违，并非过摄。立宗本欲违害他故。违他非过，况俱不违。《前记》云："量既不违，即非过收。"违自及共，皆是过收。现比量者，立义之具，今既违之，无所准凭，依何立义？

论：比量相违者，如说瓶等是常。

比量体者，谓敌证者敌者、证者。藉立论主能立众相而观义智。以敌证者藉立论主能立众相而观于所立宗义之智，为比量体。众相，详下比量中。宗因相顺，他智顺生；宗既违因，他智返起。故所立宗，名比量相违。此中意言：彼此共悉瓶所作性，决定无常，今立为常，宗既违因，令义乖返。义乖返故，他智异生。由此宗过，名比量相违。此有全分、一分四句，准现量说，故不录。

论：自教相违者，如胜论师立声为常。

自教有二：一若立所师，对他异学，自宗业教。谓对他异学，立自宗中所禀业教。二若不顾论，立随所成教。《后记》："随入他宗，立他宗义，亦不得违他之教也。"

今此但举自宗业教，对他异学。凡所竞理，必有据凭，义既乖于自宗，所竟何有凭据？胜论自宗，明声无常，今立为常，故违自教。

论：世间相违者，如说怀兔非月，有故，又如说言，人顶骨净，众生分故，犹如螺贝。

世间者，迁流义名世，堕世中故名间。此有二种：一非学世间，除诸学者，所余世间所共许法。世间知能学艺政俗等事，总名非学世间。以对三乘出世之法，总名非学世间所摄。二学者世间，即诸圣者所知粗法。《后记》："三乘教法，总名学者世间。"若深妙法，便非世间。《后记》："真如理法名为深妙，便非世间之所摄也。"

初非学世间者，即此所言月是怀兔、人顶骨不净，一切共知月有兔故，《西域记》七："昔狐兔猿共为亲友，行仁义时，天帝欲试，为饥渴人，兔烧身供养。帝伤叹良久曰：吾感其心，不泯其迹，寄之月轮，传于后世。故西竺咸言，月中之兔，由斯而有。"世间共知死人顶骨为不净故。若诸外道对佛弟子，有法不简择，简择义下详。但总说言怀兔非月，宗也。以有体故，因也。如日星等。喻也。虽因喻正，宗违世间，世间共许怀兔是月，今说怀兔非月，故违世间。故名为过。然《论》但有宗因，无喻。《后记》："《论》文如说怀兔非月有故者，怀兔是有法，非月是法，有故者是因。故据《论》文，即但有宗因。"

如迦婆离外道，此名结鬘，穿人髑髅，以为鬘饰。人有诮者，遂立量言：人顶骨净宗，众生分故因，犹如螺贝喻。能立因喻虽无有过，据《纂要》，此因喻亦有不定过，因云众生分故者，为如肉等，众生分故，是不净耶？又世间不必共许贝等是净，故喻亦不定。宗违世间共为不净，是故为失。

凡因明法，所能立中，能立谓因，所立谓宗。若有简别，便无过失。若自比量，以许言简，显自许之，无他随一等过。立者抗他，据自义辩，避他不许，置自许言，以为简择。不尔，便有随一不成等过。若有简者，量无过失，他虽未晓，自义不摇。《伦记》五十四第三页，立自比量云："如我所言过未无法亦应名法宗，有所持故因，如现在法喻。"宗之有法过未无法之上，简言如我所说，即是自许。此一例也。（因云有所持故者，能持自体义是法义，今此无法亦能任持无之自体，非于无时舍其无相而为有故。）

若他比量，汝执等言简，无违宗等失。他比量者，立者随就他宗，逞威斥破。此略有二：一者直破，直举他义，立量破之。方其举他，简言汝执。如《理门论述记》二第三页，立他比量云："神我是无宗，不可得故因，犹如兔角喻。"宗之有法神我之上，应简言汝执，今此无文者，省略故也。盖神我本佛家所不许，宗之有法上，若无简择，但言神我，即有自所别不成过。（自所别不成者，宗之有法，亦名为所别。此宗之所别曰神我，立者自既不许，故是自所别不成也。）以汝执言简，即无失。

二者设破，据他宗义，而为推论，假设他量，刊定矛盾。有简无简，或随文势。《唯识述记》十五第十页，破安惠、正量部等不立相分义，立他比量云："如缘青时，若心、心所上无所缘相貌，应不能缘当正起时自心所缘之境，宗；许无所缘相故，因；如余所不缘境，喻。"宗之有法，如缘青时若心、心所上无所缘相貌，为设定之词，不须简言汝执。因云许无所缘相故，许者，犹云汝执，文无汝字，省略也。因中，无所缘相，正出他计，故必有简。此一例也。

《述记》四第三页，破吠世等实我，立他比量云："汝等实我应不能作业宗，许无思虑故因，犹如虚空喻。"宗之有法曰实我，与前量有法之语势不同，故简言汝等。汝等者，犹言汝等所执也。因中言许，亦如前例。

《述记》六第十四页，破顺世等极微，立他比量云："所执极微应不名细宗，与粗量等故因，如粗果色喻。"宗所执言，犹云汝所执。因中亦应置简，以宗上简别，既足贯因，故从省略。此在自他共三种比量中，均有其例，试披论疏，应可研详。他比诸例，多不胜穷，此示方隅，恐烦姑止。

若共比量，以胜义等言简，无违世间、自教等失。共比量者，立义晓他，证成正理。非就他宗为破，所以异于他比量也。亦非由逢他攻难，自方设救，所以异于自比量也。即兼取立自、晓他二义，名共比量。共比简言，略有其二：一者立义若超世俗，应以真性等言为简。如奘师立唯识量云：真故极成色，不离于眼识宗。有法色上，首言真故者，犹言真性故也。真谓胜义，性谓义性，义有义之性故。昔见一人，说此真性即谓真如体性者，铸九州铁，不足成此大错。学不劳心，逞臆妄解，往往如是。《疏》释此云："明依胜义，不依世俗。"又云："亦显依大乘殊胜义立，非依小乘。"此释尽理。小乘同非学世间，并许色离识有，今说为不离识，若有法上无简择，将有违世间及小乘教等失。既言真性为简，即无有过，以立者据义别故，非可以世间及小乘义相衡论。原大乘所以成唯识义者，非唯有识而无色等境之谓，正以色等境非离于识之外而有。此中道理幽深，别详《成唯识论》。今于因明，但论作法，学者宜知。

二若立敌所指，一分不同，必简极成。即仍前例，宗有法色上，除简真性外，复言极成者，盖眼识所行色境，固立敌所共许极成之色，然有法上若不简言极成，但总说言色，则小乘有后身菩萨染污色，及一切佛身有漏色，皆立者自所不许，宗中无简，便有自一分所别不成过。反之，大乘有十方佛色，及佛无漏色，立者自许，而他又不许，宗中无简，便有他一分所别不成过。然则色之一言，自他所指，既各有一分不同，更从何议其不离识耶？今简言极成，即除去自他各一分不极成之色，故无有失。《疏》中引奘师唯识量，释文晦涩，不易爬梳，今此削而不录。宋永明《宗镜录》五十一、东僧凤潭《瑞源记》四，虽复征集众说，而多逞臆，犹待权衡。他日有暇或为约解，以利初学云尔。**随其所应，各有标简。**

今人每谓佛家因明说世间相违、自教相违诸过，为束缚思想之道，此妄谈也。因明所标宗因诸过，本斟酌乎立敌对辩之情而立，用是为辩论之则，非所以立思想之防，文义甚明，可覆按也。浮浅之徒，援思想自由之新名词，妄行攻诘，不思与所攻诘者渺不相干。铣世士夫，蚁智羊膻，剽窃西洋肤表，一唱百和，遇事不求真解，谈学术、论群治，无往不然。盲俗既深，牢不可破。吾以孤怀，游乎昏世，众棘怵心，丛锥刺目，茫茫天壤，搔首何言！百感在心，不觉其言之蔓。

论：自语相违者，如言我母是其石女。

宗之所依，谓法、有法，有法是体，法是其义，义依彼体，不相乖角，可相顺立。今言我母，明知有子，复言石女，明委无儿。我母之体与石女义，有法及法不相依顺。自言既已乖返，对敌何所申立？故为过也。石女，正翻应为虚女，今顺古译，存石女名。《理门论》云"如立一切言皆是妄"，谓有外道立一切言皆是虚妄。陈那难言：若如汝说，诸言皆妄，则汝所言，称可实事，既非是妄，一分实故，便违有法一切之言。若汝所言自是虚妄，余言不妄，汝今妄说非妄作妄，汝语自妄，他语不妄，便违宗法言皆是妄。故名自语相违。

论：能别不极成者，如佛弟子对数论师，立声灭坏。

上明旧似，下明新似。新似有二：初三阙依，后一义顺。

今佛弟子对数论师，立声灭坏。有法之声，彼此虽许；灭坏宗法，宗中之法，亦名能别。他数论。所不成，世间无故。数论说世间无灭坏法，彼宗立自性及神我，体是常住。复说二十三谛，虽是无常，而是转变，非有灭坏。唯识疏说，二十三谛初从自性转变而生，后变坏时还归自性。但是隐显，非后无体；体皆自性，更无别体。总无别依，应更须立。《后记》："宗之后陈能别，名为别依。别依不成，总宗无依，故言总无别依，须更成立也。"非真宗故，是故为失。

此有全分、一分四句。

全四句者，有自能别不成，非他。立者自能别全不成，非敌不成。

如数论师对佛弟子云：色声等尘，藏识变现。有法色等，虽此共成；藏识变现，自宗非有。藏识，亦名阿赖耶识。数论本不许有藏识，今宗之能别曰藏识变现，故是自能别不成。

有他能别不成，非自。立者所立宗之能别，敌者非有故，即是他能别不成，非立者自不成。如《论》所陈，立声灭坏。佛弟子对数论立声灭坏，宗之能别曰灭坏，立者自成，以大乘说诸行才生即灭故。而数论不许有灭坏法，即此能别，于他不成。覆按前文可也。

有俱能别不成。如数论师对佛弟子说：色等法，德句所收。彼此世间，无德摄故。胜论立六句义，见前注。数论及佛家，都无六句义，故皆不许世间色等法是德句所摄。今宗之能别曰德句所收，不但立者数论自能别不成，即敌者佛家亦不成，故言俱能别不成也。

一分四句者，有自一分能别不成，非他。如萨婆多对大乘者，说所造色，大种、藏识二法所生。大种者，即地水等四大，在外道小宗，即指客观存在之世界而言。大乘建立藏识，则不以大种为客观存在之物，而说为藏识变现之相分，又说大种亦有功能。详吾著《唯识论》。所造色者，谓眼等根、色等尘，依大种而生，故望大种，得所造名。一分藏识，自宗无故。萨婆多虽说有大种，而不许有藏识，今宗之能别曰大种藏识二法，即有自一分能别不成。

有他一分能别不成，非自。如佛弟子对数论师，立耳等根，灭坏有易。原本，即金陵刻经处刻本，作灭坏有易。倭刻《瑞源记》，作灭坏有碍。今从原本。有易，彼宗可有，一分灭坏无故。易者变易。数论说耳等根有变易，而不许有灭坏。今佛家对数论立耳等根灭坏有易，其能别上，一分有易之义，虽他所有，一分灭坏之义，乃他所无。即他一分能别不成。

有俱一分能别不成。如胜论师对佛弟子，立色等尘，皆从同类及自性生。同类所生，两皆许有，胜论宗许有同类因，《十句论》曰

"色味香触同类为因者,谓二微果等和合"云云。佛家亦许有同类因,《俱舍》云:"同类因者,谓相似法与相似法为同类因。"自性所起,两皆无故。数论自性,胜论及佛家皆不许有。故能别上一分自性之义,立敌俱无,即俱一分能别不成。

此二四句,唯俱成是。初四句中第四句,曰俱非能别不成。后四句中第四句,曰俱非一分能别不成。《疏》皆无明文者,欲令读者准知之耳。《义范》曰:"唯俱非能别不成句,定是。其俱非一分能别不成句,通是及非。"谓若俱非一分不成,而是俱全成者,即当前四句中第四句,故定是。若俱非一分不成,而是俱全不成者,即当前四句中第三句,故非也。余皆非摄。

论: 所别不极成者,如数论师对佛弟子,说我是思。

即前数论立神我谛,体为受者。由我思用五尘诸境,自性更变二十三谛,故我是思。是思宗法,彼此共成,佛法有思是心所故。思者,造作义。佛家说思是诸心所之一。唯有法我,佛之弟子,多分不立,除正量等,余皆无故。理如前说。

此有全分、一分四句。

全四句者,有自所别不成,非他。立者自所别全不成。如佛弟子对数论言:我是无常。是无常法,彼此许有;宗之法曰无常,立敌皆许有。数论不许二十三谛是常住法故。有法神我,有法亦名所别。自所不成。立者自宗本不许有神我故。今此有法,不标汝执,是故宗过,有简便无。若佛家对数论云:汝所执神我,应是无常。宗之有法上有简择,便无自所别不成过,此义详前。

有他所别不成,非自。如数论者对佛弟子,立我是思。佛家不许有我者,数论对彼,立我是思,即此所别,于他全不成也。

有俱所别不成。立敌俱不成也。如萨婆多对大众部,立神我实有。**实有可有**，但泛言实有，即两宗莫不有所谓实有者也。**我两无故。**
萨婆与大众，两皆不许有神我，今宗之有法曰神我，故是俱所别不成。

一分四句者，有自一分所别不成，非他。如佛弟子对数论言：**我及色等，皆性是空。色等许有，我自无故。**我者，则是立者自宗所无。**宗无简别，为过如前。**宗之有法，曰我及色。其我之一分，自宗既不许有，宗中无简，即有自一分所别不成过。

有他一分所别不成，非自。如数论师对佛弟子，立我色等，皆并实有。佛法不许有我体故。思之可知。

有俱一分所别不成。立敌俱一分不成故。如萨婆多对化地部，说我、去来，皆是实有。**世可俱有**，去来世，两宗俱许有。**我俱无故。**宗有法上，去来世之一分，虽两俱有，我之一分，两俱无故，即是俱一分所别不成。

此二四句，**唯俱不违**，俱非所别不成者，名俱不违。**非是过摄，余皆是过。**

上二过中，初过即所别不成过。**亦名所依不成，能别有故。后过即能别不成过。亦名能依不成，所别有故。**《前记》："此指前宗依中极成有法、极成能别为前后也。即以有法为初也。"不据《论》文以明先后。

论：俱不极成者，如胜论师对佛弟子，立我以为和合因缘。

前已偏句，一有一无，如能别不成，所别定成，即能别不成为壹偏句。能别无，所别有，名一有一无。如所别不成，能别定成，即所别不成为壹偏句。所别无，能别有，亦名一有一无。**今两俱无**，谓所别与能别俱无。**故亦是过。**

胜论师嗢露迦，造六句论。六句者，一实，二德，三业，四大有，五同异，六和合。

实有九种：谓地、有色味香触诸德名地。水、有色味触液润诸德名水。火、有色触二德名火。风、有触德名风。空、唯有声德名空，别有空大，非迥色空等。时、迟速等时。方、东西等方。我、若是觉乐苦等九德，和合因缘能起智相，名我。意。若是觉乐苦等九德，不和合因缘，能起智相，名意。

德有二十四：谓色、眼所取一依名色。味、舌所取一依名味。香、鼻所取一依名香。触、皮所取一依名触。数、一、非一名数。非一者，二以上数。量、短长等量。别性、实等差别故。合、二物先不至而今至者，名合。此有三：曰一业生，以手打鼓，手有动作，所生之合业是动作也。曰俱业生，两手相合，皆动作故。曰三合生，如芽等生，无有动作，与空等实合时所生之合也。离、与合相反名离。彼性、依一二等数，时方等实，远觉所待，名为彼性。此物是一，彼物是二等，故属于数。此时彼时，故属于时。此方彼方，故属方等。此性、彼性之反曰此性。觉、觉有二：一现二比。根与境接，有了相生，此了相是现量体。由见同故，比见不相违法，如见烟，比有火；不见同故，比见相违法，如见雹时，比禾稼损，见禾稼损，比有风雹。此为比量。乐、适悦名乐。苦、逼恼名苦。欲、希求色等名欲。嗔、损害名嗔。勤勇、欲作事时，先生策励，即发动势是也。重性、坠堕之因，名为重性。液性、流注之因，名之液性。润性、地等摄因名润性。行、行有二种：一念因，现比智行所生数习差别。二作因，攒掷等业所生势用也。法、此有二种：一能转，谓得可爱身因，即得生死胜身之因。二能还，谓离染缘正智喜因，即出世间之因，正智之因也。非法、能得生死不可爱身、苦邪智因，名为非法。声。耳所取一依名声。

业有五，谓取、若于上下虚空等处，极微等先合后离之因，名为取业。舍、取业之反。屈、远处先离、近处今合之因名屈。伸、屈业之反。行。有质碍实，先合后离之因，名行业。

有体是一，实德业三，同一有故。

同异体多，实德业三，各有总别之同异故。

和合唯一，能令实等不相离，相属之法故。

《俱舍钞》曰："六句义，一、实者，通以九法为体，是常。世界成即聚，不增；坏即散为极微，不灭。与德句中二十四法为所依。二、德者，通以二十四法为体，此则依前九实。三、业者，通以五法为体，离前实德外，别有五法，令实德作业。四、大有者，即前实德业不能自有，由别有一大有有之。五、同异者，离实德业外，有别自性。人与人同，人与畜异，由别有同异令同异也。六、和合者，能令实等不离而相属故。"

十八部中上首名战达罗，此云惠月，造《十句论》，此六加四。广如胜论宗《十句论》并唯识疏解。胜论后分十八部，如《别钞》记。

彼《十句论》。说地水各并有十四德，《十句论》曰："如是九实，地由几德，说名有德？由十四，谓色、味、香、触、数、量、别性、合、离、彼性、此性、重性、液性、行。水由十四，谓色、味、触、数、量、别性、合、离、彼性、此性、重性、液性、润性、行。火有十一，谓色、触、数、量、别性、合、离、彼性、此性、液性、行。风有九德，谓数、量、别性、合、离、彼性、此性、触、行。空有六德，谓数、量、别性、合、离、声。时方各五，时有五德，谓数、量、别性、合、离。方亦尔。我有十四德，谓数、量、别性、合、离、觉、乐、苦、欲、嗔、勤勇、法、非法、行。意有八德。谓数、量、别性、合、离、彼性、此性、行。

和合因缘者，《十句论》云："我云何？谓是觉、乐、苦、欲、嗔、勤勇、法、非法等和合因缘，起智为相，名我"。《演秘》释云："由我能令觉等九德和合，而能起智，故举所和及所起智，以显我体。"《义范》曰："问：我十四德，何故唯与九德为和合因缘？答：觉乐等九，是能遍法故，和合此九，方能起智决择是非。数量等五，虽亦是我之德，非能遍法，故不说之。"谓和合性，和合诸德与我合时，我为和合因缘，和合始能和合，令德与我合，不尔便不能。《前记》云："此意即说和合之和合觉乐等法与我合时，由何而得和合。由我为因缘,和合始能令觉等与我和合,若我不为因,觉等终不能和合。"《义范》曰:"由我证境,理须九德,故为和合因缘。"

我之有法,此谓佛弟子。**已不成,和合因缘**,宗之法。此同上。**亦非有,故法、有法,两俱不成。**胜论师对佛弟子,立我为和合因缘宗。我,是宗之有法,亦名所别;和合因缘,是宗之法,亦名能别。然佛弟子,本不许有我,亦不许有和合之因缘,故此宗在他方面(即敌论者佛弟子。)便是所别与能别两俱不极。(凡言不极成者,皆得省言不极。)

此中谓宗之后陈法中也。**不偏取和合,亦不偏取因缘,总取和合之因缘,故名不成。不尔便成,**《前记》曰:"和合之因缘者,即我是也。"由此,佛弟子不成。设宗之能别,但曰因缘,即佛弟子亦许,故云不尔便成。**自亦许有。**宗中和合之因缘,在立者胜论自亦许有。胜论六句义,明诸法相依而有,异乎远西哲学家一元二元诸陋说。数千载上,有此超绝之解,斯已奇矣!学者若对执于名相之间,必谓是六句义者,何如是繁碎,则小知不可以达神旨,无怪其然。又九实中,我意二实者,皆心法也。意,即今所谓意识。我则潜伏于意之里面,而与觉等九德合,故能起智。此与今者德人杜里舒之言心理,亦略近耳。

论:相符极成者,如说声是所闻。

新似有二:原本作古似今似,吾改为旧似新似者,此中宗过有九,前五,陈那旧有,后四,《论》主新立,故应但分新旧,明义所出。若言古今,或生误解。盖因明学分今古,陈那以前为古学,陈那师弟为今学,若此中亦言古今,恐其相混。**上三明阙依,此一明义顺。**

对敌申宗,本诤同异,依宗两顺,枉费成功。凡对所敌立声所闻,必相符故,论不标主。论中但云,如说声是所闻,不标谁对谁立,故言不标主。其义易知。

此有全分、一分四句。

全四句者，有符他非自，如数论师对胜论者，立业灭坏。

有符自非他，如胜论师对数论师立业灭坏。

有俱相符，如声是所闻。

有俱不符，如数论师对佛法立业灭坏。音石诠云："数论不许灭坏，于自不符。佛法既许，于他是符。然言俱不符者，以立敌俱不立业句故也。"

一分四句者，有符他一分非自。如萨婆多对数论，立我意实有。说意为实，两不相符；《后记》："此云意者，胜论宗中所有意也。立敌俱不许有胜论意如二极微，名两不相符。"立我实有，符他一分。数论有我故。

有符自一分，非他。如萨婆多对大乘，立我及极微，二俱实有。我体实有，两不相符；极微有实，符自一分。大乘极微无实，故不符他。

有俱符一分。如萨婆多对胜论，立自性及声，二俱无常。自性无常，两不相符；立敌俱不建立自性。声是无常，两符一分。

有俱不符一分，如萨婆多对大乘，立我体实有。实则两俱全不符也。

此诸句中，符他、两符，不论全分、一分。皆是此相符。过。符自全分，或是真宗；《后记》："立量本欲违他顺己，纵符于自，非过所摄。然不以符自为一向即真，故言或也。"并俱不符，或是所别能别不成、俱不极成、违教等过。皆如理思。

论：如是多言，是遣诸法自相门故，不容成故，立无果故，名似立宗过。

此随指释结也。如是多言，牒前九过；下之三故，释过所由；

名似立宗，总结成也。

是遣诸法自相门故，释立初五相违所由。此中意说：宗之有法，名为自相，局附自体，不通他故。立敌证智，名之为门，由能照显法自相故。立法有法，立法与有法合之一处名之为宗。拟生他顺智，本拟生他顺宗之智也。今标宗义，他智解返生。异智既生，正解不起，无由照解所立宗义，故名遣门。

又即自相名之为门，以能通生敌证智故。谓能通生敌者证者之智。凡立宗义，能生他智，可名为门。前五谓现量等五种相违。立宗，不令自相正生敌证真智解故，名遣诸法自相之门。《义心》曰："后解似有误，何者？既即自相名之为门，《论》云遣门，岂遣有法耶？学者更为详之。"

宗之有法，名自相。宗之后陈差别义，名之为门，以能生敌证智故。前五相违之宗，不能令敌证智顺宗而起，即是遣彼宗自相上所有义门，故名遣门。如立声非所闻，声为自相，非所闻是宗之后陈差别义，此违耳根现量，故令敌证之智返起，而作声是所闻解，不顺宗义矣。是则此所遣者，即是自相上所有之差别义，非遣自相，故《疏》之后解非也。又在似宗，敌证之智返起，乃是正解。《疏》之前解"异智既生，正解不起"云云，岂于似宗不生异智、反为正解乎？此又误也。总之基师两误，皆由谬解门字之故。《论》云自相门者，本谓自相之门，今训门为宗之后陈差别义，即自相上之义也，于《论》无违。

不容成故者，容谓可有，宗依无过，宗可有成，依既不成，更须成立，故所立宗不容成也。故似宗内，立次三过。宗之前陈有法，亦名所别；宗之后陈法，亦名能别。所别能别，并是宗依。依若不极，宗岂容成？故次明所别不极成、能别不极成、俱不极成三过。

立无果者，果谓果利。对敌申宗，本争先竞，返顺他义，所立无果。由此相符，亦为过失。

结此九过，名似立宗。_{非真能立故。}

论：已说似宗，当说似因。

下解似因，文分为二：初结前生后，后依标正解。此初也。

论：不成、不定，及与相违，是名似因。

下依标释为二：初列三名，后随别释。此初也。

能立之因，不能成宗，或本非因，不成因义，名为不成。《略纂》三：“不成有两解，一云因体不成，名不成因。其因于宗，俱不许有，随一不容，或复犹豫无宗可依，如此之因，皆体不成，名不成因。不成即因，名不成因也。二云因不证宗，名不成因。不成之因，名不成因也。”

或成所立，或同异宗，无所楷准，故名不定。《前记》：“或成所立云云者，即成宗或同或异，此名不定也。”《略纂》：“不定有两解：一云因体不定，名不定因。不定即因，名不定因也。以不定因，同异品有，非定一品转故，名不定因。虽复同有异无，然为敌量乖返，因喻各成，两因犹豫，亦名不定。二云令宗不定，名不定因。此不定之因，名不定因也。”

能立之因，违害宗义，返成异品，名相违。《略纂》：“此亦二解。一云：宗因两形为相，因返宗故名违。相违即因，名相违因。二云：常与无常，两相返故，名为相违。与相违法为因，名相违因，相违之因，名相违因，即同品无、异品有也。”

虽因三相，随应有过，俱不能成宗，应皆名不成。

若后二相，俱有俱无，异全同分，同全异分，俱分难准，不能定成一宗，令义无所决断，与名不决定。

若后二相，同无异遍，异分同无，不成所立，返成异品，与名相违。若是初相，于宗有失，不能成宗，无别胜用，与名不成。

论：不成有四：一两俱不成，二随一不成，三犹预不成，四所依不成。

下随别释有三：初不成，次不定，后相违。初文有二：初标数列名，后随列别释。此初也。

凡立比量，因后宗前，将已极成，成未共许。彼此俱谓，因于有法非有，不能成宗故，名两俱不成。

一许一不许因于有法有，非两俱极成故，名随一不成。

说因依有法，决定可成宗。说因既犹豫，其宗不定成，名犹豫不成。

无因依有法，有法通有无。有因依有法，有法唯须有。《后记》："如无体因所依有法，有法得通有体无体。若有体因所依，必有体故也。"《广百论》首卷："因有三种：一有体法，如所作性等。二无体法，如非所作等。三俱二法，如所知性等。"准此，宗法亦有三种：有体因必依有体宗。如所作因，依声有法。所作者，表其生义。声有体故，得有生灭。若有法无体，依谁说生？故曰有因依有法，唯须有也。无体因通依有无宗。若依无体有法者，如神我是无宗，不可得故因。又即此因，成蕴中无我宗。宗有法蕴，是有体，不可得因，即无体也。俱二者，如所知性因，成一切法无我宗。因言所知，即通有无。有法曰一切法，有无皆通，亦可知也。因依有法无，有体因依无体有法，即所依无。无依因不立，名所依不成。

故初相过，立此四种。

论：如成立声为无常等，若言是眼所见性故，两俱不成。

自下别释。如胜论对声论，立声无常宗，眼所见因。凡宗法因，意云宗有法上所有之因法。宗者，谓有法。必两俱许，依宗有法，而成随一不共许法。今眼见因，胜声二论，皆不共许声有法有，立者胜论与敌者声论，皆不许宗有法声之上有眼见因故。非但不能成宗，自亦不成因义。因自体不成故。立敌俱不许，名为俱不成。

此不成因，依有有法，谓此因依有体之有法也。合有四句。

一、有体全分两俱不成。如论所说。眼见因，是有体因。然立敌俱全不许此因在有法声上有，故名有体全分两俱不成。

二、无体全分两俱不成。如声论师对佛弟子，立声是无常，实句摄故。此实摄因，两说无体，立者声师与敌者佛家，俱不许有胜论实句义故，故实摄因，是无体因。共说于彼有法无故。立敌共说有法声上全无实摄因，故名无体全分两俱不成。

三、有体一分两俱不成。如立一切声皆常宗，勤勇无间所发性因，立敌皆许此因于彼外声无故。思之可知。

四、无体一分两俱不成。如声论师对佛弟子，说声常宗，实句所摄、耳所取因。耳所取一分因，立敌皆许于声上有。实句所摄一分因，两俱无故，于声不转。思之可知。

此四皆过，不成宗故。

论眼见因，不但成声无常为失，成声之上无漏等义，一切为过，故宗云等。《论》云如成立声为无常等。

论：所作性故，对声显论随一不成。

能立因也。共许，不须更成，可成所立。既非共许，应更须成，故非能立。宗与前同，同前声无常宗。故唯叙因。

若胜论师对声显论，立声无常，所作性因。其声显论说声缘显，不许缘生，声显师说：声性本有，但从缘而显，非从缘所生。所作既生，由斯不许，故成随一。立敌两家，一许一不许，名随一。非为共因。

问：亦有传释，所作通显，云何此因名为随一？答：依文释义，深达圣情；理外浪加，未可依据。此之所作，对声显论不成，故所作言，必唯生义。

此随一因,于有有法,略有八句。

一、有体他随一。如论所说。所作者,表其生义,故此因是有体。然敌者不共许,名他随一不成。

二、有体自随一。如声显论对佛弟子,立声为常,所作性故。声显既说声性本有,不许声上有所作义,故是自随一不成也。

三、无体他随一。如胜论师对诸声论,立声无常,德句摄故。声论不许有德句故。敌者声论既不许有德句,故此因是无体他随一不成也。

四、无体自随一。如声论师对胜论,立声是其常,德句摄故。思之可知。

五、有体他一分随一。如大乘师对声论者,立声无常,佛五根取故。大乘佛等诸根互用,互用者,如耳等根可见色,眼等根可闻声等也。于自可成;立者大乘自许此因声上有故。于他一分,四根不取。声论但许耳根取故。

六、有体自一分随一。如声论师对大乘者,立声为常,说次前因。次前因者,即前有体自随一中所作性因。声论师分为二:一生师说声从缘生,二显师说声但从缘显,非生。今此所作性因,在立者声论师中显师方面,便是自一分随一不成。

七、无体他一分随一。如胜论师对声论者,立声无常,德句所摄、耳根取故。耳根取因,两皆许转;立敌俱许因中耳根取义,于有法声上遍转故。德句摄因,他一分不成。敌者声论,不许有德句义故。

八、无体自一分随一。如声论师对胜论者,立声为常,说次前因。此次前因,谓前无体自随一中德句摄因。

此中诸他随一全句,自比量中说自许言,诸自随一全句,他比量中说汝许言，一切无过，有简别故。义详前注。若诸全句无有简别，及一分句，一切为过。

如《摄大乘》卷三。说："诸大乘经皆是佛说。宗也。一切不违补特伽罗无我理故。此因也。补特伽罗，译云数取趣，言数数往来诸趣也。趣者六趣，亦云六道。数取趣者，即指人或众生而言。补特伽罗无我者，言一切众生实皆无我也。此以大乘经一切不违无我理成立大乘经是佛说。如《增一》等。"喻也。此对他宗有随一失，他宗不许大乘不违无我理故，说有常我为真理故。设许不违，亦有不定。《六足》等论，皆不违故，而为不定。嵩岳《疏》说："此不违无我理之因，对小乘诸师有二种过：一他随一不成，不许大乘不违无我，以其亦说真我义故。二有不定过，六足论等，虽顺无我，非佛说故。"按小乘难言，大乘亦说常乐我净，故非是不违无我理也。又小乘论有六足等，虽顺无我，而非佛说。今大乘以不违无我因，证成佛说，故是不定也。

故有大名居士，声德独高，道颖五天，芳传四主。时贤不敢斥其尊德，号曰抱跂迦，此云食邑。学艺超群，理当食邑。即胜军论师也。《慈恩传》：胜军本苏剌他国人，从贤爱学因明，从安慧学声明及大小乘论，从戒贤学《瑜伽论》，从难陀学《唯识论》。外籍群言、四《吠陀》、天文地理、医方术数，无不穷览根源，究尽枝叶。既学统内外，德为时尊，戒日王尝请为师，对乌茶国八十大邑，辞而不受。奘师西度，就之首末二年，学《唯识论》等。四十余年，立一比量云：诸大乘经皆佛说，宗；两俱极成非佛语所不摄故，因；如《增一》等阿笈摩，喻。此即改《摄论》中比量也。《后记》："阿笈摩者，此云教也。"注在《唯识决择》中。

两俱极成非佛语所不摄者，立敌共许非佛语所不摄，则非外道及六足等教之所摄故。非佛语三字，作一名词。佛语，与非佛语，两相反者也。此大乘经，若为非佛语之所摄，则不得成立大乘经是佛说。今因言非佛语之所不摄，故可以成立大乘经是佛说也。然非佛语之上，必简言极成者，盖泛称非佛语，则有极成不极成。《义范》云："极成非佛语者，谓外道教。凡说外道教为非佛语，彼此共许故。其不极成之非佛语者，如大乘及小乘一分，许萨婆多之《发智论》为非佛语，而萨婆多不共许也。又如小乘皆许大乘经为非佛语，而大乘亦不共许也。凡不共许，皆名不极。故今者此因，言非佛语，若不简极成，则立敌所指非佛语，既有不同，即此因体已不成，何可证成宗义耶？"时久流行，无敢征诘。

大师谓玄奘也。至彼而难之曰：且《发智论》，萨婆多师自许佛说，亦余小乘余小乘者，即谓萨婆多之许《发智》是佛说者。《前记》云："为对不许佛说家得余名"。及大乘者，两俱极成非佛语所不摄，岂汝大乘许佛说耶？此中意云：《发智论》在小乘中萨婆多部既自许为佛说，即此许是佛说之一分小乘，及汝大乘不共许者，相对而称两俱。此两俱所共许极成之非佛语中，不得摄《发智》，以大乘许《发智》为非佛语，而萨婆多不共许，即非两俱极成故。若尔，两俱极成非佛语所不摄之因，在《发智论》上亦有，岂汝大乘亦许《发智》是佛说耶？此因对萨婆多有不定过，故为此诘难。《疏》文晦涩，费解极矣！

又谁许大乘两俱极成非佛语所不摄，是诸小乘及外道两俱极成非佛语所不摄。唯大乘者许非彼摄，因犯随一。因中简言极成，明为立敌两宗共许，毫无所疑，何必更言两俱？且泛称两俱，则可不作立敌两俱解，亦可解作小乘对外道名两俱也。在小乘对外道，便可说大乘经是两俱极成非佛语之所摄，以外道与小乘本共许大乘经非佛说故。由此，奘师难胜军云：谁许大乘经是两俱极成非佛语之所不摄耶？汝岂言小乘、外道之两俱极成非佛语所不摄耶？夫以小乘对外道名两俱，则小乘应许大乘经是两俱极成非佛语之所摄矣。大乘许非彼摄，即此因对小乘有随一不成过。然则两俱之言，易生误解,何如删之为得耶?

若以《发智》亦入宗中,违自教。因犯一分两俱不成,因不在彼《发智》宗故。此中意云:此极成非佛语所不摄之因,既对《发智论》无简别,汝若立大乘经、《发智论》俱是佛说,以为宗者,此因,对小乘之许《发智》是佛说者而言,大乘但有违自教失。以大乘本不许《发智》是佛说,今成此宗,故违自教。若对小乘之不许《发智》是佛说者而言,此因即犯一分两俱不成过。立敌共许此因,于宗中一分大乘经上有,一分《发智论》上无,故言一分两俱不成也。**不以为宗,故有不定。**若不以《发智》入宗者,此因便有不定过,如下文所难也。

小乘为不定言:假设小乘难也。**为如自许《发智》两俱极成非佛语所不摄故,**《前记》云:“为如自许《发智》者,即谓大乘自许。”**汝大乘教非佛语耶?**因言两俱极成非佛语所不摄,于极成之外,更无简别,即此因亦许在《发智论》上有。然立者本不许《发智》是佛语,故此逼之云:汝大乘经,为如汝所自许之《发智论》是两俱极成非佛语之所不摄,而仍非佛语耶?**为如《增一》等两俱极成非佛语所不摄故,汝大乘教并佛语耶?**前既逼已,此又纵之,令其展转成不定过也。

若立宗《后记》:“意云申言出过,名为立宗,非指有法与法和合不相离性名之立宗。”**为如《发智》极成非佛语所不摄,萨婆多等,便违自宗,自许是佛语故。**上述小乘以不定过向大乘兴难,首云为如自许《发智》等。何故于《发智》之上,必设为大乘自许之言耶?盖萨婆多等小乘,将难大乘,必先自语无过,始可难人。倘小乘不设大乘自许之言,而直向大乘出不定过云,为如《发智》两俱极成非佛语所不摄故,诸大乘经非佛语耶?在萨婆多等小乘本许《发智》是佛语者,今对大乘作此语势,便与自宗一向自许《发智》是佛说者相违。由此应设为大乘自许之言,即无有失。**故为不定言:为如自许**设为大乘之自许也。**发智极成非佛语所不摄,汝大乘经非佛语耶?以**

不定中，亦有自他及两俱过，今与大乘为自不定故。不定过中，有
自不定，有他不定，有两俱不定，今此是出大乘自不定过也。

由此大师玄奘。正彼胜军。因云：自许极成非佛语所不摄
故。简彼《发智》等非自许故，便无兹失。奘师改此因，将胜军量中两
俱之言删去，复于极成之上兼以自许言简。即《发智论》，不在立者大乘宗自许
之中，则此因乃为诸大乘经上所有，非《发智论》上得有。由斯，此因，对小乘余
部，以极成非佛语所不摄为言，对萨婆多部言自许极成非佛语所不摄故，一切
无过。唯识亦言：诸大乘经，至教量摄，宗也。乐大乘者许能显示
无颠倒理契经摄故，因也。乐大乘者许，犹此所云自许也。因言能显示无
颠倒理之契经所摄，以证是佛说也。如《增一》等。喻也。《增一》等，是至教
量摄，大小共许，故以为喻。言至教量摄者，即显是佛所说也。以诸因中皆
应简别，并如前说。以上之文，词涩而思密，至不易解，学者切须细心求之。

《疏》原本卷五，第四页左"凡因明法，若自比量，宗因喻中，皆须依自，他共
亦尔"云云。由此有难：奘师所改胜军量，明是共比，云何因中置自许言？岂不
乖因明法？答：因言极成，正显因体。明知此因，是依于共，兼以自许简滥，故
无有失。奘师用此例非一，唯识量中，因言自许，正可参稽。然共量因，设唯依
自，当知是过。

论： 于雾等性，起疑惑时，为成大种和合火有，而有所说，犹
预不成。

西方湿热，地多丛草，既足蟊虻，又丰烟雾，时有远望，屡生
疑惑：为尘为烟，为蚊为雾？由此论文，于雾等性。

火有二种：一者性火，性者实也。如草木中极微火大。火大
者，四大中之一。二者事火，炎热腾焰，烟照飞烟。《前记》云："此有六
义，显其事火：一有焰，二有热性，三腾焰，腾者飞举也，四有烟，五有照显，六飞
烟，飞烟者令烟飞举。具此六义，故名事火。"其前性火，触处可有，立乃

相符。性火即火大，诸论说温热义是火大义。自大小乘以至外道，皆建立火等四大，以说明器界之成立。火大既触物皆有，故不须立。其后事火，事火者，即俗所谓能燃之火，事者境相义。此火有相状故，立以事名。有处非有，故今建立。

凡诸事火，要有地大为质、为依，《前记》云："火望薪炭为质，是地大。"《论》说坚劲义是地大义。事火者，即以薪等地大为质为依。风飘动焰，《前记》云："焰动为风大。"水加流润故。《前记》云："焰流及金汁等，并是润，为水大。热性即火大。"为成大种和合火有，言大种和合火者，大种者，亦大之异名。如上所说，地水风等四大种和合，假名为事火，离四大种和合，无别实火故。故总说言，大种和合火。为成二字，须贯通下句而有所说，一气读之。言为成立此大种和合火之为有，而有所说也。有彼火故。此正释大种和合火五字。依四大种和合，而有事火，故云有彼火故。《前记》云："能有者即四大种，所有者即事火是也。"

如有多人，远共望彼，或雾或尘，或烟或蚊，皆共疑惑。其间或立有事火宗云：彼所见烟等下宗之有法。似有事火。宗之法。

而有所说者，谓立彼因。《理门论》云："以现烟故，因也。喻如厨等。喻也。"此因，不但立者自惑，不能成宗，亦令敌者于所成宗疑惑不定。夫立共因，成宗不共，欲令敌证决定智生。夫立量者，立共许之因法，以成所不共许之宗法，欲令敌证生决定智故。于宗共有疑，宗言似有火，即立敌共有疑也。故言于雾等性，起疑惑时，更说疑因，不成宗果。决智不起，是故为过。

论：虚空实有，德所依故。对无空论，所依不成。

如胜论师对经部立：虚空实有宗，德所依因。凡法宗之后陈。有法，宗之先陈。必须极成，详前。不更须成，宗方可立。况诸因者,皆是有法宗之法性。标空实有,有法已不成,《后记》云:"有法曰虚空,对无空论,已不成也。"更复说因,因依于何立?《后记》云:"因是有法之因,有法不成,因更无所依之处。"故对无空论,《顺正理论》云:"彼上座部及余一切譬喻部师,咸作是说。虚空界者,不离虚空,然彼虚空,体非实有。故虚空界,体亦非有。此有虚言,而无实义。"光法师云"萨婆多宗,虚空实有。别有空界谓窍隙,体是明暗显色差别,亦是实有,与虚空别"云云,《顺正理论》即破此也。因所依不成。

问:胜论师说空有六德,数、量、别性、合、离与声,详前。经部不许。云何今说德所依故,他随一因? 问者之意,胜论师对经部立空实有宗,德所依因,非独因有所依不成,此因经部不许,亦合有他随一不成。如何举所依不成耶? 答:示法举略,非显唯有所依不成,无他随一。既具二过,所依不成及他随一不成。体即随一所依不成。

论:不定有六:一共,二不共,三同品一分转、异品遍转,四异品一分转、同品遍转,五俱品一分转,六相违决定。

释不定有三:初标,次列,后释。此初二也。

因三相中,后二相过,于所成宗及宗相违二品之中,不定成故,名为不定。若立一因,于同异品皆有,名共。皆无,名不共。同分异全,是第三。同全异分,是第四。同异俱分,是第五。若二别因,三相虽具,各自决定,成相违宗,令敌证智,不随一定,名相违决定。

初五过中,唯第二过是因三相第二相失,于同品非定有故。余四,皆是第三相失,谓于异品非遍无故。后一并非,至下当知。

论:此中共者,如言声常,所量性故。常、无常品,皆共此因,是故不定。

255

下别显六，初共也。如声论者对佛法者，立声常宗，心、心所法所量度性为因，空等常法为同品，瓶等无常为异品。故释共义，同异品中，此因皆遍，二同异品二。共有故，名为不定。

论：为如瓶等所量性故，声是无常；为如空等所量性故，声是其常。

狭因能立，通成宽狭两宗。故虽同品，而言定有，非遍。宽因能立，唯成宽宗。今既以宽成狭，由此因便成共。共因不得成不共法。若有简略，则便无失。如声论师对胜论师，立声无常宗，耳识所量性故因。因言耳识，即是简略，无共不定。故《理门》云："诸有皆共，无简别因，此唯于彼俱不相违，是疑因性。"此说共不定诸有立因，于同异品皆共有性，无有简别。如声常宗，所量性因，二品皆有。

然宗有二：一宽，二狭。如立声无我，名宽，声外一切皆无我故。立声无常，为狭，除声以外，有常法故。同品亦二：此谓因亦有宽狭二者也。同品二字，疑误，应改作因。所量、所知、所取等名宽，无有一法非所量等故。无有一法非所量等，故所量等因是宽因也。勤勇、所作性等名狭，更有余法非勤勇发、非所作故。思之可知。若立其狭，常、无常宗。若立狭宗者，如云声是无常，无常以外，有常法故。即无常宗是狭宗也。又如立虚空是常，常法以外，有无常法故，即此常宗是狭宗也。说前宽因，所量因，或所知因，或所取因。同异二品，如声是无常狭宗，瓶等为同品，空等为异品。因皆遍转，所量性等宽因，于同品瓶等上，异品空等上，皆遍转故。故成不定。此因于异品有，故成不定也。若望宽宗，其义可立。如无我宽宗，则用所量等宽因成立之，亦可也。唯说狭因，可成狭宗，如勤勇狭因，可成内声无常狭宗；所作狭因，可成内外声无常狭宗。亦可成宽。_{即上说二狭因，亦可成无我宽宗。}异品无故，_{以一切法皆无我故，云异品无。}可成正因。_{其因既无异品相滥，故是正因。}

如声论师对胜论，立声常为宗，耳心、心所，所量性故，_{耳心、心所[1]，犹言耳识也。}犹如声性。_{有此简略，即便无失。}

故此与不共，_{二不定共与不共名二不定。}差别，_{彼谓不共。}于一切品，都无故。

论：言不共者，如说声常，所闻性故。常、无常品，皆离此因，常、无常外，余非有故。是犹预因。

第二不共。如声论师对除胜论，立声常宗，耳所闻性为因。此中常宗，空等为同品，电等为异品，所闻性因，二品皆离。于同异品皆非有故，离常无常，更无第三非常非无常品，有所闻性，故释不共云。离常无常二品之外，更无余法是所闻性，故成犹预。不成所立常，亦不返成异品无常。

故除胜论师亦立有声性，谓同异性等，并所闻性。若对彼宗，非无同喻。故除胜论，对立成过。_{参看后相违决定中。}

论：此所闻性，其犹何等？

犹者，如也。夫立论宗，因喻能立，_{因与喻皆为能立也。}举因无喻，因何所成？其如何等，可举方比？因既无方，明因不定，不能生他决定智故。问：举因能立，立未成宗。无喻顺成，其宗不立。_{因无同喻顺成，故其宗不立也。}宗既顺先不立，此因应非不定。《后记》云："初立其宗，未举其因，其宗未立。后举因时，拟成于宗，由阙同喻，成宗不得。宗仍顺先未举因时，一致不成，名为顺先不立也。然则此因，但不

---

[1] "所"字原脱。

成宗而已，何名不定耶？"答：因阙同喻，宗义无能可成，因阙同喻，故此因无能，未可成宗也。亦不返成异宗。由此，名为不定。非是定能成一宗义故，不与其定名。《义心》云："因阙同喻，宗义无因可成，亦不返成异宗，由此名为不定。既不定能成一宗义，得不定名，非是令宗不定，名不定也。"

论：同品一分转，异品遍转者，如说声非勤勇无间所发，无常性故。

第三释同分异全也。若声生论，本无今生，是所作性，非勤勇显。生师说声性本无，从缘所生，即内声亦非勤勇所显。若声显论，本有今显，勤勇显发，非所作性故。显师说一切声性本有，即此内声，亦由勤勇显发，非新生故。今声生对声显，立声非勤勇无间所发宗，无常性因。此因，虽是两俱全分两俱不成，今取不定，亦无有过。《后记》云："声生声显，俱不许无常性因于声上转，即是因中两俱不成之过。然虽不成，指法而已，且求不定。"音石诠云："问：如下疏言，若有两俱不成，必无不定，此无常性因，有两俱不成，何故今取指法求不定耶？《义范》曰：彼下卷意，且约三中，唯阙初相，名为不成，后二相中偏阙一相，名为不定，二相俱阙，名为相违，非尽理说。不是前后自相违害。据其实理，得有两俱不成，兼余过也。"

论：此中非勤勇无间所发宗，以电空等，为其同品。此无常性，于电等有，于空等无。

非勤勇宗，电光等并虚空等，皆是同品，并非勤励勇锐无间所发显故。无常之因，电有空无，故是同品一分转也。

论：非勤勇无间所发宗，以瓶等为异品，于彼遍有。

此显异全。因于异品上全有也。瓶是勤励勇锐无间因四尘泥所显发故，无常之因，于彼遍有。

论：此因以电瓶等为同品故，亦是不定。此无常性因，如成声非勤勇发宗，以电等为同品，此因于电等上有。如成声是勤勇发宗，以瓶等为同品，此因于瓶等上亦有。故说此因，是不定也。《疏》中据此处《论》文，遂分立宗同品、因同品名目，其谬已甚，故不录。

论：为如瓶等，无常性故，彼是勤勇无间所发；为如电等，无常性故，彼非勤勇无间所发。

指不定相也。彰无常因能成前声，或是勤勇、或非勤勇，何非不定？

此亦有三：如小乘等对大乘立他比量云：**汝之藏识，非异熟识**，藏识者，第八识之异名，以其含藏一切功能，故名藏识。藏者，藏也。异熟识者，亦第八识之异名。第八名为异熟识者，由先善恶业势力为因，引生现行第八识为果，而现行第八识之自体，非善非恶，名为无记。故唯识疏说，因通善恶，果唯无记。果望于因，其性异类，而得成熟，故名异熟也。小乘不立第八识，故宗之有法藏识，以汝言简。**执识性故，如彼第七等。**因中言执者，犹云汝执，指大乘所执也。喻中言彼者，亦谓大乘，亦是简言汝执之意，小乘本无第七识，故须简也。又此因，乃以彼例此，其意盖云：汝大乘第七识，既是识性，而非异熟，汝所执藏识，亦识性故，应如第七，亦非异熟。盖大乘本不许第七是异熟，今小乘欲就大乘计中，以彼之矛攻彼之盾，故为此量也。然因中有不定过，如下所说。

此非异熟识宗，以除异熟六识外，大乘说前六识通善、恶、无记三性，以前六识中，善等三性，容前后间杂而起故。若起无记时，便是异熟，非谓六识遍是异熟。此义深详，具如《成唯识论述记》。**余一切法而为同品。**谓除异熟六识外，若第七识，及六识中善或恶，乃至色声等法，皆非异熟识故，即此宗之同品。**执识性因，于第七等有，于色声等无。**执识性因，于其同品一分第七识等上有，一分色声等上无，故是同品一分转也。**异熟六识而**

259

为异品，非异熟识宗，便以异熟识为异，思之可知。**执识性因，于彼遍有。**执识性因，于其异品异熟六识之上遍有，名为异品遍转。**故是他**他比量。**同分**同品一分转也。**异全。**异品遍转。

如萨婆多对大乘立自比量云：我之命根，定是实有，命根者，《广五蕴论》说："谓于众同分，先业所引住时分限为性。"众同分者，同前论说，"谓诸群生各各自类相似为性"。如人与人同，名人同分是也。人之生也，由其先所造业力，势无散失，引起今生。即彼今生，于众同分中，随业所引住时分限，说名命根。住者，如人从初生已，至未灭期，总名为住。住之时，或长或短，壹视其先业所引，故云先业所引住时分限也。命根之名，今俗多误解，故依《广五蕴论》略诠如此。大乘说命根是分位假法，自属谛论。而萨婆多等小乘，乃谓命根实有，即谓为一种实作用也。今萨婆多对大乘，立命根是实有宗，为避免大乘不许故，故于宗之有法命根上，简言我之，即简自许也。**许无缘虑故，如许色声等。**此因，亦是以彼例此。意云：色声等无缘虑，而是实有，命根无缘虑，亦定是实有也。然此因有不定过，如下所说。

　　此实有宗，以余五蕴、无为等为同品，五蕴者，一色蕴，二受蕴，三想蕴，四行蕴，五识蕴。无为者，真如之异名。五蕴及无为，大小乘共许为实有。**无缘虑因，于色等有，**等者，无为。谓于识等无。无缘虑因，于其同品一分色等上有，一分识等上无，即是同品一分转。**以瓶盆等而为异品，**萨婆多等说瓶盆等是由极微和合而成，极微是实有，瓶盆等非实有。**无缘虑因于彼遍有。**此实有宗，既以非实有之瓶盆等为异品，今无缘虑因，则于瓶盆等上遍有，是名异品遍转。**故是自**自比量。**同分异全。**准前释。

　　如《论》所陈，即此中《论》文所云：如说声非勤勇无间所发，无常性故。**即是共**共比量。**同分异全。**覆按上文可也。

　　论：异品一分转，同品遍转者，如立宗言：声是勤勇无间所

发,无常性故。

第四释异分同全。谓声显论对声生立,是勤勇无间所发宗,无常性因。

论:勤勇无间所发宗,以瓶等为同品,其无常性,于此遍有。

此显同全,一切转故。

论:以电空等为异品,于彼异品。一分电等是有,空等是无。

此显异分,半有转故。无常性因,于其异品一分电等上有,即成不定过也。

论:是故如前,亦为不定。

此结不定。是因,不但能成于声如瓶盆等,是勤勇发,亦能成声如电光等,非勤勇发。是故如前,成二品故,亦为不定。

此亦有三:如大乘师对萨婆多立他比量云:汝执命根,定非实有,许无缘虑故,缘虑者,即思虑义。如所许瓶等。萨婆多许瓶等非实有,故得为喻。

非实有宗,以瓶等为同品,无缘虑因,于彼瓶等。遍有。即同品遍转。以余五蕴、无为为异品,无缘虑因,于彼异品。一分色等上有,心、心所无。受想行三蕴是心所法,识蕴是心法。心、心所法皆有缘虑,故无缘虑因于此不转。此因唯于异品一分色等之上有故,名异品一分转。故是他他比量。异分,异品一分转。同全。同品遍转。

大乘若云:我之藏识,是异熟识,许识性故,如异熟六识。

异熟识宗,以异熟六识而为同品,许识性因,于此遍有。即同品遍转。以除异熟六识,余一切法而为异品,许识性因,于彼一分非业果心有,业果心,即异熟心;非业果心,即非异熟心,如第七识等是也。于彼一分色等上无。故是自自比量。异分同全。

如前所说,胜军论师成立大乘真是佛语,两俱极成非佛语所不摄故,如《增一》等。

此中佛语宗,以《增一》等而为同品,大小乘两俱极成非佛语所不摄因,于此遍有。同品遍转。以《发智》、六足等而为异品,两俱极成非佛语所不摄因,于《发智》有,详前。于六足无。即异品一分转。亦此因过摄。

如《论》所陈,即此中《论》文云:声是勤勇无间所发,无常性故。即是共共比量。异分同全。

论: 俱品一分转者,如说声常,无质碍故。

第五俱分。因于同异二品各一分转,名俱品一分转。声胜二论,皆说声无质碍,无质碍故,空大空大者,五大之一。为耳根,《前记》云:"胜声二论,俱说空为耳根,何以故?空无障碍故,若有障碍,是即不闻,故取空为耳根。"亦无质碍。意说声无质碍故,空大为耳根,亦无质碍也。今声论对胜论立声常宗,无质碍因。

论: 此中常宗,以虚空、极微等为同品,无质碍性,于虚空等有,于极微等无。

此显同分。二宗声论、胜论。俱说,地水火风,四大。极微常住,《二十唯识疏》云:"地水火风,是极微性,若劫坏时,此等不灭,散在处处,体无生灭,说为常住。"粗者无常。极微所成粗色,便是无常。劫初成,体非生;劫后坏,体非灭。二十空劫,散居处处;后劫成位,两合生果,如是展转,乃至大地。所生皆合一,能生皆离多。极微众多,其体非一。广如《二十唯识疏》中解。

此空言等,等彼时等。极微言等,等取彼意等。如极微,亦有碍故。故此常宗,虚空极微为同喻,无质碍因,于空等有,极微等无，故是同分。同品一分转也。

论：以瓶乐等为异品，于乐等有，于瓶等无。

此显异分。彼二宗中，皆说觉乐欲瞋等为心、心所。此二此二者，《论》所举乐等及瓶等二也。非常，为常异品。彼二非常，乃为此常宗之异品。无质碍因，于乐等中有，于瓶等上无，故是异分。异品一分转也。

并前，合显俱一分转。以此异分，并前同分，合显俱品一分转。

论：是故此因，以乐以空为同法故，亦名不定。

结不定。无质碍因，空为同品，能成声常。乐为同品，能成无常。由成二品，是故如前，亦为不定。如成声常宗，空为同品无质碍因，得成此宗。如成声无常宗，乐为同品无质碍因，亦得成此宗。故是不定。

论：相违决定者。

第六相违决定。具三相因，各自决定，成相违之宗，名相违决定。相违之决定，《后记》云："意云相违即宗，决定是因，不得名为相违，相违之因，属主为名，第六转摄。"决定令相违，《后记》云："由因能令宗法相违也，还是相违宗之决定也。第三转摄，虽由于因，宗方相违。此《论》文中，正明因过。因不得名相违，从相违主以得其名，名相违决定也。"第三第六两转，俱是依主释也。

论：如立宗言：声是无常，所作性故，譬如瓶等。

此乃胜论对声生论立，义如前说。若对声显，随一不成。

论：有立声常，所闻性故，譬如声性。

此乃声生对胜论立，若对余宗说所闻性，是前所说不共不定。对余宗说，此因便无同喻，以余宗不说有声性故。

胜论声性，谓同异性。实德业三，各别性故，实中如地等，别有地等性。德中如声等，别有声等性。业可类推。**本有而常。**声等性本有而常也。**大有共有，非各别性，不名声性。**依《广百论》，大有亦名声性，今此不尔。庄严轨曰："问：大有句义，何故不名声性？答：声之同异，唯与声为性，不通余法，故是声性。大有通一切，不名声性。"篆山《钞》云："泛言声性，有通有别。通者，大有体一是常，一切共有，亦是色等性故，不得偏名为声性也。别者，谓同异性，体多而常，诸法别有故，闻声时亦闻同异性故。"当知《广百》依通性说，今约别性，亦不违也。以上须参看前述胜论六句义中。

　　声生说声，总有三类：一者响音，虽耳所闻，不能诠表。如近坑语，别有响声。**二者声性，一一能诠，各有性类，**《后记》云："声性，随能诠声，许有多也。"**离能诠外，别有本常。不缘不觉，新生缘具，方始可闻，**《后记》云："声性，缘未具时，耳根不取，名不缘不觉。觉者，起耳缘时，名之为觉也。不缘者，无缘也。总意而言，要须缘具，声性之上，方有可闻。若不然者，但住本常，不缘不觉。"**不同胜论。**《后记》云："胜论但取同异性名为声性，声生说缘具不具，有闻不闻。"**三者能诠，**即前第二中所云一一能诠是也。**离前二有。**离前响音及声性二者，而别有此能诠也。**虽响及此，**能诠。**二皆新生，响不能诠。今此新生声是常住，**今声生对胜论立声常宗，有法之声，即新生声。以本有声性为同喻。

　　两宗声生、胜论。**虽异，并有声性可闻，且常住故，总为同喻，不应分别何者声性。如立无常，所作性因，瓶为同喻，岂应分别何者所作、何者无常？**若绳轮所作，打破无常，声无瓶有。**若寻伺所作，**由意中寻伺力故，击咽喉等发声，故说声是寻伺所作。**缘息无常，**寻伺或咽喉等缘不起用时，声缘便息，尔时声灭，名无常。**声有瓶无。**若尔，一切皆无同喻，故知因喻之法，皆不应分别。**由此声生，立量无过。**《明灯钞》云："胜论声性，谓同异性也。声论别有，本性是常。两宗所说声性虽异，而不应分别。盖因喻之法，依总相而立。如所作因，不分别绳轮所作，或咽喉所作，但取声及瓶上有是所作之总相，以为因法。此亦如是，不分别立者声生所说声性如何，敌者胜论所说声性如何，但取两宗所说声性之总相，以为同喻。由依总相立，故无有过。"若分别者，便成过类分别相似。《理门论》云："分别同法差别，由此分别，颠倒所立，说名分别相似等。"

论：此二皆是犹预因故，俱名不定。

结成不定也。二因，二因者，前所举胜论对声生立声无常宗，所作性因，声生对胜论立声常宗，所闻性因，此二也。皆不能令他敌证生决定一智，故如前五，俱是不定。《略纂》曰："此双结两宗，因皆有过。一有法声，其宗互反，因喻各立，何正何邪？故俱犹预，名因不定。"《理门论》颂，结四相违及不定云："观宗法审察，若所乐违害，成踌躇颠倒，异此无似因。"参考《理门论》。由观察宗法，令审察者智成踌躇，名不定因。

二因虽皆具足三相，令他不定，与不定名。论说此二，俱不定摄故。不应分别前后是非，不必分别前宗之因为非，后宗之因为是也。凡如此二因，二皆不定故。凡有与此相类似之二因，其二亦皆不定也。古有断云：如杀迟棋，后下为胜。若尔，声强，胜论应负。然《理门论》傍断声胜二论义云："又于此中，现教力胜，故应依此，思求决定。"彼说此因，二皆不定。然断声论先立声常，所闻性因。胜论后说所作性因，云声无常。可如杀迟棋，先下负，后胜。今此本《论》。与彼，《理门论》。前后相违，《理门》前声后胜，此《论》前胜后声。故不应尔。《明灯钞》云："主宾立破，理有是非，岂得俱失，而无胜负？"古有断云：如杀迟棋，后下为胜。若尔，则声论应强，胜论堕负。然此不容一概而论，至理是非，须傍依现见或至教力断，故应思求违顺，决定真似。由此当知，胜是声非，由世共现见声是无常故。当知《理门》，非但如杀迟棋后下为胜而已。况今此《论》，先胜后声，与《理门》前声后胜相违，知古断意，未必应尔。

又彼外难：所闻性因，若对有声性，应为正因。意云：所闻性因，对立有声性者说，既不缺同喻，故应是正也。《论》主非之，令依现教。现，谓世间见声间断，有时不闻，众缘力起。声逢缘有，暂有还无，即无常也。教谓佛教，教者，言教。说声无常，佛说胜故。由此二义，依世现见无常及佛说无常二义也。胜论义胜。

又释迦佛现证诸法，见声无常；依现说教，教说无常。佛现量亲证声相无常，即依现量而起言教，说声无常。故胜论先，《论》主以胜论立声无常，契佛现教，故先之也。不应依于外道常教。外道常教，违佛说故，不应依从。

又诸外道不许佛胜者，应依世间现有至实可信之说。意云：若外道不许佛说为最胜者，即应依世间至实可信之说也。声逢缘有，暂有还无，世间可信者所共说教，故胜论先，声论堕负。

彼谓《论》主也。且断于声胜二义，声负，胜先。非诸决定相违，皆先负后胜。古师断云，如杀迟棋，后下为胜者，其说大非。

若尔，便决定，云何名不定？设难云：若如上说，声负胜先，则胜论因便是决定，云何亦名不定耶？由此《论》主此《论》之作者，说名《论》主。恐谓一切决定相违，皆后为胜，故结之云：二俱不定。《疏》言《论》主恐谓一切决定相违，皆后为胜，故结云，二俱不定。此明《论》文虽举二不定，意实侧重声生一方面，以彼所闻因，正是不定故，非显胜论所作因亦有不定过也。《论》说二俱不定，为对古师断后为胜者而发。诸家解疏，多未了此，臆说纷纭，只乱人意。盖胜论以所作因，成声无常，此因既具三相，声论以可闻因，成声是常，其因亦三相皆具。然则何以辨其邪正耶？《论》主之意，欲令依世间现见为断。则胜论因，不唯法式上无过，而乃本于实测，声论因，但合法式，而不根诸事实，故声论应负。详此，则陈那、天主颇有注重实测之精神。基师盖深知其意，后来解家，遂无足语此者矣。

论： 相违有四，谓法自相相违因、法差别相违因、有法自相相违因、有法差别相违因等。

解相违有三：初标，次列，后释。此初二也。

相违因义者，谓两宗相返。此之四过，不改他因，能令立者宗成相违。下详。与相违法而为因故，如立声常宗，所作性因，无常即常宗相违法。今此所作因，非与本所立常宗为因，乃与无常法而为因故，即与相违法为因。名相违因。由因但与相违法为因故，即名此因曰相违因。非因违宗，名为相违。此中不约因违宗义，以名相违也。

自相、差别二名，已见前能立中极成有法、极成能别处。此中《疏》又复述，故削而不录。唯法、有法，皆有自相、差别，前但略陈，初学难晓，今更以例明之。如立声无常宗，宗之有法曰声，此言所陈，即是自相。于声之上有可闻、不可闻等义，必有其一为意中所许，方有有法差别。宗之法曰无常，此言所显，名法自相。于无常之上，有灭坏无常或转变无常等义，必有其一为意中所许，方名法差别。举此一例，以便反隅。

$$
\begin{array}{l}
\text{宗有法} \left\{ \begin{array}{l} \cdots\cdots(\text{言陈})\cdots\cdots\text{自相} \\ \cdots\cdots(\text{意许})\cdots\cdots\text{差别} \end{array} \right. \\
\\
\text{宗　法} \left\{ \begin{array}{l} \cdots\cdots(\text{言陈})\cdots\cdots\text{自相} \\ \cdots\cdots(\text{意许})\cdots\cdots\text{差别} \end{array} \right.
\end{array}
$$

论： 此中法自相相违因者，如说声常，所作性故，或勤勇无间所发性故。

267

下别释四。

初文有三：初标牒名，次显宗因，后成违义。此初二也。

问：相违有四，何故初说法自相因？　答：正所诤故。宗之法自相，是立敌两宗正所诤故，故应初说也。此有二师，如声生论，立声常宗，所作性因；声显论立勤勇无间所发性因。声显立内声常宗，勤勇发因。

论： 此因唯于异品中有，是故相违。

此成违义。由初常宗，空等为同品，瓶等为异品，所作性因，同品遍非有，异品遍有。九句因中第四句也。应为相违量云：声是无常，所作性故，譬如瓶等。

由第二宗，声显内声是常宗也。空为同品，以电瓶等而为异品，勤勇发因，于同遍无，空上无勤发因。于异品，电无，瓶等上有。九句因中第六句也。应为违量云：内声是无常，勤勇无间所发性故，喻如瓶等。

此之二因，返成无常，违宗所陈法自相故，生显二师皆立声常宗，宗之后陈曰常，即是法自相。今所作或勤勇因，返成无常，便违本所立宗之法自相也。名相违因。故《理门》云："于同有及二，在异无是因。返此名相违，所余皆不定。"详前九句因中。此所作性因，翻九句中第二正因。彼九句中第二句。同品有，异品非有，此同非有，异品有故。此勤勇因，翻九句中第八正因。彼同品有非有，异品非有，此同非有，异品有非有故。上已数论，略不繁述。此一似因，《前记》云："即是此四相违中，法自相相违因是也，即所作因或勤勇因是也。"因仍用旧，喻改先立；后之三因，因喻皆旧。由是四因，因必仍旧，喻任改同。

论：法差别相违因者，如说眼等必为他用，积聚性故，如卧具等。

准前亦三，此初_{标牒名。}二_{显宗因。}也。凡二差别_{谓法差别及有法差别也。}名相违者，非法、有法上除言所陈，余一切义，皆是差别。要是两宗各各随应因所成立，意之所许，所诤别义，_{立敌所诤也。}方名差别。因令相违，名相违因。_{此段文义，学者非细心思之，恐不易了。今仍取前所举例申明之。如立声是无常宗，声上有可闻、不可闻，有质、无质种种义，非可概名有法差别。无常之上有一期无常、刹那无常、转变无常、灭坏无常种种义，非可概名法差别。盖立者对敌兴诤，乃用所作性因，以成立声无常宗。其言所陈有法自相曰声，而意中许声是可闻，即此可闻义，名有法差别。非声上一切义，皆名有法差别。又言所陈法自相曰无常，而意中许无常是灭坏，即此灭坏义，名法差别。非无常上一切义，皆名法差别。举此一例，余应准知。故《疏》说言：随应因所成立，意之所许，所诤别义，方名差别。}

此中义说，若数论外道对佛弟子，意欲成立我为受者，_{此言我者，谓实我也。下皆准知。}受用眼等。若我为有法，_{立我为宗之有法也。}受用眼等，便有宗中所别不成。_{有法亦名所别。佛家不许有我，今数论对彼立我，故是他所别不成。}积聚性因，两俱不成。_{若我为有法，立敌俱不许有积聚因：数论说我是常，故不许有积聚因也；佛法不许有实我，何论有因耶？}如卧具喻，所立不成。_{思之可知。}

若言眼等必为我用，能别不成，_{以我为宗之能别，敌者佛家不许有我，故不成也。}阙无同喻。积聚性因，违法自相。_{如立眼等必为我用宗，积聚性因。我用即宗之法自相，此积聚因返成相违。}卧具喻，有所立不成。

若成眼等为假他用，相符极成。_{假他者，即假我之谓也。依眼等}

根，假名曰我，佛家亦许，故不须立，立便相符。

由此方便矫立宗云：眼等必为他用。他者，在立者数论师意中，即指实我而目之也。何故不直言我，而名之以他耶？依数论计，我有二种：一者实我，即彼二十五谛中神我谛也。体既常住，故非积聚。二者假我，即眼等根积聚成身，假名为我。以其假相，动作施为，似我相故。即彼二十三谛中摄也。假我，佛法亦立；实我，则佛法所不许。今数论对佛家，欲成眼等根为实我所受用，宗中若言我者，即犯种种过，已如上说，故彼方便矫立宗云，眼等必为他用，意欲令佛家承许眼等但是资具，而必为他之所受用。他者谁？即实我是也。此盖方便矫托寄意，冀令他晓耳。

眼等有法，宗之有法曰眼等。指事显陈；为他用法，宗之法曰为他用。方便显示。意立：必为法差别不积聚他实我受用。不积聚他者，隐目实我，数论神我是常，非积聚性故。其积聚他者，隐目假我，以本无有我，但依眼等积聚法，假名为我故。数论立眼等必为他用宗，他用者，即宗之法自相，于他用之上有积聚他用或不积聚他用等义。今数论意中许是不积聚他用，即此不积聚他用，是宗之法差别。故《疏》云："意立，必为法差别不积聚他实我受用。"若显立云，不积集他用，能别不成，敌者佛家不许有不积聚他故。所立亦不成，亦阙无同喻。因积聚性因。违法自相，故须方便立。方便立者，谓言所显法自相，但曰他用，意中所许法差别，则是不积聚他用也。

积聚性因，积多极微成眼等故。

如卧具喻，其床座等，是积聚性。彼此俱许为他受用，故得为同喻。因喻之法，不应分别，故总建立。参看前相违决定中。

论：此因，如能成立眼等必为他用，如是亦能成立所立法差别相违积聚他用。

此成违义有二：初举所违法差别因，后释所由。此初也。

初文又二：此因如能成立眼等必为他用，此牒前因能立、因能立者，重复言之，因即能立。所立法自相。如是亦能下，又显此因能与彼法差别为相违因。

其数论师，眼等五法，即五知根。五知根者，谓眼耳鼻舌皮。皮根能触，相当于佛家所谓身根。卧具床座，即五唯量所集成法。五唯量者，谓声触色味香。不积聚他，谓实神我，体常本有。其积聚他，即依眼等所立假我，无常转变。然眼等根，不积聚他实我不积聚他，即谓实我。今言不积聚他，又言实我者，重复言之耳。此等词例，相宗书中常见。用胜。亲用于此，受五唯境故。依数论计，神我用眼等，其用殊胜。所以者何？神我亲用此眼等，以受用声等五唯境故。《义范》云："眼等根，是彼神我用五唯境时，亲所须具，故言实我用胜。"

由依眼等，方立假我。故积聚我即假我。用眼等劣。《义范》云："虽藉眼等积成假我，然非假我亲所依据，故眼等根，假我用劣。"按《注钞》驳《疏》云："眼等即是假我，复谁为能用、而以眼等为所用耶？故知不尔。用即神我，复何胜劣？此言眼等依假我立，离眼等外，无别假我体。即不应说假我用眼等，以本无别假我体为能用故也。由斯，依数论计，但是神我用眼等而已，更无假我之用相形，从何校胜劣耶？"《注钞》之意如是，吾以为大谬已。既依眼等积聚，名为假我，积聚是总，眼等是别，总有作用，能用于别，如国家依人民立，国家得用人民。《疏》言积聚假我用眼等，理非不成，《注钞》驳之，妄也。

其卧具等，必其神我须思量受用，故从大等次第成之。大者五大，谓地水火风空。等者谓五唯等。数论双建自性及神我，此二皆是常住法也。由神我思受用境故，自性方生五大五唯，成床座等也。

然以假我安处所须，方受床座，故于卧具，假他用胜，实我用劣。假他，即假我。假我亲用卧具，故胜。实我疏用卧具，故劣。疏者何？实我亲用眼等，即由眼等，以用卧具，故言疏也。此前所说，前文引数论所说也。**积聚性因，如能成立数论所立法自相**，所立谓宗，即数论立眼等必为他用宗，此宗之法自相，但曰为他用，未言不积聚他用。故积聚性因，成法自相亦无过。**如是亦能成立法差别之相违宗。**

彼法自相，曰为他用。此为他用之上，有积聚他用及不积聚他用等义。立者意之所许，是不积聚他用，此为法差别。

陈那仍用彼因，返成法差别即不积聚他。**之相违法**，不积聚他用以积聚他用为相违法。**云：眼等，必为积聚他用胜。**

卧具等，是积聚性故，既为积聚假我用胜，眼等亦是积聚性故，应如卧具，亦为积聚假我用胜。以上原文晦涩，今略有删易。**若不作此胜用难者，其宗即有相符极成，他宗眼等亦许积聚假他用故。思之可知。**

以假我于眼等用胜，而难数论，《论》无明文，《疏》主创发。清幹诸家，颇于《疏》义有所翻违，吾谓过矣。《疏》主立义，可谓善发陈那之旨也。立量违他，必审察他之本计，而自立于不败之地。推详数论所计，积聚他假我，用卧具胜，用眼等劣，不积聚他实我，用眼等胜，用卧具劣，彼之本计如是。今检彼对佛弟子，立眼等必为他用宗，积聚性因，如卧具等喻。彼宗，意许法差别是不积聚他用，以此是对敌所诤故。然彼积聚性因，则于法差别不集聚他上无，于法差别之相违法积聚他上有，故此因是法差别相违因也。但彼因虽有过，而敌者违量亦不易成。设陈那不约假我用眼等胜以难，而直申量云：眼等必为集聚他用，因喻同前。此虽以彼因喻，返成相违，而陈那量，亦犯相符过，何足违害数论所立？原数论亦许假我用眼等，陈那若复立之，即有相符之失也。今《疏》主设为陈那难数论量云：眼等必为集聚他用胜，因喻仍数论之旧。意说：卧具等是集聚性故，既为假我用胜，眼等亦是集聚性故，应如卧具亦为假我用胜。由是，此量无相符过，方与数论而作相违。审此，则《疏》主设难，可谓解纷挫锐，词峰峻极者矣。何得以《论》无明文，妄与之反耶？此中意义，委曲繁密，《疏》文亦复艰涩，学者于此，每纷劳于名词之间，而不获得其条贯及精思所在，故为之剖析如此，览者宜尽心焉。

但可难言假他用胜，不得难言实我用劣，违自宗故，佛法不许有实我故。共比量中，无同喻故。《后记》云："准数论师所立量，乃是共比，佛弟子对之作违量即亦是共。若云眼等实我用劣，佛法既不许有实我，即犯自能别不成等过，又无有同喻，如何成共比量耶？"若他比量，一切无遮。若佛弟子对数论立他比量云：汝眼等应实我用劣宗，积聚性故因，如汝许卧具喻。此于宗中实我之上，置汝言简，喻中置简亦尔，故无有过，不须遮也。

论：诸卧具等，为积聚他所受用故。

此释所由。成比量云：眼等必为积聚他用胜，积聚性故，如卧具等。诸非积聚他用胜者，必非积聚性，如龟毛等。故今难云：诸卧具等，两宗共许为积聚他受用胜故。《论》虽无胜字，量义意必然，不须异求，应作此解。

论：有法自相相违因者，如说有性非实、非德、非业，有一实故，有德业故，如同异性。

准前作三，此即初二，标名、举宗因。

胜论师鸺鹠者，为其弟子五顶说六句义法，参看前俱不极成中。说实德业，彼皆信之。至大有句，彼便生惑。鸺鹠言有者，能有实等，离实德业三外别有，体常是一。鸺鹠说实德业三种之外，别有大有，其体是常是一，由此，能令一切实德业依之以有故。故云：有者，能有实等。弟子不从，云实德业性不无，即是能有，岂离三外，别有能有？五顶意云：地等九实、色等二十四德、取等五业，其各各体性非无，即已是有，何得于实德业之外又别立大有耶？

鸺鹠次说同异句义，次前大有句而说也。能同异彼实德业三。

273

此三之上，各各有一总同异性，随应各各有别同异。《前记》云："同异有二：一总同异，二别同异。总同异中复为二：一总同，二总异。初总同者，如实句中，法体虽九，同是实故，名为总同。次总异者，实中九法，总异德业，名为总异。德业二中，总同总异，一准实说，其义易解。别同异中亦为二：一别同，二别异。初别同者，如实句中，地水火等一一极微，各各不同，名之为别。同是实故，名为别同。次别异者，实中九法各各不同，名之为别。别即是异故，名为别异。德业二中，别同别异，均可类推。"如是三中，实德业三。随其别类，皆有总别。实德业中，随指一法，名为别类。如地者，即实中之别类也。此地实之上，有总同异，有别同异。余准可知。诸同异性，体常众多。依鸺鹠说，离实德业之外，别有同异性，其体是常、是多。由别有同异性故，方能令实德业有同有异。

复有一常能和合性，和合实德业令不相离，互相属著。和合体性，是常是一。《明灯钞》曰："大有、和合，约法通性，皆名为一。"

五顶虽信同异、和合，然犹不信别有大有，鸺鹠便立《论》所陈量。此量有三，实德业三，各别作故。今指彼论，谓胜论也。故言如说。

鸺鹠对五顶立三量，具如左：

有性非实宗，有一实故因，如同异性喻。

有性非德宗，有德故因，如同异性喻。

有性非业宗，有业故因，如同异性喻。

有性有法，非实者法，合名为宗。法与有法，合而为宗。此言有性，鸺鹠、五顶两所共许实德业上能非无性，鸺鹠对五顶本欲成立大有是离实等而有，以五顶未共许故，遂方便矫立有性非实等为宗。有法曰有性者，只约实德业当体不无之义，名为有性，而不直言大有。故《疏》说"鸺鹠、五顶两所共许"云云。鸺鹠欲令五顶悟有性非即实等，方信有离实等之大有，故

274

如是矫立宗也。**故成所别。若说大有，所别不成**，宗之有法，亦名所别。五顷既不信有大有，鸺鹠若立大有为有法，即有他所别不成过。**因犯随一。**由宗有他所别不成过故，因亦犯他随一所依不成之过。**此之有性，体非即实。**

　　因云，有一实故。显九实一一皆有，故云一实，能有一一实**故。**基公谓因中言有一实者，所以简别有二实或多实、无实，此故作麻烦也。今皆削而不录。鸺鹠以三量鼎立，曰非实、非德、非业。其初因所言一实者，明是实句中一一实，更何待简耶？基公盖以后之二因，不置一言，遂乃望文生义，不知初因言一，后二可省。《略纂》有云："九实一一自体不无有之所有，名有一实，德业少一一言。"准知，应云有一实故，有一德故，有一业故，文中略故，唯实言一也。沼公不从师说，非无义据。守文之徒，何足谈此！又《略纂》言九实一一自体不无者，即显因中所言之有，只约九实一一自体上不无之义，名之为有。郑重言之，即因言有者，但是不无之有，非是大有之有也。此义下详。

　　名有一实、有德业者，亦有无有，因言有者，有无之有，即以不无名有。**非大有也。若是大有，因成随一**，鸺鹠对五顷立因，若言大有为能有者，其因便有他随一不成过，以五顷不信有大有故。因须共许极成，他既未信大有，立者如何可以为因耶？**同异非喻**，若因言大有，即同异非可为同喻，同异非是大有故。**能立不成。**因犯随一，又阙同喻，即是能立不成。故知鸺鹠量中言有，非是大有也。

　　但言有一实，更不须征即实离实之有一实。此有一实之有，只约九实一一自体上不无之义，名之为有。更不应问此有，是离实之有乎？抑即实之有乎？设言即实之有，敌者五顷虽许，而立者鸺鹠自所不成。设言离实之有，即是显有大有，立者虽成，敌又不许。故知鸺鹠此因所言有者，虽意实存于别有大有为能有，而言中止可彰于九实一一自体上不无之有，抑欲以一一实体上不无之有，隐寓别有能有。但在言陈，不容显分即实离实耳。此中用意甚微，学人索解，须如其分。又原本此句之前，有"如佛法言，有色有漏"一段文，似谓因所言有，直是即实之有，则与此处矛盾，今削而不录。

如同异性喻，同异虽体不名有，同异性不名大有性，当体立名，曰同异故。**而体不无之义共许。今取此不无之义为能有故，亦有一实。**引《纂要》文，补缀于此。《义范》曰："同异性，能令实德业有同有异，故能有于一一实等也。"

此非实句为一宗已。上释有性非实宗，是为第一。**非德非业后二宗法，**第二宗之法曰非德，第三宗之法曰非业。**有法同前。**同前第一宗，立有性为有法也。**此二因云，有德业故，**有性非德宗，有德故因；有性非业宗，有业故因。**谓有彼德之与业。三因一喻，如同异性。**三因同用一喻，曰同异性。**此于前三，**实德业。**一一皆有，亦如有性，**鸺鹠以谓：有性，能令实德业体性不无故，说有性能有于实德业；同异，能令实德业体性有同有异故，说同异能有于实德业，亦如有性之为能有。**是故为喻。**鸺鹠意云：同异能有于实德业，同异非即实德业；有性能有于实德业，有性非即实德业。

鸺鹠既陈三比量已，五顶便信。法既有传，鸺鹠入灭。胜论宗义，由此悉行。

陈那菩萨，为因明之准的，作立破之权衡，重述彼宗，载申过难，故今先叙彼比量也。

论：此因如能成遮实等，如是亦能成遮有性，俱决定故。

此成违义有二：初牒彼。鸺鹠。**因，**有一实故等三因。**能成遮有性即实等。**遮者遮拨。等谓德业。后如是下。**显此因，亦能令彼**鸺鹠所立有性非实等宗。**有法自相相违。**

谓前三宗，言有性非实、一宗。**非德、**二宗。**非业。**三宗。**有**

性,是前三宗。有法自相。今陈那仍用彼因喻,总为一量破之云:所言有性、应非有性,宗;有一实故、有德业故,因;如同异性,喻。

同异能有于一实等,等德及业。同异非有性;有性能有于一实等,有性非有性。同异性,是鸺鹠六句中之一。虽非即实等,亦非即大有,鸺鹠矫立为同喻,故成相违。释所由云:此因,既能遮有性非实等,遮有性即实等,而说为非实等。亦能遮有性非是大有性,亦能遮彼有性,而言有性非是大有性。两俱决定故。《后记》云:"本立者,似立决定。出过者,真破决定。非是立敌俱真决定,名两俱决定也。"本立者,谓鸺鹠量;出过者,谓陈那量。

论:有法差别相违因者,如即此因,即于前宗有法差别作有缘性。

下文亦三,此即初二,标名、举宗因。

彼鸺鹠仙,以五顶不信离实德业别有有故,下有字是名词,谓大有也。即以前因,有一实等三因。成立前宗。有性非实等三宗。言陈有性,是有法自相;意许差别,为有缘性。意中所许作有缘性,是有法差别。

作有缘性者,缘者缘虑义。胜论宗现比智等为能缘。有缘性者,即所缘境之异名。由境为因,引起能缘故,遂说境名有缘性。据鸺鹠义,实德业本非即大有,亦非从大有生,然必依大有而有。设无大有为依,实德业亦不能自有。由此,说实德业依大有为体,即得为所缘境,以引起能缘。能缘缘于实德业时,亦俱缘于大有,故说大有作有缘性。《疏》解殊多纠辖,今不录。

论:亦能成立与此相违,作非有缘性。如遮实等,俱决定故。

此成违义也。谓即此因,亦能成立与前宗有法差别作有缘性之相违法，而作非大有有缘性。作非大有有缘性者，易词以云，即非有大有作所缘境性。**量云：有性，应作非大有有缘性，**宗也。**有一实故，有德业故，**因也。**如同异性。**喻也。**同异有一实等，而作非大有有缘性；有性有一实等，应作非大有有缘性。**能缘缘于同异时，同异即是所缘境性，非可以同异境性，别作大有境性解，故云同异作非大有有缘性。然有一实等因，于同异上有，故可以同异之有此因，而作非大有有缘性，例彼有性有此因，亦应作非大有有缘性。**不遮作有缘性，**泛言作有缘性，即无可遮。**但遮作大有有缘性，**鸺鹠意许大有作所缘境性，故可遮也。**故成意许别义相违。不尔，违宗。有性，可作有缘性故。**宗之有法曰有性，本取立敌共许实德业上不无之义。即此有性，可作有缘性，理不容遮。若遮此者，便有违宗之失。故应但遮作大有有缘性也。**文言虽略，义核定然。**《论》文无大有者，但言略耳。

论：已说似因，当说似喻。

解似喻有二：初结前生后，次依生正释。此初也。

论：似同法喻，有其五种：一能立法不成，二所立法不成，三俱不成，四无合，五倒合。

自下依生正释有二：初标列，后别解。标列有二：初标列同，后标列异。此初也。

因名能立，宗法名所立，同喻之法，必须具此二。因贯宗喻，喻必有能立，令宗义方成。喻必有所立，令因义方显。今偏或双于喻非有，故有初三。

喻以显宗，令义见其边极。不相连合，所立宗义不明，照智不生，故有第四。

初标能以所逐，《前记》云："即说因宗所逐也，因为能立故。"有因，宗必定随逐。初宗以后因,乃有宗以逐其因。返覆能所,令心颠倒,共许不成,他智翻生,故有第五。

依增胜过,但立此五。故无无结及倒结等,以似翻真故,亦无合结。谓以似量翻真量故,非但无有无结等过,亦无合结,此乃真似相翻之义也。

论:似异法喻,亦有五种:一所立不遣,二能立不遣,三俱不遣,四不离,五倒离。

此标列异。异喻之法,须无宗因;离异简滥,方成异品。既偏或双,于异上有,故有初三。

要依简法,简别离二,异喻须离宗及因故。令宗决定,方名异品。既无简法,令义不明,故有第四。

先宗后因,可成简别;先因后宗,反立异义。非为简滥,故有第五。翻同立异,同既五过,异不可增,故随胜过,亦唯五立。

论:能立法不成者,如说声常,无质碍故,诸无质碍,见彼是常,犹如极微。

下别释中,初同后异。同中有二,初别解五,后总结非。解初不成有二:初举体,后释不成。此初也。

举彼宗因者,显似喻体。如声论师对胜论立声是常宗,两俱许声体无质碍。以胜论师,声是德句,德句无碍。声论虽无德句,然以其声隔障等闻,故知无碍。

论:然彼极微,所成立法常性是有,

释不成中有二:初明所立有,后辩能立无。此初也。声胜论,俱计极微体常住故。所立谓宗,此言极微喻上能有于宗法常义。

论:能成立法无质碍,无。以诸极微质碍性故。

释能立无。声胜论计极微质碍，故无能立。能立者，谓无质碍因法。今极微既是质碍，故此喻上无能立也。

论：所立法不成者，谓说如觉。

解所立不成。宗因同前，但别举喻，谓说如觉。觉者，即心、心法之总名也。心、心法者，心谓心王，心法谓心所。小乘说识有六，大乘说识有八，每一识中，又分王所。所者，心上所有之法，如心上有发动势故，名作意心所，有苦乐等，名受心所，余不胜举。心王，则心所之统摄者也。

论：然一切觉，能成立法无质碍，有。

以心、心法皆无碍故。谓如觉喻上，得有无质碍因也。

论：所成立法常住性，无。以一切觉皆无常故。

释所立无。以如觉喻上，无宗法常义，云所立无。喻上常住实非所立。即同于彼所立谓宗。能立谓因。二种法者，即是其喻。从所同为名，故名所立。如声常宗，其同喻上若有宗法常住义，虽得云有所立，然据实论之，同喻，非但同于宗法，必同于因及宗，方是同喻。

论：俱不成者，

解第三过。文有三：初总牒，次别开，后释成。此初也。能所立双无，名俱不成。

论：复有二种：有及非有。

此别开列也。有，谓有彼喻依。无，即无彼喻依。

论：若言如瓶，有俱不成；若说如空，对无空论，无俱不成。

此释成。以立声常宗，无质碍因，瓶体虽有，常、无碍无。瓶体上无有常义及无碍义。虚空体无，二亦不立。二者，谓常义与无碍义。虚空喻上，都无此二，故云不立。有无虽二，如瓶喻依是有，如空喻依是无。皆是俱无。瓶空二喻之上，都无其所立常宗及能立之无碍因法，名为俱无。

问：虚空体无，常可不有；虚空既已无体，更何从有所谓常耶？空体非

有，无碍岂无？意云空体既无，即空上非无彼无碍因法。答：立声常宗，

无质碍因，宗因俱表。金陵刻经处本，无宗因俱三字，今依倭刻本补之。

宗之法曰常，即表声是常法也。因云无质碍，非但遮于质碍法，实表有无质碍

之法也。虚空不有，故无碍无。无碍法者，其体本有，但有而非碍耳。今

虚空者，体既本无，更何所谓无碍耶？

　　问：真如常有，故说为常；虚空恒无，何非常住？又虚空无，

何非无碍？答：立宗法，略有二种：一者，但遮非表，如言我无，

但欲遮我，不别立无，喻亦遮而不取表。

　　二者，亦遮亦表，如说我常，非但遮无常，亦表有常体，喻即

双有遮表。

　　依前喻无体，有遮亦得成。如前我无宗，如兔角等喻，但遮无表，亦

得成宗。依后但有遮，无表，二立阙。二立者，能立因及所立宗也。如后

亦遮亦表之宗，若取无体法为同喻，但遮无表，即有二立皆阙之过。

　　今立声常，是有遮表。将空为喻，对无空论，但有其遮，而无

有表，故是喻过。此下破《文轨》等难，陈义猥琐，概从删削。

　　论：无合者，

　　解第四过。文有四：一牒章，二标体，三释义，四示法。此

初也。

　　论：谓于是处无有配合，

　　标无合体。谓于是喻处，若不言诸是所作，见彼无常，犹如

瓶等，即不证有所作处，无常必随。即所作、无常，不相属着，是

无合义。由此无合，纵使声上见有所作，不能成立声是无常，故

若无合，即是喻过。

若云，诸是所作，见彼无常，犹如瓶等，即能证彼无常，必随所作性。声既有所作，亦必无常随。即相属着，是有合义。

论：但于瓶等，双现能立所立二法，

此释义也。谓但言所作性故，譬如瓶等，有所作性，及无常性。

论：如言于瓶，见所作性及无常性。

此示法也。若如古师，立声无常，以所作故，犹如于瓶。即别合云：瓶有所作，瓶即无常，当知声有所作，声即无常。故因喻外，别立合支。陈那菩萨云：诸所作者，即合声上所作之性，见彼无常，犹如瓶等。瓶等所作，有无常，即显声有所作，非常住。即于喻上义立合言，何须别立于合支？

论：倒合者，

解第五过。文有其二：初牒、后释。此初也。

论：谓应说言，诸所作者，皆是无常。

释中有二：初举正合，后显倒合。此初也。宗因可知。谓声无常宗，所作性故因。

论：而倒说言，诸无常者，皆是所作。

正显倒合。谓正应以所作证无常，今翻无常证所作，故是喻过。即成非所立，有违自宗，及相符等。本以所作证无常，今反以无常证所作，故违自所立宗。又所作既立敌共许，今成所作，便犯相符。如正喻中，已广分别。

论：如是名似同法喻品。

此总结非也。

论：似异法中，所立不遣者，

下解似异五过，为五，此即第一。于中又三：初简牒，次指体，后释成。此初也。简有二重：一简似同，云似异中。二简自五，以似异中，过有五种，先明所立不遣故。故似异法中所立不遣者，即牒也。

论：且如有言：诸无常者，见彼质碍，譬如极微。

此指体也。宗因如前，仍前所举声常宗，无质碍故因，同喻如空。此中不举，但标似异。即此中所标极微喻。所立不遣，此类非一，随明于一，故云且也。或不具词，似五明一，似异五过，且明其一。故亦云且。

论：由于极微，所成立法常住不遣，彼立极微是常住故。

释成有二：初所立有，后能立无。此初也。

声胜二论，俱计极微常故，不遣所立。异喻须先遮遣所立，今声论对胜论立声常宗，取极微为异喻，实则声胜二论，俱计极微是常。即此喻不能遮遣所立常宗。

论：能成立法无质碍，无。

明能立无，准所立有，亦应言彼立极微有质碍故，文影略尔。无质碍因，极微喻上亦无，但所立不遣，故为过耳。

论：能立不遣者，

解第二过有三：初牒章，次指体，后释成。此初也。

论：谓说如业。

指体也。

论：但遣所立，

此释所立无，以彼计业是无常故。故此喻遮遣所立声常宗也。

论：不遣能立，彼说诸业无质碍故。

辩能立有。准前应言：彼说诸业，体是无常。无质碍故。无质碍因，业上既有，故此喻不遣能立，是为过也。

论：俱不遣者，

解第三过：文亦有三，此即牒也。

论：对彼有论，说如虚空。

此指体也。即声论师对萨婆多等，立声常，宗也。无碍，因也。异喻如空。

论：由彼虚空，不遣常性，无质碍故。

释成有二：初明二立有，二立者，能立因与所立宗也。虚空喻上，既有宗法常义及因中无碍义，故不遣二立。后约计释成。此初也。

论：以说虚空，是常性故，无质碍故。

约计释成也。两宗俱计虚空实有，遍常遍者周遍，常者恒常。无碍，所以二立不遣也。

论：不离者，

解第四过。文分为二：初牒章，后示法。此初也。

论：谓说如瓶，见无常性，有质碍性。

此示法。离者，不相属著义。如声常宗，无质碍因。异喻双离宗因，应云：若是无常，见彼质碍。如此，则将质碍属著无常，返显无碍属著常住，故声无碍，定是其常。今如古师举喻，但云如瓶等，见无常性，有质碍性，此则以无常性与有碍性，各别说之。不显无常属有碍性，即不能明无宗之处，因定非有，何能返显有无碍处定有其常？不令常住性与无碍性互相属著，故为过也。原文晦，不录。

《庄严疏》云："离者，不相属著也。若言诸无常者，见彼质碍，如瓶等者，此即显常宗无处，异品无常，与无碍因不相属著，即是离义。由此返显声有无碍，定与常义更相属著。故异喻须离。"今既但云于瓶见无常性,有质碍性,此但双现宗因二无,不明无宗之处,因定非有,故是不离。由此,不能返显无质碍因与常宗更相属著,故是过也。

论：倒离者,

解第五过。文有二,如前科。此初也。

论：谓如说言：诸质碍者,皆是无常。

示法。宗因及同喻,皆悉同前。异喻应言：诸无常者,见彼质碍。即显宗无,因定非有。常宗无处,其无碍因亦定非有。返显正因,除其不定及相违滥。亦返显有因宗必随逐。谓反显有无碍因,其常宗必随逐也。今既倒云：诸有质碍,皆是无常。即以质碍因,成非常宗。不简因滥,返显于常。此有二过,已如前辩。前示喻相中已辩也。

论：如是等似宗[1]因喻言,非正能立。

此结非真也。言如是者,即指法之词。复言等者,显有不尽。向辩三支,皆据申言而有过故。未明缺减,非在言申,故以等。《前记》云："似宗因喻三支过中,《论》文之中除四相违,自余诸过,各据言陈,未明意许。今言等者,等彼意许。又缺减过,《论》文之中,言陈意许,俱并不说。又缺过中,有分有全,《论》亦不明。今此等言并皆等彼诸过失。"孝仁云："未明缺减者,谓有体缺,即似宗等,而尚未明其无体缺,非言陈有故。故言等。"复云似宗因喻者,此牒前三,总结非真,故是言也。等言先似宗因喻者,若喻下言等,恐谓离前似宗因喻,别有似支,故于前等。故于似宗因喻之前,置等言也。

论：复次为自开悟,当知唯有现比二量。

---

[1] 宗,原脱,此据《因明入正理论疏》(《大正藏》本)补。

上已明真似立，次下明二真量。是真能立之所须具故，文分为四：一明立意，二明遮执，三辩量体，四明量果，或除伏难。此即初二也。与颂先后次第不同，如前已辩。

问：若名立具，应名能立，即是悟他，如何说言为自开悟？答：此造《论》者，欲显文约义繁故也。明此二量，亲能自悟，隐悟他名及能立称。次彼二立明，二立者，真能立，及似能立。显亦他悟疏能立，犹二灯二炬互相影显故。《理门论》解二量已云："如是应知悟他比量，亦不离此得成能立。"故知能立必藉于此量，显即悟他。明此二量，亲疏合说，通自他悟及以能立。此即兼明立量意讫。

当知唯有现比二量者，明遮执也。唯言是遮，亦决定义。遮立教量及譬喻等，决定有此现比二量，故言唯有。古师说量，略有六种。现及比外，复有第三，曰圣教量，或名声量，观可信声而比义故。复有第四，曰譬喻量，如不识野牛，言似家牛，方以喻显故。又有第五，曰义准量，谓若法无我，准知必无常，无常之法必无我故。又有第六，曰无体量，入此室中，见主不在，知所往处，如入鹿母堂不见苾刍，知所往处。陈那废后四种。问：古立有多，今何立二？答：《理门论》云："由此能了自共相故。非离此二，自相、共相。别有所量，为了知彼，更立余量。"非字至此为句。故依二相，唯立二量。依自相立现量，依共相立比量。

问：陈那所造因明，意欲弘于本论。《前记》云："本论者，即《瑜伽》《对法》等是也。"解义既相矛盾，何以能得顺成？答：古师从诠及义，智开三量。《前记》云："义者境也，即自共二相。诠，谓能诠，即至教也。缘自相智，名现量；缘共相智，名比量；缘至教，即名至教量。古师约诠及义，分三量也。"陈那已后，以智从理，唯开二量。《前记》云："所缘之理不过自共二种,能缘之智但分现比。"**若顺古并诠,可开三量**；若顺古师,并取诠义对辨,亦可开三。**废诠从旨,古亦唯二。**《前记》云："旨,即理是也。"**当知唯言,但遮一向执异二量外,别立至教及譬喻等,故不相违。**《疏》主似朋古师,不妨别立至教,故云顺古并诠,可开三量。又但遮一向执云云,足征其意不欲全违于古。吾谓《疏》主此解未审也。至教本应摄入比量,由观声教而比义故,何须离比别立?详《庄严疏》云："今陈那意,唯存现比,自余诸量,摄在比中。何以尔者?夫能量者,要对所量,所量既唯自共二相,能量何得更立多耶?故自悟中,唯有二量。"嵩山宾亦云："外人不肯信佛教是正,故不得立至教为量。"此皆善解陈那之旨。

论：此中现量,

下辩体有二：初辩现量体,后明比量体。辩现量中,文复分四：一简彰,二正辩,三释义,四显名。此即初也。言此中者,是简持义。向标二量,且简比量,简别于比量也。持彰现量,故曰此中。

论：谓无分别。

此正辩也。言现量者,谓无分别。问：何智于何境,离何分别? 唤下文也。

论：若有正智,于色等义,

此释义也。文复分三：初简邪,二定境,三所离。此初二也。

若有正智,简彼邪智。谓患翳目,见于毛轮第二月等,虽离名种等所有分别,而非现量。故《杂集》云："现量者,自正明了无迷乱义。"此中正智,即彼无迷乱,离旋火轮等。旋火见有轮形,此即迷乱,正智必离此等也。

于色等义者，此定境也。言色等者，等取香等；义者境义。凡言义者,有二解:一道理名义,二境界名义。此中言义者,即境界义。

离诸瞙障，即当《杂集》明了，虽文不显，义必如是。谓于色等义下,应有离诸瞙障一语,《论》虽无文,据义须有。不尔,简过不尽。如智不邪,亦无分别缘彼障境,应名现量故。五识现量缘境,本无迷乱,以俱时意识迷乱分别,遂若迷乱亦在五识也。《杂集》云:"如患迦末罗病,损坏眼根,令眼识见青为黄。"此《疏》亦云:"患瞖目,见毛轮第二月等。"《义心》以此谓五识容有错乱。其说固有未审,慧沼弟子如理,则又谓以手按眼,见第二月,其时五识但见本圆月,由意识于眼根门中妄见第二月也。又由眼根病故,意识于根门中见青为黄,实则眼识但见于青。此说亦未究理。唯斯义深详,须论影质,关涉既繁,此难殚述,别见吾著《唯识论》中。

论：离名种等所有分别，

此所离也,谓有于前色等境上,虽无瞙障,若有名种等分别,亦非现量,故须离此名言分别、种类分别、诸门分别。等者,等取诸门分别也。《理门论》云:"远离一切种类名言假立无异诸门分别。"名言,即目短为长等,皆非称实,名为假立。《前记》云:"名言者,谓一切目短为长,呼青为黑等。但由名言,假有诠名,以为共相,皆非称实,名为假立。"《义范》云:"设诠色为色,目长为长,岂称实耶? 答:诠色为色,目长为长,既是假诠,亦非现量。然有遮表,稍称实故,不同以短为长,全非称实,故偏举之。"《义范》说是也。或名言者,谓一切名言。不止目短为长等,即通一切名句文皆是。

依此名言，假立一法，贯通诸法，名为种类。如立色之一法,贯通一切青黄赤白。种类同故，名为无异；如青黄赤白,同是色故,故不异。种类差别故，复言诸门。如色与声等,种类不一。或复世间即摄外道。所有横计安立诸法，名为诸门，计者计度,不称境故,名为横计。计非一故。世间种种横计,故有诸门。**故须离此所有分别,方为现量。**名种等者,本应通取一切非量及比量心所有言诠为解。《疏》中列举胜论等外道说,未免征于曲而遗其全。今此颇有删易原文之处,学者幸审思之。

然离分别,略有四类:一五识身,此言身者,自体之异名,克指五识自体而言之,云五识身。**二五俱意,**意识与五识俱者,名五俱意。眼识缘色,耳识缘声,乃至身识缘触时,皆有意识与之俱起,由意引五,令趣境故。此五俱意,容是现量。**三诸自证,**诸自证者,谓一切心、心所之自证分。陈那说一切心、心所各各有相、见、自证三分。自证是体,相见即一体上所起二用。相分现似外境,见分缘之,俱时自证亦缘见。然见缘相,通现、比、非量,自证缘见,则唯是现量。**四修定者。**谓定中意识,是现量也。

此言于色等义,是五识故。《疏》但举五识,理应兼言俱意,俱意与五识同缘色等,可是现量故。《理门论》引颂云:"**有法非一相,根非一切行,**有法,谓色等是有体法。色等之上有所作无常等义,义即共相。其义非一,云非一相。根者五根,体是净色,亦云色根。五根不行于色等之共相,云非一切行,意识方缘共相故。**唯内证离言,是色根境界。"**言唯有内证,而离名言之自相,是色根所行也。内证难言者,能缘亲得所缘法体,能所不分,冥会而证,名为内证。此虽明证,然不起言诠,故说离言。《庄严》云:"五识缘境,与根必同,故约色根境界,以显五识内证。"

次云:《理门论》文。"**意地亦有离诸分别,唯证行转,**《前记》云:"第六意识与五识俱者,及第八识,于所缘境,皆唯证自相行解而转,名为现**量。"又于贪等诸自证分,**贪者,贪心所。等者,等瞋痴等心所。如意识相应贪等心所,其见缘相,即是非量。以分别此相是外境,而起爱染等故。至自证缘见,唯是现量。以不于见分之上起妄分别,但冥证故。**诸修定者,离教分别,**在定位中,离前闻思教相分别,于境唯是亲证。**皆是现量。"**次云至此。明现量有三:一意地,二诸自证,三定中。合前颂言五识,共有四种现量。

此上引《理门论》也。

问：此论言于色等，但是五识。何不同彼《理门论》。亦有余三？答言：此亦同彼《理门》。于色等境，且明五识，以相显故。此偏说之，彼论广明，故具说四。《庄严》云："问：《理门》现量，既有四种，何故此中唯明五识？答：此论简略，唯明五识；《理门》委言，故有四种。"

问：别明于五，五根非一，各现取境，可名现现别转。余三，如何名现别转？答：各附体缘，不贯多法，名为别转。能缘于所缘体，冥合若一，名为附体而缘。此于所缘，不起共相分别，名不贯多法。文同《理门》，义何妨别。《前记》云："《理门》云现现别转者，谓五根各现取境也。此论言现现别转者，谓四类心各附体缘也。四类心者，即前所举一五识、二俱意、三诸自证、四定心是也。故文同义别。"按：《前记》顺《疏》解，实则此论但举五识，不曾别以四类心也。

问：言修定者离教分别，岂诸定心内不缘教耶？答：虽缘圣教，不同散心计名属义，计义属名。两名及所诠义。各别缘，名离分别。非全不缘，方名现量。《义断》曰："以不如名定执其义，亦不谓义定属其名，云离分别。"

论：现现别转故，名现量。

显名也。此四类心，见前。或唯五识，现体非一，名为现现。若约四类心言现体者，即此四类现体非一，故名现现。若约五识言现体者，即此五现体非一，名为现现。义并详前。各附境体，离贯通缘，前所谓各附体缘，不贯多法也。名为别转。由此现现，各各别缘，故名现量。更附一解：设约每一识言，即每一识中，刹那刹那皆现证境，亦得云现现别转也。前念识与后念识，各别证故。如眼识，前刹那缘白，即此刹那，识与白俱灭，后刹那识起缘白，非复是前刹那之识与白也。

故者，结上所以。是名现量，显其名矣。虽无是字，准解比量,具合有之。下云是名比量,故此应有是字。

论:言比量者,

下明比量,文分为四:初牒量名,二出体,三释义,四结名。此初也。

论:谓藉众相而观于义。

此出比体。谓若有智,藉三相因,而方观境义也。因相有三,故名为众。

论:相有三种,如前已说。由彼为因,于所比义,

此下释义有三:初释前文,次简因滥,后举果显智。此初文也。言相有三,释前众相;离重言失,故指如前。由彼为因,释前藉义,由即因由,藉待之义。于所比义,此即释前而观于义。前谈照境之能,曰之为观;后约筹虑之用,号之曰比。言于所彰,结比故也。

论:有正智生,

此简因滥。谓虽有智,藉三相因,而观于境,犹预解起,此即因失。由此说因,虽具三相,有正智生,方真比量。如前相违决定中,声论之因,虽具三相,然不能令正智生,故非正因。

论:了知有火,或无常等,

此即举果显智,明正比量。智为了因,火无常等是所了果。以其因有现比不同,果亦两种,火无常别。了火从烟,现量因起;了无常等从所作等,比量因生。此二谓所作因及烟。望智俱为远因。所作因望解无常之智为远因,烟望解火之智为远因。藉此二因,缘因之念,为智近因。念者记忆。忆本先知所有烟处,必定有火,忆瓶所作,而是无常,故能生智,了彼二果。故《理门》云:"谓于所比

审观察智，从现量生，或比量生，及忆此因与所立宗不相离念，由是成前举所说力。《前记》云："敌者念力，能令立者所立宗成，举宗所说有力也。敌者既解立者宗，故知立者所立义成有力也。"念因同品定有等故，是近及远比度因故，俱名比量。"

问：言现量者，为境为心？答：二种俱是。境，现所缘，从心名现量，心现能缘，故名现量；境现所缘，故从心名现量。或体显现，为心所缘，名为现量。

问：言比量者，为比量智，为所观因？答：即所观因，及知此声所作因智。此未能生比量智果。知有所作处即与无常宗不相离，能生此者，念因力故。

问：若尔，现量、比量，及念，俱非比量智之正体，何名比量？答：此三能为比量智之近远生因，因从果名。故《理门》云："是近及远比度因故，俱名比量。"又云："此依作具、作者而说。如似伐树，斧等为作具，人为作者。彼树得倒，人为近因，斧为远因。有云斧亲断树为近因；人持于斧，疏非亲因。此现比量为作具，忆因之念为作者，或复翻此，《前记》："谓忆因之念为作具，现比量为作者。"随前二释，《前记》云："前喻中斧人二种不定，今此中，作具、作者亦复不定。"故名比量。"

论：是名比量。

结名也。由藉三相因，比度知有火无常等故，是名比量。

论：于二量中，即智名果，是证相故。如有作用而显现故，亦名为量。

此明量果也，亦除伏难。谓有难云：如尺秤等为能量，绢布等为所量，记数之智为量果。汝此二量，现比。火无常等为所量，现比量智为能量,何者为量果?

或萨婆多等难:我以境为所量,根为能量,彼以根为能见等,不许识见,故根为能量。依根所起心及心所,而为量果。汝大乘中,即智为能量,复何为量果?

或诸外道等执:境为所量,诸识为能量,神我为量果。彼计神我为能受者知者等故。汝佛法中,既不立我,何为量果? 智即能量故。

《论》主答云:总答以上诸难。于此二量,即智名果。即者,不离之义。即用此量智,还为能量果。彼复问:云何即智复名果耶? 答云:夫言量果者,能智知于彼,能智者,谓现比二量。彼者,谓自共二相。现量智知于自相,比量智知于共相。即此量智,能观能证彼二境相故,所以名果。此中意云:能量智能分明知于所量境,即此能量智分明知故,亦名量果。彼之境相,于心上现,名而有显现。假说心之一分,名为能量,云如有作用。既于一心,以义分能所,故量果又名为量。

或彼所量即于心现,不离心故,亦名为量。以境亦心,依二分解。二分者,谓难陀师等立二分义,即每一识析为相见二分也。《庄严》云:"相分为所量,见分为能量,即此见分审决明白亦为量果。"

或此中意,约三分明。能量者见分,量果即自证分。体不离用,即智名果,是能证彼见分相故。见分相者,指见分之自体而名之。如有作用而显现者,简异正量。彼心取境,如日舒光,如钳钳物,亲照境故。正量说心亲照外境,如日舒光云云,则以心与境为条然各别之二实物,故是邪执。今者大乘,依自证分,起此见分取境功能,及彼相分为境生识。此言依自证分上起见分及相分也。相分能为境界,牵生能缘见分，故云为境生识。见分对于所缘相分境，而有缘虑用，故云取境功能。**是和缘假**，自证变起相见，即三分俱时显现，良由众缘和合，有此三分假现耳，不可说为实物。**如有作用**。三分互为缘起，似有作用，而不可执为实。**自证能起故，言而显现故**，自证是体，相见是用，一体之上现起二用，故《论》说而显现故。**不同彼执真实取**。不同正量执有实能取心与实所取境故。**此自证分亦名为量，亦彼见分。或此相分，亦名为量，不离能量故**，相分亦名为量者，以相非离见而独存，故随能量亦名量。**如色言唯识**。言唯识者，非谓无色，以色非离识而有，故言唯识。此顺陈那三分义解。

论：有分别智，于义异转，名似现量。

下明二似量，真似相形，故次明也。于中有二：初似现，后似比。似现之中，复分为二：初标，后释。此即初也。标中有三：一标似现体，二标所由，三标定名。

有分别智，谓有如前带名种等诸分别起之智，不称实境，别妄解生，名于义异转。名似现量，此标似名。

论：谓诸有智，了瓶衣等分别而生，

此下释也。谓诸有了瓶衣等智，不称实境，妄分别生，名分别智。眼识所证唯色相，耳识所证唯声相，乃至身识所证唯触相，本无瓶衣等。世人缘色等相，执为有实瓶衣等，故此智不称实境，由妄分别而生，即名此曰分别智。准《理门》言，有五种智，皆名似现。一散心缘过去，散心者，即意识。凡位散乱，异定位故，名为散心。二独头意识缘现在，谓意识不与五识俱者，名独头意识。即五识不行时，意识独起思构是也。三散意缘未来，散意亦即意识。四于三世诸不决智，此不决智，亦属意识。五于现世诸惑乱智。此惑乱智，亦属意识。谓见杌为人，睹见阳炎，谓之为水，及瓶衣等，名惑乱智。皆非现量，是似现收。或诸外道，

及余有情，谓现量得故。故《理门》云："但于此中，了余境分，了者，解也。于此中而作余境分之解，如于杌中而见为人之类是也。不名现量。由此，即说忆念、比度、悕求、疑智、惑乱智等，基云：惑乱智下言等者，是向内等，离此，更无可外等故。案向内等者，结词也。向外等者，等其余也。于鹿爱等，西域共呼阳炎为鹿爱，以鹿热渴，望见泽中阳炎，谓之为水，而生爱故。等者，等彼见杌谓之为人，病眼空华、毛轮、二月，瓶衣等故。皆非现量，随先所爱分别转故。"以上并引《理门论》文，读者细心思之自得。五智，如次可配忆念等。《前记》云："五智如次配忆念等者，一忆念，配散心缘过去，二比度，配独头意识缘现在，三悕求，配散意缘未来，四疑智，配于三世不决智，五惑乱智，配于现在诸惑乱智是也。"

问：此缘瓶等智，既名似现，现、比、非量，三中何收？答：非量所摄。问：如第七识，缘第八执我，可名非量。泛缘衣瓶，既非执心，何名非量？答：应知非量，不要执心，心于境起染执者，其为非量，自不待言。然非量行相最宽，非但限于执心也。但不称境，别作余解，即名非量。以缘瓶心，虽不必执，但惑乱故，谓为实瓶，故是非量。

问：既有瓶衣，缘彼智起，应是称所知，何名分别？

论：由彼于义，不以自相为境界故，

此释所由。由彼诸智，于四尘境，不以自相为所观境，于上增益别实有物，而为所缘，名曰异转。此意：以瓶衣等，体即四尘，依四尘上，唯有共相，无其自体。瓶衣等者，由能缘心依于四尘体之上而取分剂相貌。即唯有共相，本无实瓶衣等自体故。此知假名瓶衣，不以本自相四尘为所缘，但于此共相瓶衣假法而转，谓为实有，故名分别。

论：名似现量。

释定名也。由彼瓶衣，依四尘假，但意识缘共相而转，实非眼识等现量所得，而自谓眼见瓶衣等，名似现量。又但分别执为实有，谓自识现得，亦名似现，不但似眼现量而得，名似现量。此释尽理，前解局故。

论：若似因智为先，所起诸似义智，名似比量。

此解似比。文亦有二：初标，后释。此即初也。于中有三：初标似因，次标似体，后标似名。

似因，及缘似因之智，为先，先犹因也。生后了似宗智，名似比量。

问：何故似现，先标似体，后标似因，此似比中，先因后果？答：彼之似现，由率遇境，即便取解，谓为实有。非后筹度，故先标果。此似比量，要因在先，后方推度。邪智后起，故先举因。

论：似因多种，如先已说。用彼为因，

下释也。如先所说四不成、六不定、四相违，及其似喻，皆生似智因，并名似因。前已广明，恐繁故指。

论：于似所比，诸有智生，

释前所起诸似义智。如于雾等，妄谓为烟，言于似所比，邪证有火，于中智起，言有智生。

论：不能正解，名似比量。

此释名也。由彼邪因，妄起邪智，即如前例，不能正解彼火有无，名似比量。

论：复次若正显示能立过失，说名能破。

解真能破。文分为三：初总标能破，次辨能破境，后兼显悟他，结能破号。此即初也。

他立有失，如实能知，于他立之失，能如其实而知之也。显之令悟，名正显示能立过失。其失者何？

论：谓初能立，缺减过性、立宗过性、不成因性、不定因性、相违因性，及喻过性。

此辨能破境，即他立失。分二：初辩阙支，次明支失。《前记》云："宗因喻三，随阙一体，即名阙支。虽言所陈，义不相关预，故名支失。"

谓初能立缺减过性者，此即初辨缺支。或总无言，此无体缺也，旧有二解。一云：设虽有言，而非立论之言，亦名无言。如《瑜伽》十五说："论堕负者，谓有三种：一舍言，二言屈，三言过。舍言，谓立论者以十三种词，谢对论者，舍所言论。何等名为十三种？谓立宗者谢对论者曰：我论不善，汝论为善；我不善观，汝为善观；我论无理，汝论有理；我论无能，汝论有能；我论屈伏，汝论成立。我之辨才唯极于此，过此以上，更善思量，当为汝说。且置是事，我不复言。以如是等十三种词，谢对论者，舍所言论。舍所论故，当知被破，为他所胜，堕在他后，屈伏于彼。是故舍言，名为堕负。"此云无言者，即彼舍言。二云：设陈其宗，不申因喻。如数论者立我是思，无因喻故，名为无言。详此两解，犹未尽理。余以为言者，谓宗因喻三支之言，三支俱缺，亦名无言。如敌者或未立若何三支，破者亦得随就敌者宗义，而设量破之是也。或言无义，此有体缺也。因之三相，为能立。设申其因，不具三相，既无义理，即缺减过。过重先明，故云初也。《注钞》云："或言无义名缺减者，不然。所说无义，即在言申中过，何得缺减中明？"此之缺减，约陈那因三相为七句者，阙一有三，于三相中缺一相者，有三句也。阙二有三，于三相中缺二相者，有三句也。第七阙三。第七句说三相俱缺也。

阙一有三者，一、缺初相。如数论师对声论，立声是无常，眼所见故。声无常宗，瓶盆等为同品，虚空等为异品。此眼所见因。

但缺初，而有后二。

二、缺第二相。声论对萨婆多，立声为常，所闻性故，虚空为其同品，瓶盆等为异。此所闻性因。但缺次相。

三、缺第三相。同前宗喻，所量性因。唯缺第三。所量因，于异品瓶盆等上亦有故。

阙二有三者，一、阙初二相。如声论对佛弟子，立声非勤发，眼所见故，虚空等为同，瓶盆等为异。此眼所见因。缺初二相。《前记》云："眼所见因，异品瓶盆等上应有。何故不说此因缺第三异品遍无性耶？答：佛法许眼但见四尘，不见瓶盆等，故此因于异不转。"

二、缺初及第三相。如立我常，对佛法者，因云非勤发，虚空为同，电等为异。因缺所依，宗有法之我，佛法不许，故因缺所依。故无初相。电等上有，缺第三相。

三、缺后二相。诸四相违因，即缺后二。其因，于同品无，于异品有故。

全缺者，上述二三成六，此为第七句。如声论对胜论，立声常，眼所见故，虚空为同，盆等为异。三相俱阙。以上颇删易原文，读者对勘原本。

立宗过性等下，等者，谓不成因性等也。别明支过。此等或于能破，立所破名。故《理门》云："能立缺减能破、由彼能破，对于能立缺减而为其能破故，故得此名。立宗过性能破等。"准上可知。

论：显示此言，开晓问者，故名能破。

兼显悟他，结能破号。立者过生，敌责言汝失。立证俱问其失者何，名为问者。敌能正显缺减等非，明之在言，名显示此。因能破言，晓悟彼问，令知其失，舍妄起真，此即悟他，名为能破。

此即简非，兼悟他，以释能破名。简虽破他，不令他悟，亦非能破。

论：若不实显能立过言，名似能破。

此明似能破。文分为三：初标似能破，次出似破体，后结似破名，辩释所以。此初也。

论：谓于圆满能立，显示缺减性言；于无过宗，有过宗言；于成就因，不成因言；于决定因，不定因言；于不相违因，相违因言；于无过喻，有过喻言。

此出似能破体。立者量圆，妄言有缺；立者量圆，破者乃妄言其有缺也。因喻无失，虚语过言。立者宗无过，破者乃妄谓彼宗有过。立者因无不成之过，破者乃妄谓为不成。立者因无不定失，破者乃妄谓为不定。立者因无相违失，破者乃妄说为相违。立者喻无过，破者乃妄说有过。不了彼真，不了立者量是真能立也。兴言自负。破者对真能立，妄兴攻诘之言，徒自负而已矣。由对真立，名似能破。准真能破，思之可悉。

论：如是言说，名似能破。

结似能破名，辩释所以。于中分二：初结名，后释。此初也。

如是者，指前之词。言说者，即于圆满能立，显示缺减性言等。如此等言，名为似破。

问：何故于圆满能立，显示缺减性言等，为似能破？

论：以不能显他宗过失，彼无过故。

释所以。夫能破者，彼立有过，如实出之。如实而出彼立之过也。显示敌谓所破者。证，谓同闻证义者。令知其失，能生彼智，能生敌者证者之智也。此有悟他之能，可名能破。彼实无犯，立者量不犯过。妄起言非。破者妄起言非。以不能显他宗之过。何不能显？彼无过故。由此立名，为似能破。

论：且止斯事。

方隅略示，显息繁文。论斯八义，真似实繁。略辨，为入广之由；具显，恐无进之渐故。今略说之，云且止斯事。

颂：已宣少句义，为始立方隅，其间理、非理，妙辩于余处。

一部之中，文分为二。此即第二，显略指广。上二句显略，下二句指广。略宣如前少句文义，欲为始学立其方隅。八义之中，理与非理，如彼《理门》《因门》《集量》，具广妙辩。